Veinticinco años de gestalt

Veinticinco años de gestalt

Memorias de un gestaltista precoz

Albert Rams

Ediciones
La Llave D.H

Título:
Veinticinco años de gestalt.
Memorias de un gestaltista precoz.

Autor:
Albert Rams

Diseño de portada: Iñaki Marquínez
Filmación y Maquetación: Ricardo Álvarez
Impresión: IRU, artes gráficas

EDITORIAL LA LLAVE D.H.
Tel/Fax: 945-14 26 77
e-mail: info@edicioneslallave.com
www.edicioneslallave.com
Vitoria-Gasteiz, España

D.L.: VI- 225/04
I.S.B.N.: 84-95496-40-2

**A mis padres,
Isabel y Alberto,
por su temple y por su entrega.**

Índice

Prólogo

Prologar este libro de Albert Rams es, además de un honor y un placer profesional, un deber de amistad, aclarando que lo del deber no tiene nada de obligatorio sino que se trata del compromiso dulce y ligero de los afectos. Parafraseando el título del libro, Alberto y yo nos conocemos desde hace veintitantos años... y somos amigos, lo cual no puede uno afirmarlo de demasiada gente.

Repasando la memoria de estos años, recuerdo que nuestras primeras comunicaciones fueron epistolares, de intercambio de programas, noticias e informaciones, ya que por entonces Alberto andaba ocupado, entre otras cosas, en un fichero de recursos humanistas-gestálticos. Luego quisimos conocernos y, como en una cita a ciegas donde la señal no fuera una rosa roja sino nuestro común encantamiento con la Gestalt, (entonces tan desconocida), nos encontramos en Barcelona, en su antiguo centro Ítaca, a principios de los 80. Si exagero el tono de crónica sentimental es porque creo que realmente nos "enamoramos" aquella primera vez como ocurre en los flechazos: uno se ve reflejado en otra "alma gemela" y lo demás discurre por los cauces del entusiasmo generado por las afinidades. En aquella ocasión hablamos de nuestras vidas, intereses, trayectorias... asombrados por la similitud de experiencias vitales y biográficas, dentro de la diferencia, y sobre todo por reconocer ese código común que hace que las cosas se entiendan casi antes de nombrarlas. Como a los dos nos apasiona el simbolismo, no me resisto a reseñar las condiciones de aquel primer encuentro: el lugar, Ítaca, excelente metáfora de vuelta a la casa familiar, a lo reconocible común; la calle Aduana, que tan hermosamente alude a los costes del intercambio (mucho mejor que "la frontera de contacto"); la proximidad de la antigua estación de Francia, como señal de nuestro espíritu viajero, de gestaltistas ambulantes empeñados en la transmisión, a la vez que no dejo de acordarme de la invitación que Alberto me hizo años después para trabajar con él en Francia, con su grupo de supervisión; y el restaurante al que fuimos a comer, "Las 7 Puertas", nombre de lo más sugerente para ambos. En fin que tras aquella larga sobremesa quedó establecida una amistad que el tiempo no ha hecho más que consolidar.

El tiempo y las aventuras en que nos fuimos metiendo enseguida. La que más nos enorgullece (y me atrevo a hablar en plural) es la creación de la Asociación Española de Terapia Gestalt (1982) junto a Lluis Pardo y Mónica Sans. El trabajo inicial recayó sobre ellos, que además fueron responsables (Albert y Lluis), de las dos primeras actividades públicas de A.E.T.G.: Las Jornadas Españolas (Diciembre de 1982) y el primer Symposium Internacional de Terapia Gestalt (Diciembre de 1983), ambas en Barcelona. Hay noticia de todo esto en el presente libro, en la parte que habla del formador y de la formación en Gestalt, un área en la que hemos colaborado profunda y solidariamente.

Precisamente la primera vez que vi desempeñarse profesionalmente a Alberto fue como profesor de la promoción primera de alumnos de Madrid, (de la que yo fui tutor en 1985), transmitiendo el programa Alfa, cuya versión madura puede encontrarse más adelante en estas páginas. Me encantó su método como expresión de la sistematización teórica, la claridad didáctica y el rigor intelectual que le caracterizan y que entonces brillaban aún más por el amateurismo de los demás enseñantes de la época.

Posteriormente hemos tenido ocasiones múltiples de trabajar juntos y enseñarnos aquellas formulaciones y síntesis que íbamos desarrollando en cada momento, "contaminándonos" mutuamente en un sutil judo (contrastar, competir, influir, reafirmar...) que casi siempre acabó en danza (apoyar, completar, enriquecer, regalar...). Me conmueve la generosidad con que nos hemos tratado porque no me ha pasado con ningún otro colega (al menos a semejante nivel), de forma que en nuestros trabajos más "personales" (creatividad, supervisión, sexoterapia -éste más suyo-) hay mucho de ambos, como una experiencia de autoría definida y a ratos difuminada, que ha sido posible por el respeto y reconocimiento mutuos e incontestables. Supongo que esto también explica etapas de más distancia profesional, casi inevitables para no caer en confluencias, pero que al ver ahora la panorámica de este tiempo, no puedo sentirlo sino como una bendición, como esa "edad de oro" (la misma que enaltecen todas las culturas y tradiciones, a la vez que existen épocas de plata y de hierro) que se recuerda dentro con el sabor de la armonía y la fraternidad. La misma sensación tengo con el grupo original de trabajo que fuimos haciendo en torno a Claudio

Naranjo y al que también está vinculado Alberto. Bendita nostalgia del paraíso perdido porque significa que estuvimos allí y me reconforta sentirlo asociado a tan buenos amigos.

Volviendo al presente, el libro tiene tres apartados diferenciados que aluden a otras tantas facetas de su autor: el Formador (que me ha suscitado muchos de los comentarios vertidos hasta aquí), el Clínico (con dos espléndidos escritos sobre la pareja y sobre la depresión) y el Buscador (donde encarna algunos temas nucleares de la psicología Transpersonal).

Yo creo que la cuarta faceta es la del escritor, es decir, la de aquel que, según sus propias palabras, indaga la *"poética de la psicoterapia"*. Albert Rams ha tenido siempre vocación literaria, la mostró en su primer libro y explota como una mascletá de su tierra en éste, especialmente en el apartado del buscador. Aquí se muestra como un prestidigitador semántico que juega con las palabras y sus significados, que va urdiendo un discurso de idas y venidas, de atajos vertiginosos y de rodeos que exigen atención, paciencia y desde luego una actitud diferente al *automatismo habitual* del lector conformista. Así lo explica en el prefacio invitando a una posición alerta, abierta a la provocación y al desconcierto para que la lectura sea en si misma una experiencia movilizadora. Nada ajeno, por otro lado, a la tradición perlsiana que nos dejó ese texto caótico y maravilloso que es "Dentro y fuera del tarro de la basura", auténtica muestra de libertad interior de la que también participa este libro que tienes entre las manos.

Que su travesía te haga más sabio y humano, un poco más loco y más cuerdo, como todos aquellos que imploran a Apolo y a Dionisos a la hora de emprender el viaje.

Paco Peñarrubia

Agradecimientos

A los amigos y colegas que tuvieron la amabilidad de leer el manuscrito original, acabado de redactar en la primavera de 2001, y que tuvieron la generosidad y la valentía de aportar sus comentarios, críticas y sugerencias: Juanjo Albert, Ramón Ballester, Annie Chevreux, Enrique De Diego, Ada López y Elena Revenga. Tal fue su valor e impacto que el borrador ha estado "en maceración" durante dos años largos, "cociéndose", mientras la vida iba y me iba dando algunas vueltas y hervores, hasta que al inicio del verano de 2003 lo retomé para llegar hasta la versión que sigue.

A los me acompañan
y nos acompañamos
viviendo cercanamente nuestras vidas.

A los pacientes y alumnos, maestros y compañeros de viaje, terapeutas y discípulos, colegas y amigos sin cuya aportación, en forma de experiencias e ideas compartidas, no hubiera sido posible este libro.

Prefacio
(o una pequeña guía de lectura y actitud)

"(...) La verdad "Todo es mentira".
Aleluya... (...)"[1]

Luis Eduardo Aute

En su manera de estar construido éste es un libro, como otros, hecho en base de artículos reunidos. Textos ya escritos y muchas veces publicados parcialmente que he intentado congregar en forma de libro. Es decir que he trabajado básicamente puliendo partes que ya estaban ahí, excepto algún capítulo y sobre todo salvo los que quieren funcionar como hiladas de estructura, los introductorios a cada una de las partes, que son completamente nuevos. Aunque su perfilado y aglomerado conjunto ha transformado, claro, el discurso y la obra global. Por lo tanto no tiene pretensión de totalidad, ya que los tres personajes que escriben -el enseñante, el terapeuta y el "caminante", como veremos- tendrían más y otras cosas que decir que las que indexa el índice. Pero esta vez fue así. El contenido es pues más denotativo que exhaustivo. En algunos momentos del texto se apuntan ventanas que podrían abrirse y no se abren. Digo que lo dejo para mejor ocasión. El orden es puramente aleatorio y no pretende contener, intencionadamente, ningún mensaje cifrado.

1. Aute, L.E.: *"Aleluya Número 1/Ver. 2"*. En *Autorretratos*. Vailima Ediciones, S.L. /B.M.G. Madrid. 2003

En cualquier caso es éste un libro acaso un poco "raro". Probablemente raro de leer. Está crecientemente escrito, me dicen y sé, de un modo peculiar. Más, parece, en la segunda mitad, pero... Con una mezcla de lenguaje normal y profesional al mismo tiempo, quizás excesivamente cultista y a la vez chabacano, hermético en ocasiones. Incluso pedantemente misterioso en algún momento. Alguna grosería me ha pedido sitio y se lo he dado. En fin...

Quiere haber estado escrito con mucha atención por mi parte a las palabras, lógico en alguien que se propone escribir, pero también con cuidado al ritmo del discurso o a su tempo. Con una presunta intención de enfocar en ocasiones el qué (digo), pero a veces el cómo, la cadencia o lo ocultado, lo entre-visible. Algunos términos son inexistentes académicamente hablando -como el último de la frase anterior- o resultan modismos extraños o arcaicos. Unos cuantos son puro argot. Hay algunos párrafos muy densos que concentran varias ideas que deberían ser desarrolladas en varios enunciados independientes. A veces el lector se encontrará con cadenas o cascadas de metáforas o analogías. Y otras veces se lee más o menos normal, o completamente normal.

Bien. Lo que no me atreví a decir en la introducción del primer libro, porque me daba vergüenza, es que mi deseo más secreto, íntimo, y que éste segundo texto comparte, era **indagar sobre una poética de la psicoterapia** o de la psicoterapia gestalt en particular.

Indagar entonces sobre una manera poética de hablar de la psicoterapia y del proceso de transformación personal, pero también sobre una manera poética de entenderla, de practicarla y enseñarla. Como poíesis, pues, como (proceso de) "creación...enamorante por enamorada". Que también quieren ser ambos libros un ensayo de llevar algo de la poesía a la clínica -como bengalas a las cavernas para iluminar, o como gafas de sol en un mediodía de verano mediterráneo para atemperar- y llevarla también a la formación y a la Búsqueda en el caso de este último libro. Poesía entendida, claro está que el lector juzgará su eventual pertinencia y acierto, como ese "encanto indefinible que (...) halaga o suspende el ánimo"[2].

---

2. Vox: Diccionario General de la Lengua Española. Vox. Spes Editorial S.L. 2002.

Así pues quiere ser este libro **un intento de suspender el ánimo del lector, en el sentido de suspender el automatismo habitual de lectura** -de dejarlo momentáneamente congelado, sorprendido o aturdido en lo posible- para evocar también lo que sienten el cuerpo y el corazón cuando leen, además de lo que piensa y visualiza la cabeza. Y para quien por ahí ande... **también** lo que pueda decir el alma al respecto. De **proponer una experiencia** que incluya pausas en la lectura, silencios, cabreos, suspiros, menosprecios, perplejidades y desvíos, interrupciones, algún embeleso, complicidades y desvaríos eventuales... si fuera el caso

No es pues, me parece, un libro para leer de corrido o de una sola vez. Aunque quizás para algunas personas sí, no lo sé. Quizás una primera lectura de tal modo aporte a todo tipo de lector alguna suerte de panorámica general, y algunos les baste con el rabillo del ojo para hacerlo.

Pero mi propuesta -atrevida, lo sé- es también leer un trozo y dejarlo. Para volver quizás en otro momento... a ese sitio o a otro. Reflexionar, re-flexionar, darle una nueva flexión a... o hacer una nueva flexión con- o dejarse resonar, o ambas cosas. Atender a la respiración, a las cadenas de imágenes propias del lector que se puedan formar alguna vez al evocar tal metáfora, definición o asociación. Cerrar los ojos y dejársela visualizar. Escuchar, si aparecen, la bola en el estómago o el entrecejo fruncido. Dar en lo posible espacio a lo emocional, a que algo dé rabia, produzca un leve toque de ternura, que alguna lágrima pida paso en el portal de las pestañas, aburrimiento, exabruptos, carcajadas o sonrisas, nada en particular... y remitirlo a lo propio a la manera de cada cual, tomarlo para quien quiera como un proceso de auto-indagación.

Así pues, ya sé que es mucho pedir, propongo tratar el texto alguna vez al menos como tratamos los libros de poesía, o los de citas y aforismos, o algunos libros meditativos o de consulta. Como un libro de diálogos, de dia-logos entre lector y autor, pero también entre diversas partes o aspectos del propio lector que así lo desee y sepa hacerlo. Garrapatearlo como quien juega con las cuerdas de una guitarra para hacer sonidos, rayarlo, subrayarlo, tacharlo, sobrescribirlo... No reprimir en la lectura los típicos garabatos que hacíamos cuando éramos escolares en los cartapacios durante las clases aburridas, si es el caso. Así pues propongo hacer propio el libro en la medida de lo deseable, de lo posible y de lo pertinente para cada lector.

Si lo poético es el "conjunto de principios o de reglas, explícitos o no, que observan un género literario, una escuela o un autor"[3] la poética de este autor que escribe fue también en ambos libros, en segundo lugar, **un intento de llevar algo de la experiencia terapéutica, de autodescubrimiento o de trabajo interior a la lectura**. Indagar hasta qué punto y (eventualmente) cómo podría un libro -y cómo debería ser escrito por lo tanto, tanto en su forma como en la actitud de quien lo escribiera- ser ayudador para alguien en el proceso de auto-conocimiento, de crecimiento personal o de terapia. Ayudador en el sentido de invitar a pensar, a sentir o a imaginar; de interrogar, de cuestionar, de aclarar quizás algún matiz, de confundirlo, de proponer alguna sonrisa llena o retraída, un pequeño esbozo de llanto o incertidumbre aquí, o cierto asentimiento sereno allá. Muchos buenos libros son así, y éste aspira de algún modo a estar en esa lista -en su versión larga, eso sí- para alguien o algún día. Por lo que me han contado del primero, sobre todo para quien así se lo tomó, alguna cosa no fue del todo mal. Cuando alguno de esos ecos ha llegado a mí me ha confortado y colmado el alma. Espero que el libro que continúa, que este segundo intento, siga en esa línea para alguien.

Mis disculpas por la posible petulancia o pedantería de las líneas que anteceden... y quizás también de algunas de las que seguirán.

---

3. Vox.: Obra citada 2002.

Introducción

"Si sólo pienso
me quedo seco.
Si Te siento, Amada,
una fuerza horizontal se me lleva
y te trae, amada,
a mí.
Si solo pienso
Te vienes yermo.
Si Te pienso, Amado,
el olivo se agua y se densa.
Y me lleva, amado,
a mí"

La Alhambra (Granada), 31 de Enero de 1997.

¡Ay los septiembres...!

Era un septiembre, el de 1979... y llegó mi primer paciente. Gracias "D." por llegar y por la confianza que me tuviste. Fuiste el primero en fiarte de mí, de aquel chico tan presuntuoso y tan ciego de sí mismo. Confiaste casi a pesar de mi visto desde ahora. Aunque esto último quizás lo suscribirían la mayoría de terapeutas con ciertos años de experiencia. O no. En fin...

En cualquier caso después vendrían a mí o yo iría a encontrar unos buenos centenares de pacientes y de alumnos más. Algún millar si cuento también los participantes de talleres y grupos varios. Pero tú fuiste el primero, "D". Gracias por abrir la puerta.

De aquello hará veinticinco años en el próximo septiembre de 2004. Tiempo de plata, pues. Años de subidas y de bajadas - a algunos "nos gustan" las montañas rusas, las sufrimos y las gozamos. Años de dolorosos errores y de gozo en el acierto, de trabajo minucioso o impulsivo. De currar. Años de intentar echar una mano, de enseñar, de equivocarme, de experimentar... y de Buscar.

Algo de eso he querido mostrar en éste segundo libro. Si "Clínica Gestáltica..."[1] fue el primero, pues eso... que fue el primero. Como las primeras cosas, como el primer amor, como la primera Caída, como el primer beso, como el primer hijo... con sus diferencias respectivas. Visto desde ahora, tres años y medio después de su publicación, hay cosas que mantendría y cosas que cambiaría o que suprimiría en una eventual segunda edición. Es normal, me parece.

Si en el primero hablaba el clínico, en este quieren hablar también el formador y el buscador. El término "buscador", buscador de lo verdadero, de origen sufí, sólo cobró sentido para quien escribe -sentido completo o integral- cuando se lo escuché por primera vez a Claudio Naranjo, aunque lo había oído y utilizado anteriormente con un campo semántico bastante más frío, reducido y vanaglorioso.

Así que he dividido el texto en tres partes como una manera de mostrar experiencias y reflexiones de mi recorrido, profesional no menos que personal, de estos años. Veinticinco de alguien que tiene hoy 45, que empezó a ejercer como terapeuta todavía con 20 años y como formador muy poco después. Y como Buscador todavía antes. El subtítulo, Memorias de un gestaltista precoz quiere reflejar esa paradoja que creo que me ha acompañado desde casi siempre.

Le he añadido como página de inicio, como el home de las webs, una especie de capítulo cero que quiere ser un homenaje a Fritz Perls, el padre fundador de la gestalt o de la terapia gestalt o de la psicoterapia gestáltica o de la gestalterapia, que de varios modos nos podemos referir al enfoque que ha sustentado mi experiencia y este libro. Toda mi querencia gestáltica, digámoslo así, empezó por el primer libro de Fritz que cayó en mis manos.

Respecto a los sub-yoes que escriben esta vez, formador-clínico-buscador, el primero suele decir de sí mismo en los currículums de los programas y papeles similares que fue el primer español que impartió entrenamiento gestáltico en Catalunya, y uno de los primeros en el estado español. Lo dejo aquí para retomarlo más tarde.

---

1. Rams, A.: *Clínica Gestáltica. Metáforas de Viaje*. Ediciones La Llave.Vitoria.2001.

El clínico repite un poco del protagonismo que tuvo en la primera obra, “quiere” un poco más. Enseñar un par de cosas que no cabían la primera vez. Capítulos que decidí no incluir para darle un tono más homogéneo al libro... y porque tenía una prisa un tanto patológica por publicar, por ser autor; pero que me parecen elementos que completan el retrato del que atiende en la consulta semana tras día, mes tras año. Así pues, incluyo un posicionamiento sobre la pareja y el consecuente trabajo con parejas, y otro sobre la depresión y un cierto enfoque clínico.

Y el buscador aparece por primera vez, aunque es el más antiguo como decía, si en el concepto de Búsqueda incluimos la psicoterapia humanista y tras-personal como vías occidentales y actuales de acceso a Ella, a la Tradición Primordial, al Camino, al Despertar. Y, más allá, en un sentido más clásico del término Buscador, “ése” ya empezaba a dar guerra en septiembre (¡cómo no...!¡) de 1976, poco antes de cumplir 19 años, cuando entré a formar parte de un grupo siloista-gurdievo en Valencia, con David González y Norma Chialina. Allí mis ojos se ponían como platos, y mi corazón empezó a temblar por primera vez de un modo que yo no conocía -aunque afortunadamente seguiría conociendo- cuando iba descubriendo la auto-observación, el stop,el recuerdo de sí y otros asuntos del Trabajo de la Escuela del Cuarto Camino. Gracias David y Norma, me abristeis otra gran Puerta que se ha mantenido abierta todos estos años, con la fundamental aportación posterior de Guillermo Borja y de Claudio Naranjo, además de otros. Y entre ellos quiero destacar a este respecto a Marcelo Antoni con quien hemos seguido compartiendo el asunto, además de una maravillosa amistad, a lo largo de todo este tiempo.

Para quien escribe, y una vez terminada la redacción final de este libro (¡ay!) supone visto desde hoy sobretodo un completamiento respecto al primero. Vaya, que en mi propósito de decir, la fuente de donde han brotado todas las palabras y entrelíneas anteriores y posteriores, me siento más satisfecho con el conjunto de los dos libros respecto a lo mostrado de mi camino, que solo con el primero. Más fiel o más entero. Es una suerte, me parece, tener una ocasión como ésta en la vida. Ahí va mi testimonio agradecido.

Y nada más...”apenas nada más” como dice Aute. Las líneas que siguen.

Espero resultar provechoso para el lector.

Albert Rams.
Mirasol, Diciembre de 2003

0. Fritz, a Fritz[1]

"Nada me retuvo. Me liberé y fui.
Hacia placeres que estaban
Tanto en la realidad como en mi ser,
A través de la noche iluminada.
Y bebí un vino fuerte, como
sólo los audaces beben el placer"

Konstantino Kavafis. "Fui" (1913)[2]

Dedicaré este capítulo a Frederick S. Perls, el fundador de la Terapia Gestalt. Corría el año 1976, creo recordar, cuando cayó en mis manos, no recuerdo muy bien con qué motivo, un libro suyo, "Sueños y existencia". Para mí fue el primer contacto con la Terapia Gestalt como comentaba hace un momento. Me impresionó lo que decía aquel hombre, pero sobre todo cómo lo decía y, más aún, lo que ya empezaba a sospechar que no decía. Aquel entre líneas que sentía como algo muy diferente de lo que conocía hasta entonces, particularmente desde un punto de vista académico, que era el medio en el que me desenvolvía en esa época como estudiante universitario de psicología y de pedagogía.

Era alguien muy directo, con expresiones fulgurantes y fulminantes, lapidarias como años después le oiría decir a "otro Fritz", a Guillermo Borja, para referirse a algo similar. Perls era alguien que parecía poseer un saber no fundamentado en teorías o en cátedras. Yo tenía 17-18 años. Veintimuchos años después sigo pensando prácticamente lo mismo, con los matices propios de la edad y de la experiencia.

1. Este texto se basa en una conferencia dictada en el Col.legi Oficial de Psicòlegs de Catalunya, el 22 de Mayo de 1997. En la primera redacción opté por escribirlo bastante como lo dije en la conferencia, es decir sin añadir cada una de las citas a cada uno de los datos, lo que suele resultar bastante farragoso. Así lo he dejado.
2. En *Poesías Completas*. Poesía Hiperión. Ediciones Peralta. Madrid. 1978. p. 56

"Las palabras denotan porque significan, pero connotan porque se contaminan. La seducción parte de las connotaciones, de los mensajes ***entre líneas*** *más que de los enunciados que se aprecian a simple vista.* ***La seducción de las palabras no busca el sonido del significante, que llega directo a la mente racional, sino el significante del sonido, que se percibe por los sentidos y termina, por tanto, en los sentimientos".***[3]

Mi propósito aquí, entonces, que quiere ser fundamentalmente un homenaje que exprese mi agradecimiento, será tomar tres ejes -su personalidad, su vida y su obra- e intentar mostrar algo de lo que puedan tener que ver entre sí. Ver de elaborar, de hilvanar, algo de cómo se relacionarían la persona con el profesional, la biografía con la producción creativa en forma de escritos.

Nos interrogaremos, pues, sobre cómo alguien llega a través de su vida y de su obra a transformar su propia patología psicológica, o su propia "manera de ser, incluyente de lo también patológico", en un aporte - en su caso brillante, genial - a la historia de la psicoterapia.

Cómo alguien que tiene una personalidad definida, un carácter, crea algo que tiene que ver íntimamente con eso; y que al tiempo que es su propia curación, su camino a través de su propia enfermedad existencial, supone un aporte al mundo en la medida en que da lo mejor que tiene, que es ese mismo disfraz, esa misma patología... transformada, depurada. Así como la honestidad en el intento de "estar ahí", de transitar el proceso con la máxima veracidad posible en cada uno de sus momentos, los buenos y los malos. Y el dejar constancia de ello. Así me parece a mí que fue en el caso de Fritz Perls.

Podríamosmos decir lo mismo de Freud, desde luego. En el caso del fundador del psicoanálisis, su pecado, su carácter, era -siguiendo a Claudio Naranjo- el miedo, el miedo al miedo y, bueno... inventó el diván[4].

Inventó la transferencia y consiguió ser útil ocultándose, así como desarrollar "una-manera-de-ser-útil-ocultándose". Transformó, digamos, el automatismo psicológico de tratar al otro como un enemigo, en un modo de trabajo, en una clínica, en la que, con ambiversa diafanidad, el "enemigo" de uno mismo (el Otro) aparece muy claramente; en una clínica del Fantasma, en una clínica del Otro, entonces.

---

3. Grijelmo, A.: *La seducción de las palabras.* Taurus. Barcelona. 2000. p. 33. #
(#=negritas o surayados míos en todas las citas)

4. El "diván", diwan, es en realidad una palabra árabe que significa el lugar donde el emir, sultán o mukhti (maestro) recibía a los invitados, embajadores, visitantes ilustres... Un espacio, por cierto, normalmente amueblado con alfombras y cojines [lleno de "cojines"]

Veamos al respecto un comentario significativo del propio Freud:

"¿Por qué se rodea de tanta solemnidad un precepto (se refiere al precepto cristiano del amor al prójimo) cuyo cumplimiento no puede recomendarse como racional? Es extraño corroborarlo, por lo general **el prójimo es indigno de amor, tengo que confesar, honradamente, que se hace más acreedor de mi hostilidad**". Y continua citando al gran poeta Heine: "Mis deseos son: una modesta choza con techo de paja, un buen lecho, una buena comida, algunos hermosos árboles, y si el buen Dios quiere hacerme completamente dichoso, que me dé la alegría de que de esos árboles cuelguen a seis o siete de mis enemigos. De todo corazón, les perdonaré, una vez más, si uno debe perdonar a sus enemigos, sí, pero no antes de que sean ahorcados"[5].

Clarito-clarito, ¿no? Bien, sigamos. Freud llegó a ser genial, en mi opinión y entre otras cosas, elaborando una manera de hacer que le permitía precisamente respetar ese miedo, estar oculto, no estar frente a frente. Y no me refiero esencialmente, como seguramente ya habrá comprendido el lector, al sentido anecdótico o espacial de la cosa, aunque... Y por otra parte, el genio vienés consiguió remedar el ocultamiento, paradójica y conocidamente, con un mostrarse revolucionario en la sociedad victoriana de sus días. Elaborar una teoría que, más allá de lo compleja que pueda ser y de que uno esté más o menos de acuerdo, es, sin lugar a dudas, de una honestidad destacable y de un impacto social y cultural más que considerable.

Aunque no deja de tener desde luego un sutil sesgo de carácter que ha impregnado más o menos imperceptiblemente una gran parte de la psicoterapia moderna. Es decir, la prevalencia de lo mental, el menosprecio de lo instintivo, la preferencia por la contención versus la expansión, el excesivo goce con lo oscuro y sus vínculos con el crónico pavor caracterial... No menor en cuanto a intensidad, aunque sí en cuanto a difusión, que el sesgo de personalidad fritziano que ha impregnado la terapia gestalt. Pero vayamos por partes.

Para los que conozcan el eneagrama[6], Fritz era muy probablemente (siguiendo de nuevo la hipótesis de Naranjo, que comparto) un Eneatipo Ocho, un lujurioso, un excesivo, un intensísimo.

5. Freud, S.: *El malestar en la cultura*. Amorrortu. Citado por Pinkler, L. "Eros y Dioniso". Clase 2. p.12.
6. Naranjo, C.: *Carácter y neurosis. Una Visión Integradora*. La Llave. Vitoria (España) 1996.

Alguien que decide desde muy pequeño que no va a confiar en nadie, que nadie es confiable, que es mejor ser duro; que la debilidad es peligrosa y que no se puede contar, en realidad, más que con uno mismo. Pero, a diferencia de otros tipos de carácter que compartirían esto de algún modo -el perfeccionista o iracundo por ejemplo- el lujurioso es alguien que se ejercita en el uso de la agresividad expresa cuando no de la violencia, que se entrena en "mejor antes machacar que ser (de nuevo) machacado". Alguien que da rienda suelta a sus propios impulsos, que cree en la instintividad como valor; una persona centrada en el centro motor-instintivo, así pues.

> *"La lujuria está ubicada en el eneagrama junto al vértice superior del triángulo interior, lo que indica su afinidad con la indolencia, con una disposición sensomotora y el predominio de un oscurecimiento cognitivo o "ignorancia" sobre la "aversión" y el "ansia" (los ángulos izquierdo y derecho, respectivamente)* ***Puede entenderse el aspecto indolente del lujurioso no solo como un sentimiento de "no estar lo bastante vivo excepto por sobre-estimulación", sino también como una concomitante evitación de la interioridad.*** *Podemos decir que el ansia por estar siempre más vivo, característica de la personalidad lujuriosa, no es sino* ***un intento de compensar una oculta falta de viveza****"*[7].

Mucho de eso tiene la Gestalt. En ella, uno de los temas centrales -como quizás ya sepa el lector- es el auto-apoyo. Es más, el tránsito del hetero-apoyo al auto-apoyo será considerado por Perls como uno de los tres grandes objetivos centrales del enfoque, como uno de los tres pilares de la salud[8].

Y Perls fue, al parecer, alguien que necesitó apoyarse en sí mismo, que no supo o no pudo, o no quiso o no le tocó, encontrar apoyos importantes fuera de sí mismo, parece ser. Aunque dicen que tampoco le gustaba demasiado encontrarlos y, menos todavía, otorgarlos.

Con la evolución del nombre de pila podríamos bocetar una caricaturesca pero quizás luminosa metáfora de lo que fue su historia. Porque empezó llamándose **Fritz**, así le llamaban de pequeño. Luego sería **Friedrich** viviendo en Alemania. Más tarde cambió

7. Naranjo, C.: Obra citada P.135-137.
8. Rams, A.: *Obra citada. 2001.* Capítulo 1, "Salud y enfermedad"

su nombre a **Frederich** cuando fue a los Estados Unidos; y en el final de su vida se vuelve o le vuelven a llamar **Fritz**, como si el anciano reencontrara al niño. Desde luego, mucho de niño travieso dulcificado tenía aquel anciano de Esalen y Canadá; mucho pues de quien ha transformado sus caprichos en deseos y, de vuelta del "qué dirán", se pone en ellos tan completamente como en la cosa más sagrada de la vida... pero no más.

Este proceso reflejado en los cambios de nombre tiene como digo mucho que ver con su evolución y con una de sus características biográficas, que es la itinerancia. Es alguien que, como vamos a ver, se movió mucho y fue de un lugar para otro con una gran capacidad de adaptación al medio sin perder su propia identidad, aspecto asimismo definitorio y central de la terapia gestáltica. Si algo se puede decir de él es que es alguien que defendió la bandera de ser él mismo, de ser fiel a sí mismo... a pesar de todo y de todos o casi todos.

Y tuvo muchos pesares que atravesar. El primero fue nacer judío en una Alemania de final de siglo en donde ya se empezaba a notar el antisemitismo. Ese sentirse diferente va también a recorrer toda su vida. Lo va hacer huir de Alemania para ir a Sudáfrica, tras haber recalado en Holanda, después de la ascensión del nazismo. Se va a ir de Sudáfrica para ir a los Estados Unidos; primero a Nueva York, luego a Miami, finalmente a California. Y algunos dicen (bueno, el mismo lo dijo) que su último movimiento -el de Esalen, el gran centro de la psicología humanista en California en los sesenta, a Canadá, donde funda su kibbutz o comunidad gestáltica- fue motivado por lo que empezaba a sentir como un excesivo reaccionarismo de la política yanki. Perls dará la versión de que empezaba a haber un antisemitismo en la política de los U.S.A. que le parecía muy peligroso para él, y eso le hace moverse a Canadá. Otros dicen también que quería ser el único jefe en Esalen. Había allí otros líderes, como Bill Shutz, y eso no le gustaba nada. Un ocho, tal como lo nombra Riso[9], es "un líder", alguien que no soporta fácilmente que le hagan sombra.

9. Riso, D.R.: *Comprendiendo el eneagrama.* Cuatro Vientos. Santiago de Chile. 1994. p.59

La Infancia

Fritz parece que fue un niño infeliz. Nace, el 8 de Julio de 1893, en una familia donde parece que lo va a pasar muy mal durante casi todos sus primeros años. Para empezar apenas hay, o yo no encontré en los testimonios que se conservan y que he consultado, recuerdos de escenas felices con su padre, un comerciante de vinos, alguien con una muy probable identidad narcisista, muy centrado en sí mismo y con poco interés por los demás, se podría aventurar.

Fritz es el menor de tres hermanos, y su padre le desprecia de entrada. Va a tener una relación muy conflictiva con él; el padre le golpea, le abandona, apenas está en casa, y eso le lleva, yo creo, a concluir que uno no se puede fiar ni de su padre, como dice el dicho castellano, que la figura de la cual uno como hombre podría tener una confianza muy particular, una confianza de y en la Ley, para él no existe. Hay una relación ahí de muy poco apoyo. Se cuenta que Fritz no derramó ni una sola lágrima cuando murió su progenitor -recordemos el desvanecimiento de Freud en funeral de su padre- Así que, ese señor que va a ser tan importante después, que va a fundar un movimiento psicológico (al menos) que le va a sobrevivir muchos años después de su muerte, es un niño castigado por el padre, abandonado. Un pobre niño mal-tratado y maltratado.

La madre es una mujer más sensible, pero con la que va a mantener una relación ambivalente. (¿Cómo no...?) De un lado hay una gran admiración, y lo que parece que va a recibir esencialmente de ella es, además del propio maternaje, el gusto por el arte. Es como si aprendiera de bien pequeñito que una de las salidas posibles cuando uno se siente muy mal muy mal... es el arte y, en su caso, el teatro y la ópera, que eran grandes pasiones maternas. Sin embargo, entre Fritz y su madre, hay una relación difícil y contradictoria. De nuevo más de lo mismo: el cariño por una parte, por otra los golpes. Además la primera de las hijas, la hija mayor ciega (Grete), parece que le quita el cariño materno. Entonces, ahí él se siente abandonado y, bueno, es otro golpe.

Con Grete va a tener una relación espinosa toda la vida, "dicen..."; no le perdona quizás que le quite el amor de Ella, de mamá. Con Renata, la segunda, parece que tiene una relación de cómplices. Aparece como el único puntal donde él se puede apoyar, pero Renata es alguien muy sumisa. Alguien que, a pesar de ser mayor en edad, no va a ser para él ninguna figura de referencia. ¿No la va a sentir "mayor"...?

Entonces, Fritz es un **niño malo**, se vuelve malo. Pero malo en el sentido de que la única manera de vivir, de sobrevivir física o existencialmente, fuera ser malo. Podríamos decir que de algún modo nuestro protagonista se auto-convenciera de que no existe el amor, de que no existe la ternura, de que no existe el apoyo. Así que hay que buscarlo adentro. Tardará setenta años en encontrarlo, tal como yo lo veo. A mí me parece que al final lo encuentra, o encuentra bastante de eso, luego vamos a verlo. Pero fijémonos ahí de nuevo en el paralelismo antes mencionado entre la constitución de la personalidad de Perls, y la terapia gestáltica: aquello en lo que tanto insiste la Gestalt, el paso del heteroapoyo al auto-apoyo al que antes hacíamos referencia, tiene unas hondas raíces en él; él lo ha aprendido con sangre, a partir de su propio sufrimiento.

En el colegio, fatal de nuevo. Su primer colegio era una institución muy rígida, antisemita, donde parecería sentirse maltratado otra vez. Es un buen estudiante, dicen, pero absolutamente rebelde. Es decir, no saca buenas notas ni tiene relaciones significativas con compañeros ni profesores. Lo expulsan del colegio. Su padre, molesto con él, lo pone de dependiente en una tienda.

Perls parece recibir de su padre algo así como: " tú eres tonto". Eso es algo que su progenitor le va a decir mucho, de maneras más o menos explícitas: "tú nunca vas a llegar a ningún sitio, no vas a servir para nada, eres un trasto". Cabría preguntarse en este punto cuánto de eso, por formación reactiva, tuvo que ver con el exitazo en la vida que tuvo Perls. Pues suele ser tan poderoso el resentimiento contra el padre como motor...

Adolescencia y Juventud

No es hasta los trece años que encontrará la primera cosa del entorno que le va a apoyar nítidamente, y es fruto de una decisión autónoma. El sólo, con un amigo, va y se inscribe en otro colegio, esta vez mucho más liberal. Un colegio donde se favorece el pensamiento autónomo, la propia libertad, el educar a la persona en concreto y no tanto desde una moral o unas leyes. Ahí parece ser la primera vez que él se siente bien.

En esa época va a empezar a hacer teatro, muy influenciado por su madre. Conocerá a alguien que va a ser, según cuentan, muy importante para él: Max Reinhardt (1873-1943), director y autor de teatro, que propone el compromiso total del actor. Dice Reinhardt:

> ***"Me gustaría obtener el mismo grado de autenticidad (de la técnica naturalista) en la representación de lo puramente humano, en un arte psicológico de mayor sutileza y profundidad...*** *Hay un sólo objetivo para el teatro: el teatro mismo. Y creo en un teatro que pertenezca al actor (...) Siento deseos de salvar para nuestra época, demasiado disciplinada, algo de la vieja Commedia Dell ´Arte, para proporcionarle al actor la oportunidad de improvisar y dejarse ir"*[10].

Eso del compromiso total a Perls le debe gustar mucho, claro, va a ir mucho con su carácter. Es otra cosa que vamos a encontrar después en la Gestalt, ese "compromiso total" trasladado a la psicoterapia. Fritz decía que si no hubiera sido médico, hubiera sido actor. Parece que esa fue su pasión frustrada, ser actor. Aunque deberíamos decir que no fue tan frustrada, porque al final de su época de Esalen lo consiguió, consiguió montar su teatro, lo que él llamaba su circo. También su hermana cuenta que disfrutaba mucho con el circo cuando era pequeño.

Ahí quizás sea el primer momento, como digo, en el que consigue sentirse bien, consigue salir de ese mundo que le estaba aprisionando.

Pero se va haciendo mayor y es llamado a la Primera Guerra Mundial, donde se alistará en la Cruz Roja y contemplará escenas que le van a dejar K.O. Perls cuenta la escena de los martilleos, cuando ve como soldados compañeros suyos rematan a los enemigos a martillazos, cuando no están todavía muertos por el gas.

---

10. P. W. Jacob. *La Nación.* 14 de Noviembre de 1943. Citado por Tolmacheva G.: *Grandes Creadores del Teatro Moderno*. Citado en Peñarrubia, F.: *Terapia gestalt. La vía del vacío fértil*. Alianza Editorial. Madrid. 1998. P.55. #.

Su mujer, Laura, dirá que estuvo después varios años como "out", que eso le dejó muy tocado. Yo creo que confirmó esa cosa de que mejor no ser sensible porque "si uno es sensible mira lo que pasa, se sufre mucho". Y ahí parece endurecerse, o endurecerse de nuevo.

Ha empezado a estudiar medicina, que acabará después cuando vuelva de la Primera Guerra Mundial. Empieza su vida profesional. Ya ha salido un poco de la familia.

Hablábamos de la adolescencia, el primer momento cuando parece sentirse bien, el cataclác de la Primera Guerra Mundial, consigue doctorarse en medicina y ahí de nuevo... cataclác. Fritz es alguien que va a tener continuas depresiones a lo largo de su vida, como tantas otras grandes personalidades por otra parte. Momentos de subidas y de bajadas fuertes, y esa fue una. Con treinta y dos años vive en casa de su madre. Es descrito como terriblemente inseguro de sí mismo. Se siente feo, débil, encorvado, despreciado por su padre. Padece de un entorpecimiento crónico secuela de la guerra. Duda de su potencia sexual y se dice embrutecido por la masturbación.

¿Cómo sale de eso? Me parece que, sobre todo, a través de dos mujeres. Una, Lucy, una enfermera que lo seduce en una cama de hospital y le enseña las mil maravillas del sexo. Así que abandona la masturbación... tiene una alternativa mejor.

Poco después va a conocer a la que va a ser su mujer, Laura, con quién parecería que siente las ganas de comprometerse con alguien por primera vez. Quizás es la única persona en la que confiará continuadamente alguien caracterialmente destinado a no confiar. Laura, y me parece que también Lucy, le rescatan de ese estado de inseguridad personal, de sentirse muy mal consigo mismo. También conoce entonces a Kurt Goldstein, uno de los psicólogos de esa Psicología de la Gestalt que está desarrollándose en Alemania. Laura trabaja con él, y Fritz llega a recibir algunas clases, aunque quien en realidad aprende de Goldstein es Laura. Perls dice que apenas leyó unos cuantos artículos y estuvo en unas cuantas clases, pero que quien realmente tenía formación en psicología de la Gestalt era Laura. Desde ahí se entiende quizás que Fritz posteriormente reconozca muy poca influencia de esta psicología en la Terapia Gestalt, y Laura sí. En realidad a él no le tocó mucho el asunto, excepto, parece ser, la idea de organismo como una totalidad. Cuando, años después, escriba su primer libro, es uno de los conceptos que rescatará.

También en esa época inicia varios análisis, y sobre todo quiero destacar aquí el último, el que hace con Wilhelm Reich, otro "ocho", en cualquier caso otro eneatipo intenso con toda probabilidad. Es decir, otro probable carácter lujurioso, con las mismas características: duro, psicopático, fóbico a la debilidad... Yo supongo que ver a alguien con su misma patología, ver y sentir en propia piel cómo trabaja y desde dónde se está manejando, a Perls le tiene que impactar mucho.

De Reich toma cosas muy importantes para la Gestalt, como es el tocar al paciente. Ferenczi lo había dicho y lo había hecho años antes, pero en Reich podemos considerarlo como una de sus grandes aportaciones. O sea, olvidar el diván, ponerse cara a cara, el uso del presente, él lo aprende ahí en su propio análisis. Aprende que lo que está pasando ahora puede tomar la figura, en lugar de dar tanta importancia al pasado. Aprende también a trabajar directamente, no a través de interpretación, con la sexualidad y con la agresividad. Me parece que de nuevo le toca la misma raíz de su propia patología y de su propio carácter. Fritz es alguien que, entre otras cosas, va a manejar muy hábilmente la agresión, y va a manejarla muy hábilmente en la relación con el paciente.

La sexualidad, por otra parte, es algo desde luego que va a ser importante para él hasta muy mayor, no solamente en el trabajo con pacientes, sino particularmente en su vida. Es decir, que va a follar a diestro y siniestro. Tenía fama de hacérselo, de enrollarse, con todas las chicas "jóvenes y guapas" que aparecían en sus grupos de Esalen. En fin...

Estábamos en Reich. De nuevo encuentra algo que es importante para él y algo le hace perderlo. Ocurre algo que, o él deja, o se lo hacen dejar. Se ha instalado como psicoanalista, tiene una buena clientela, nace su primer hijo, "está bien"... y suben al poder los nazis en Alemania, en 1933, con lo cual como judío tiene que marchar. Se va a Holanda, pero fijémonos en eso: "tengo algo que valoro y ocurre algo y ya no está". Lo cual va a tener mucho que ver con esa valorización del presente, tan central en la terapia gestalt: "es mejor vivir ahora porque no solamente no hay el pasado, mejor no mirarlo (y en su caso tenía razones para no mirarlo), sino que en el futuro tampoco vale la pena confiar, porque se va. Lo que tengo me lo quitan o yo lo tiro", que es otra manera de mirarlo. No sólo en este caso pero sí por ejemplo en Sudáfrica, donde estuvo superinstalado y, al final, se fue.

Así que es perseguido, deja toda la clientela que tenía y se va a Holanda. En Holanda tampoco puede trabajar porque el nazismo está llegando allá y, finalmente, por consejo de quien fue biógrafo y amigo de Freud, Ernest Jones, se va a Sudáfrica con el encargo de fundar un instituto psicoanalítico.

Ahí Fritz todavía está en el asunto del diván. Es un psicoanalista que va a practicar como psicoanalista treinta y tantos años. Así que lo que veremos después en Esalen y Canadá -tan catalogado por algunos gestaltistas "serios" de paparruchadas- está fundamentado en una práctica muy conocedora de lo que es el diván y las muchas horas y días de consulta. No sale así como por arte de magia, sino que está basado en y practicado por alguien que conoce aquello de lo que se va y aquello que critica. Algo, sus ganas de criticar, por cierto grandes: no hay escrito de Fritz, exagerando, en que no se meta con el psicoanálisis, entre otras cosas más serias y teóricas, seguramente muy rebotado por lo que le pasó con Freud. Lo veremos dentro de un momento.

Sudáfrica

Llega a Sudáfrica. Se instala. Vive en una mansión lujosísima, con jardín, piscina, muchos pacientes, servicio... Su mujer dice que en ese momento trabaja dieciséis horas por día, siete días por semana; así es que lo de los hijos, vamos, no era su fuerte...

Fritz fue "malo" en casi todo, puestos a decirlo brutamente. Fue, según parece, mal padre, mal marido, mal escritor, incluso consiguió ser mal terapeuta en el sentido de que en los últimos años de su vida lo que hacía no era psicoterapia, en el sentido estricto de la palabra. Y sin embargo algo quedó de todo eso, algo sólido que perdura a través de los años hasta hoy.

Fue un mal marido, desde luego, que acabará, claro, separándose de Laura. Laura le critica, desde luego, pero dice que es el hombre más fascinante que conoció nunca y que estuvo enamorada de él hasta el final, a pesar de los años de separación.

Bueno, estamos en Sudáfrica. Él se pone en su trabajo, empieza a pasar de la familia y de los hijos, según parece, y va a escribir su primera obra: "Yo, hambre y agresión", en mi opinión la obra fundacional de la Terapia Gestalt.

Digo esto de esta manera porque la obra fundacional de la terapia gestalt a mí me parece que es ésta, y no el *Gestalt Therapy* del 1957 que en realidad escribe mayoritariamente Paul Goodman. En aquélla ya se desarrollan inicialmente todo lo que serían después los elementos fundamentales de la Gestalt. De la terapia gestalt como enfoque psicoterapéutico-educacional-asistencial-artístico, y de la terapia gestalt o gestalt como teoría, pero una teoría mucho más elemental en el mejor sentido de la palabra, el que evoca fundamentalidad. Recapitulando: la importancia del presente, el self, la importancia de la relación actual entre el terapeuta y el paciente, el uso de lo corporal, el abordaje directo de la sexualidad; el trabajo con el aquí y ahora...

El título ("Yo, hambre y agresión") creo que resume bien el sentido del texto. En cuanto a "yo", define por primera vez lo que luego se va a llamar "self" y entiende por lo tanto el "yo" no como algo interno sino como algo que se da en el contacto, en lo que se ha llamado después "la frontera del contacto". A diferencia del psicoanálisis freudiano, no es una identidad interna o intradérmica compuesta por instancias o niveles, sino que el "yo" se constituye en contacto, se constituye como organismo en un entorno. Y es en la dialéctica de contacto-retirada donde uno adquiere la identidad. Identidad, por lo tanto, que siempre va a ser móvil; no hay una identidad fija que permanece, es en el fruto del contacto donde la adquirimos.

En este sentido podemos considerar a Perls como un precursor de todo lo que se han llamado después enfoques sistémicos o enfoques comunicacionales: no el privilegio de lo intra-psíquico sino el privilegio de lo inter-psíquico, lo que se da en contacto con el entorno.

Tomemos ahora la segunda palabra del título del libro que es "hambre", lo que él llama hambre, asunto que retomaremos en el penúltimo capítulo del libro (El Hlqauldlg) Lo que viene a decir es, diferenciándose de Freud, que antes que libido hay instinto de supervivencia. O sea, que en nuestra historia como personas es antes el desequilibrio homeostático que se produce en el organismo que nos hace movernos hacia el entorno, que la historia erótico-tanática, libidinal, sexual. Y eso desde luego va a ser otro aspecto fundamental. En realidad no es el hambre de comer, es el hambre de lo que a uno le falta. Así que la chispa de la vida se da por un desequilibrio de un estado de homeostasis o equilibrio. La directora de la Asociación Internacional de Psicoanálisis le dice que mejor que se salga de la Asociación porque eso no es psicoanálisis.

Y "agresión", el tercer punto importante de esa obra ya reflejado en el título. Es decir, la agresión positiva, la agresión como elemento constitutivo de identidad. Si no agredimos, enfermamos; si no expresamos la agresión directamente la convertimos en violencia hacia fuera o hacia dentro, como auto-agresión, como somatización, como depresión. Entonces ¿cómo entiende Perls la agresión?

En la metáfora de la comida es clara su función: es la necesidad de descomponer, de destruir inicialmente la forma con la que aquello se presenta, de morder aquello que viene desde afuera, para quedarme con lo que es mío y poner fuera lo que no es mío. Todo lo que se llamarán después mecanismos de evitación en Gestalt (introyección, proyección, confluencia) se pueden leer de esa manera y a partir de este asunto muy principal.

Cuando no agredimos, introyectamos, cuando no decimos "no a esto" -a este trozo de eso que me dices, a esa parte, a ese aspecto...- nos tragamos el paquete entero. ¿El paquete de qué? El paquete de creencias, de valores, de ideas, de todo lo que va a constituir el propio carácter. Cuando no agredimos, proyectamos, algo por cierto que a él le va a tocar mucho. Fritz era un gran paranoico y tuvo varias fases, la más fuerte fue después ya en California, cuando a través del trabajo con ácido lisérgico, se puso absolutamente paranoico de todo y de todos. Él mismo decía que la paranoia es una proyección de la propia agresión. Digamos, de nuevo a lo bruto, que quien era realmente "malo" era Fritz. La paranoia era una manera de negar su propia maldad, seguramente. No sabemos lo que otro le haría a Fritz, pero lo que Fritz le hace a los demás no es nada bueno, excepto cuando lo transforma, en cuyo caso se suele convertir, paradójicamente, en muy bueno. Seguiré matizando esta idea a lo largo de todo el libro. La curiosa hermandad entre el veneno y el remedio.

Empieza en este momento otra de las grandes polémicas de la Gestalt. ¿Quién inventó la Gestalt?: ¿Fritz?, ¿Fritz y Laura? Luego en Nueva York se va a encontrar con Paul Goodman... y ya tenemos una escena triangular fundamental y bien conocida.

En realidad Perls era un gran copión, dicho esto con mucho cariño y complicidad hacia alguien a quien tanto admiro. Copió a todo el mundo. Y un gran manipulador, un gran aprovechador, algo muy propio de este tipo de carácter: se aprovechó de todo el mundo que pasó por su vida en propio beneficio. De hecho la mayoría de las ideas fundamentales de la Gestalt están copiadas, como el sexto cielo de la maravillosa canción de Jaume Sisa[11]. No son propias. Entonces, ¿qué es lo que él hace? Pues seguramente una síntesis muy buena de eso. **Una exquisita destilación viva, por vivida, de una intuición genial sobre lo verdaderamente importante en el proceso de transformación personal y en la psicoterapia en particular.**

Con Laura pasa algo así. Le dedica el primer libro en la primera edición que hace en Sudáfrica, pero cuando están después en Nueva York ya la quita de la dedicatoria, al tiempo que se atribuye toda la paternidad de la obra. Tampoco es que ella hiciera tanto, parece que escribió un par de capítulos. Pero claro, de todas las discusiones e intercambios que pudieron tener entre ellos, siendo como era Fritz... es muy difícil saber quién lo hizo realmente. Muy posiblemente Laura tuvo más que ver de lo que él reconoció. Y algo así le pasaría con Goodman, me parece, pero ahí estamos avanzando.

Todavía es psicoanalista, está muy bien instalado. Escribe su trabajo sobre las resistencias orales y va a conocer al Gran Padre, a Freud. Se dice que él quería hacer el viaje de Sudáfrica a Praga en avioneta, y ser el primer psicoanalista que llegara a un Congreso Psicoanalítico de esta manera. Eso no lo consiguió. Iba al Congreso muy esperanzado, muy ilusionado con exponer sus cosas, sobre todo con ser recibido por Freud, por el padre, redundo. Podemos imaginar los clínicos lo cargadita que podía estar esa escena teniendo Fritz la historia que tuvo con su padre real.

Y bueno, la cosa fue bastante mal. Parece que la escena es que él llega, le hacen esperar con las ganas de conocer a Freud, se abre una puerta, y así como detrás, escondido detrás de la puerta (Freud) dijo: " ¡Hola que tal! ¿Quién es Vd? "Hola, Soy Fritz Perls, he llegado de Sudafrica". Y parece que lo único que Freud le dijo es: "¿Y cuándo se vuelve...?"

Eso le tendría que sentar fatal. Ese recibimiento no se lo perdonó nunca, nunca. Tampoco lo más serio: lo que él presentó, esto del hambre, del yo, todo lo que fue el libro, después se lo recibieron con mucha frialdad. Tanto que se quedó muy resentido, tanto que después leyéndole está siempre "metiéndose" con el psicoanálisis. Yo creo que negando bastante que lo que le hizo llegar a lo que llegó después, desde luego bastante diferente del psicoanálisis, no

11. Sisa, J.: *"El sèté cel"*. En Cualsevol nit pot surtir el sol. PICAP. Barcelona.1987

creo que se hubiera producido sin muchos años de diván y muchos años de analista o, en cualquier caso, sin muchos años de clínica.

La familia, por otra parte, empieza a ir mal, si es que alguna vez fue bien. Quizás al principio, porque después repetirá la historia de su padre. Su padre le abandonó a él, él abandona a sus hijos de otra manera. Se va a Nueva York, sólo (aunque después llegarán Laura y los niños)

En Nueva York empieza la etapa americana. Es otro de sus sueños. Había ido antes en otro viaje a Las Américas para que le convalidaran el título de médico, cosa que no consiguió, y eso tampoco se lo perdonó a los yankis. Llega a Nueva York, ya es el año 46, y ahí va a fundar, cuando ya después llegue Laura y los niños en el 47[12], el primer instituto gestáltico, el Instituto Gestáltico de Nueva York, con los hijos malagradecidos que después le van a zurrar: Paul Gooddman e Isador Fromm, entre otros. Goodman, a quien muchos consideran como el verdadero gestaltista (la Gestalt de la costa este de los EEUU, de Nueva York), en realidad es un poeta, un escritor, un artista, un beatnic que se mueve en los medios contraculturales... nada que ver con las muchas horas de consultorio de Perls. Pero es un buen teórico, es decir que alguien de coco.

Fritz, desde luego, no era para nada de coco, sino más bien alguien de tripas, alguien que por carácter es un hombre de acción, un hombre motriz, un hombre impulsivo, instintivo. Y, claro, se encuentra con uno que le va a escribir el libro con el cual él se va a hacer famoso. Parece que por 500 dolares (como cuenta Claudio Naranjo) Goodman es el que se encarga de escribir la parte más teórica, pero firman los tres: Perls -en primer lugar, claro, ¡faltaría más¡- Goodman y Hefferline, que parece que no hizo nada pero que era profesor de la Universidad, y les convenía tener a alguien que tuviera crédito académico y científico.

Y aparece el libro "Gestalt Therapy" con poco éxito en principio. A mí no me extraña porque la verdad es que es muy difícil de leer... Mi impresión es que Goodman lo que hace es que toma las ideas fundamentales de Perls, les da cuerda, y crea una cosa extrañísima, que en sí pues está bien como teoría pero desde luego no es ese enfoque "tripero", de las entrañas, que supone la Gestalt fritziana. Y, la verdad, teoría por teoría en psicología las hay bastante mejores.

---

12. Peñarrubia, F.: *"Fritz y el teatro (2ª parte): El Living Theatre"*. Boletín AETG. Nº 21. Año 2001. p.79

Perls empieza a extinguirse. Deja el Instituto en manos de Laura y Paul, y empieza a viajar y a darse a conocer. Empieza a hacer sus famosos talleres (workshops) por aquí y por allá.

Al final de la década de los cincuenta, con sesenta años prácticamente, ocurre su última gran depresión. Se siente viejo, se siente frustrado, se siente fracasado tanto en un nivel personal como profesional. La Gestalt no ha tenido el eco que él esperaba: el crecimiento es muy lento; sí se va conociendo, pero muy poquito a poquito. Se van creando Institutos en diversos lugares, pero él soñaba con una cosa más grande, "lógicamente" (la megalomanía es otro rasgo de este tipo de carácter).

Soñaba con ser superfamoso (recordemos el mensaje paterno "nunca llegarás a nada" y la hipótesis de la formación reactiva) y ahí ya se siente viejo, cansado, enfermo (tiene una afección cardiaca), y se retira a Miami a tomar el sol.

Como digo está deprimido, dolido de la vida. Vive en un apartamento pequeñísimo donde hace las terapias y los grupos, y del que se dice que nunca se limpiaba. Perls fumaba tres paquetes de Camel por día en esa época, parece ser; así que imagine el lector entre el Camel y lo que nunca se limpia... ¡cómo debía ser trabajar con "Il Maestro" en esa época!

Pero sigue manteniendo unos pocos pacientes y alumnos, y ahí de nuevo otra mujer le da el chispazo para salir. No sólo la mujer, como veremos después, pero conoce a Marty Fromm -que él dirá que es la mujer más importante de su vida- una paciente y alumna con quien se enrolla y que le devuelve las ganas de vivir, dice la biografía más o menos oficial. Yo creo que lo que le devuelve las ganas de vivir es el hecho de haber caído, el haberse dejado caer, el haber soltado todo y haber estado abierto a la muerte... y que no se muriera, que eso no ocurriera. Y que encontrara lo que encontró después, claro.

En esa época también empieza a tomar ácido lisérgico (LSD) según cuentan. Se ha dicho que era su terapia con ácido, pero en realidad él lo tomaba solo, se metía en una habitación y hacía su propia terapia con eso. También he oído decir que si la "terapia" de Freud era la cocaína, la de Fritz fue el ácido. Y es posible que así fuera, porque lo que parece que encontró a través de eso era difícil de encontrar a través de una persona... para él.

Recordemos que no se fiaba de nadie, solamente reconoció a una persona como maestro que fue Friedlander (además de su gata y el extraño y esaleniano Zelig), pero él vivía repitiendo eso de no fiarse de nadie. Por otra parte hacía años que se había separado de Laura. Ahí, a través de su experiencia con el ácido lisérgico, parece encontrar una manera de confiar en sí mismo. Por ejemplo, cuenta que una vez en una de las sesiones "se mete" en la válvula aórtica, que tenía lesionada, y dice que aprendió como curarse introduciéndose dentro. Esto en realidad es una barbaridad fuera de los efectos de la sustancia, pero el movimiento simbólico era como que " yo me meto dentro de mí, me voy allá donde más enfermo estoy, y miro lo que ocurre". Ese "ir adonde más feo pinta y mirar" es algo que también impregnara profundamente el espíritu de su terapia gestáltica. La íntima fe en el infierno, la convicción kaliniana de que tan divina es la creación como la destrucción. De que la vida es ambas cosas y que la negación de cualquiera de las dos produce falsedad en lo cotidiano y, por lo tanto, enfermedad. Aunque justo es reconocer que a Perls, por carácter, con mucha probabilidad se le fuera la mano más fácilmente con lo negro que con lo blanco, más con lo de Caín que con lo de Abel, vamos.

Ese "mirar lo que ocurre", digo, parece que le dio paz. Le dio paz deprimirse, mejor dicho, dejarse deprimir, abrirse a la posibilidad de morirse, aceptar que se sentía frustrado. Que no había conseguido su sueño... y por lo tanto descartar el sueño: no iba a ser ese terapeuta megafamoso, no había conseguido lo que se proponía...

Personalmente creo que es posible que se sintiera inconscientemente culpable de la relación con sus hijos y de la relación con su mujer, en realidad de la mala relación con sus hijos y con Laura. Entre otras cosas... Como por ejemplo probablemente afectado por el dolor del recuerdo de tantas personas "pisoteadas" o mal-tratadas a su paso. Pero este carácter no siente nunca la culpa. Utiliza la negación para no sentirla, así que no creo que fuera muy consciente de eso en ese momento, aunque, de alguna manera, ya se entrega a lo que hay. O quizás sí, ya que estamos casi todo el tiempo con proyecciones, con suposiciones mías.

Sigamos. Otro elemento de la escena de ese momento de su vida es que cuando él más negro lo ve, vienen manos amigas de California y le dicen: "Ven aquí y enséñanos lo que sabes". Son sobre todo Wilson Van Dusen y Jim Simkin, que había sido uno de sus primeros alumnos en Nueva York.

Perls está todavía muy metido en su propia historia y muy loco, muy paranoico. Pero claro, para alguien que no se ha fiado nunca de nadie, alguien que ya decidió desde pequeño que no se puede confiar en nadie, que la vida no te da nada si no lo tomas, si no te lo apropias, si no lo robas... ahí, cuando la mano se le caía de viejo, hay otra mano abierta que le dice: ven, es bueno lo que haces, enséñanos lo que sabes. Así que se va a California y empieza la época de mayor florecimiento, que va ser la época de Esalen.

Antes de esto hay otro hecho que me parece importante y es el viaje que hace durante año y medio alrededor del mundo y, sobre todo, las estancias en Japón y en Israel. En Japón está varios meses en un monasterio Zen, cosa que desde luego yo creo que le debe tocar mucho a esas alturas de su vida y de su sensibilidad. Le tenía que tocar porque en sus escritos indirectamente lo dice. Por ejemplo cuando habla de cómo es el estado de salud versus enfermedad, habla del concepto de "nothingness", de nadiedad, de la capacidad de ser nada. Esto está claramente tomado del Zen, y más en general de la filosofía oriental. Sin embargo lo que dice respecto a lo que a él le pasó es algo así como lo que dice del psicoanálisis: "Hay alguna cosa que no encaja si hacen falta años y decenios para no llegar a nada. Lo mejor que se puede decir es que el psicoanálisis engendra psicoanalistas como el estudio del zen produce monjes".

Esto es en gran parte una maniobra defensiva suya, creo. No es capaz de reconocer algo que no sea tangible, tocable y fundado en los sentidos; bueno, esa extendida deformación del aquí y el ahora gestáltico. Porque lo que para la mayoría de las patologías es algo curativo, saludable, la capacidad de estar presente, para él en realidad era un engaño. Como diría... él tiene a favor, él tiene de naturaleza la capacidad de estar en el presente. Para él no es demasiado valioso eso. Dónde él se defiende más es de todo lo que no sea material, de todo lo espiritual y todo lo sutil; y de todo lo débil, de todo lo tierno por otro lado. Y parece que la ternura, en los testimonios que hay de su vida, no la saca significativamente hasta bien viejito, hasta después de todo eso que veíamos de la depresión y del dejarse ir. Parece que sólo en los últimos años de su vida pudo ser tierno verdaderamente. Y eso es mucho decir para alguien así.

Esalen

Entonces, después de varias idas y venidas llega a Esalen. Le invitan, y en esa Meca californiana encuentra algo que andaba buscando. Alguien que ha pasado por tantos fracasos en su vida, tantos avatares, tantos cambios, tantas pérdidas... se decide a ser libre, o algo así. A practicar algo parecido al hlqauldlg, que veremos hacia el final del libro. A hacer lo que quiere hacer, a dejarse salir lo que tiene dentro y a hacer las cosas como a él le parecen, más allá de lo que el mundo opine. Empieza su florecimiento, su fama.

Ya estamos a finales de los años sesenta, y Fritz Perls va a ser una gran figura de ese movimiento contracultural de la época. Le llamaron rey de los hippies, ocupa la portada de la revista Life, y le viene el reconocimiento. Los talleres en Esalen, que empiezan con cuatro o cinco personas, van a albergar centenares. Se siente reconocido en lo externo, pero yo creo que sobre todo en paz consigo mismo. Y eso, desde luego, es una gran cosa, sino la gran cosa. Su paso por Israel le deja una huella profunda. "Aprendí que se puede estar sin hacer nada de una manera muy productiva", dirá. Parece que deja, casi -porque todavía hace un último movimiento- de buscar, de correr... de errar, en el significativo doble sentido semántico de este último término ("errar").

Perls se ha ido de casi todos los sitios: se ha ido de Alemania, se ha ido de Holanda, se ha ido de Sudáfrica, se ha ido de Nueva York, se ha ido de Miami, y ahí parece que consigue quedarse. En ese quedarse empieza a dar lo que en mi opinión es su gran tesoro, eso que Fritz llamó **enfoque simpático**, que es la manera de trabajar en el que el terapeuta se tiene en cuenta a sí mismo, se utiliza a sí mismo para trabajar con el otro. La confrontación, algo para él naturalmente fácil, la capacidad de "poner" al otro, de ver la falsedad del otro y detectarla; y la transparencia, es decir la gran honestidad que le reconocen incluso sus enemigos cuando habla de sí mismo; la capacidad de ver lo falso en el otro, pero también lo falso en él mismo. En su autobiografía ("Dentro y fuera del tarro de la basura") está bien expresado. Es un buen testimonio en algunos aspectos. En otros no.

Se publica en ese momento el libro del que hablaba al principio del capítulo y que constituyó mi puerta personal de entrada a la gestalt: "Sueños y existencia". El último, "El Enfoque gestáltico. Testimonios de Terapia", se publica una vez fallecido, en mi opinión el libro más maduro de Perls, una obra de alguien como que llegó a algún sitio, como que llegó a una cierta serenidad inocente.

Pero faltaba algo... y es que le hacían sombra: resulta que él no era el único "jefe" en Esalen, la única prima donna. Estaban allí, recuerde el lector, Bill Shutz y los primeros maestros orientales que llegan a los Estados Unidos, entre otros. Eso de un lado.

De otro él había dicho: "la terapia individual está obsoleta". Y en Esalen inventa lo que se llama taller (workshop), es decir el trabajo individual en grupo, con el apoyo del grupo como caja de resonancia, desde luego de un modo que no se conocía en la historia de la psicoterapia hasta entonces. Después dirá que la terapia de grupo también está obsoleta y que lo que él pretende hacer es lo que llama un "kibutz gestáltico" -recordemos el impacto de su paso por Israel. Es decir, la comunidad gestáltica, el taller non-stop, que es lo que intenta hacer al final de su vida.

Un lugar en dónde, claro, él fuera el único jefe, por supuesto. Dónde no hubiera niños (recordemos al Fritz niño y al Fritz padre...)... ni perros. Aunque parece que esto último no fue tan cierto, porque luego, creo yo que gracias a la ternura adquirida, hay gente que cuenta que sí hubo perros "y no murieron", y que algún niño también correteó por allí. Pero a él le gustaba provocar de esa manera.

Perls quería sobre todo un lugar donde se pudiera vivir la Gestalt 24 horas. No durante el momento del taller, sino continuamente. Un darse cuenta continuo practicado en todo momento, y fuera del marco de lo que sería la sesión estrictu sensu. Se va a Canadá y funda una comunidad en donde practicarlo.

Final

Fritz, Fiedrich, Frederick... Perls muere el 14 de Marzo de 1970. Antes habrá hecho una ultima escapada, un viaje a Europa desaconsejado por amigos y familiares, en principio para asistir a una serie de óperas. Será su última psicopatada, su último antojo.

O no. Porque se dice que su última frase, dirigida justo antes de morir a la enfermera que le atendía en el hospital, la cual le sugería parece que muy amablemente que se recostara en la cama, se ve que fue: " Señorita, no me diga usted lo que tengo que hacer" (o algo de esa índole)

"Genio y figura hasta la sepultura", dice el refrán castellano. No me extrañaría que hubiera saludado con una última grosería al mismísimo San Pedro a las puertas del cielo. Y que éste le hubiera sonreído, quizás porque pudiera apreciar la leve pero inmensa albura de su desvergüenza.

I. El Formador

1. El formador

Día, noche, ponientes, madrugadas, espacios,
Ondas nuevas, antiguas, fugitivas, perpetuas,
mar o tierra, navío, lecho, pluma, cristal,
metal, música, labio, silencio, vegetal,
mundo, quietud, su forma. Se querían, sabedlo.

V. Aleixandre.

Como decía en el prefacio, el formador suele decir de sí mismo en los currículums de los programas de eventos y publicidades varias que fue el primer español que impartió formación gestáltica en Barcelona y en Catalunya, y uno de los primeros en el estado español. Ahí lo dejaba. Continuemos.

Pues así fue, que yo sepa. Aunque el primer formador extranjero en Catalunya fue en realidad Ronnie Felton, el verdadero introductor de la gestalt en estos lares en 1974. En mi época inicial, de novato, estaban trabajando en Barcelona Marcelo Antoni, Empar Fresquet, Lluis Pardo, Eulalia Pernau y María Antonia Plaxats, entre otros profesionales, todos ellos formados con Ronnie. Con María Antonia, Eulalia y Empar, que se incorporó después, fundamos el "Equipo Itaca de Estudio y Desarrollo de la Psicoterapia Humanista" en la calle Aduana de Barcelona, junto a la vieja estación de Francia. Lluís colaboró alguna vez con nosotros. En septiembre (!) de 1980 iniciaba mi primer grupo de formación en aquella Itaca tan entrañable y lejana, tan homérica... Le llamé "Psicodrama Gestáltico". Era mi manera de puentear entre los enfoques dramático, psicoanalítico y humanista en los que principalmente me venía formando y la gestalt de mis amores. Gracias Mikel, Nekane, Eli... por la entrega y el cariño que me regalasteis;

y gracias a todos los que participasteis en ese primer grupo a quienes no voy a nombrar para no ponerme más pastoso y batallitas... y porque tampoco recuerdo los nombres de todos. Se me difuminan con otros primeros grupos.

En noviembre de 1982 organicé, junto con Lluís Pardo, las Primeras Jornadas de la Asociación Española de Terapia Gestalt y en 1983 el Primer Simposium Internacional que se celebraba en España. Ambos me dieron la ocasión de contactar con gestaltistas españoles y europeos -por ahí venía el interés interesado en hacerlo... claro-y ahí empezaron una buena docena de años de viajar mucho como profesor invitado en institutos y escuelas de formación desde Canarias a Bilbao, de Paris a Milán, de Sevilla a Bruselas, de Mallorca a Ginebra, de Madrid a Siena... Bien. Mucho viajar, mucho enseñar y sobre todo mucho aprender... visto desde hoy. La experiencia de conocer y tratar a tantos alumnos diferentes de escuelas tan diversas con programas e idiosincrasias variados, en idiomas cuántos y todo eso, la verdad es que me fue dando con los años mucha solidez y una cierta seguridad en mi oficio.

Supongo a la luz de los años que fui aprendiendo que más allá de las diversidades que encontraba había algo común o esencial que recorría todos los haceres diferentes, las varias y distintas maneras de abordar lo que se llamaba gestalt o terapia gestalt.

Para mí esa etapa fue concluyendo -aunque he seguido viajando y enseñando por aquí y por allá, pero con mucha menor frecuencia- fundamentalmente por dos razones. En lo personal, cuando nació mi hijo Martí en 1990 decidí empezar a salir paulatinamente menos para poder estar más tiempo en casa y más tiempo con él. En lo profesional andaba con la sensación de estar un tanto quemado. "Tenía" -es decir, enseñaba a...- muchos alumnos, pero muchos... pero yo al final de ese tiempo sentía que quería otra cosa. Discípulos en lugar de alumnos. "Donde ser menos para ser con más detalle..." como dice una vieja canción de Patxi Andión que escuchaba en la adolescencia.

Por otra parte en 1988 había iniciado mi aprendizaje con Memo, Guillermo Borja, y me sentía en plena efervescencia de la etapa de "discípulo de un maestro" en el sentido tanto tradicional, como espiritual como chamánico de la expresión. También en el 88 habíamos creado con Cristina Nadal el Taller de Gestalt de Barcelona, del que luego hablaré más precisamente en el capítulo 9 (La Manzana Mordida)

Ahí empezaron "Los Años del Taller". Trabajar con pocas personas muy muy intensamente, empezar a ver una forma de hacer que aparecía fruto de la experiencia acumulada y del sello que Memo y Claudio empezaban a imprimir. Y del que Cristina y yo, siendo un matrimonio y trabajando juntos y cada cual a su manera, empezábamos a imprimir en algunas personas. Pasar el testigo. Enseñar de otra manera. El compromiso. El dedicar la flor de la treintena a eso. La actitud. Los años del taller. El Grupo de Aprendices. La creación de la Escuela del Taller. Las noches de aquellos días, los días de aquellas noches. ¡Ah...!

Bien. Como dice Machado, "todo pasa y todo queda". Aunque como dice Marguerite Durás, quizás la misma cosa esencial dicha de otro modo, "...nada pasa en la vida, / Nada, excepto eso, / la vida."[1]

Lo que viene quedando en todo caso es un estilo más calmado, más aposentado, menos pretencioso... y menos romántico - ¡Ay, será la edad! Lo que pasó fue esa etapa. Después vino Zôa y continuar, y empezar otras cosas... y ahí andamos.

La verdad es que siempre me ha gustado enseñar. La primera vez que lo sentí fue cuando con 15 años daba clases gratuitas de graduado escolar en el colegio de la Pureza de María de mi barrio a gente sin recursos económicos y sin cultura. Yo disfrutaba explicando lo que sabía y lo he seguido haciendo todos estos años.

Me han dicho y me dicen que enseñando suelo ser claro y didáctico. Que tengo buena cabeza, como decía mi querido Paco Peñarrubia en la reseña que tan amablemente hizo de mi primer libro para el boletín profesional de los gestaltistas españoles. Creo, ya hablando de la formación en gestalt, que desde aquellos primeros cursos de principios de los ochenta hasta hoy lo que he ido ganando a la hora de explicar es capacidad de incluir lo emocional, lo corporal y lo simbólico -a veces lo espiritual- como enriquecimiento de lo mental.

También, aunque eso como tantas otras cosas dependerá de si toca temporada maníaca, depre o eutímica (que así somos los bipolares) también digo, he ido ganando sobriedad... afortunadamente. La posibilidad de retener información, de sacrificar arabescos, de ir aprendiendo a utilizar las mínimas palabras posibles, de ir yendo hacia lo que me parece esencial o nuclear de un asunto con la menor parafernalia posible. A, cuando conviene, retirarme más del foco sin desaparecer del campo. "Poco a poco"...

1. Citado en Trapero, G.: *"Arte, poesía y psicoanálisis"*. En www.elsigma.com.

Y por último creo que también he ido mejorando en el aspecto narcisista. Una paradoja, casi un oximoroncito esta última frase, ¿verdad? Me refiero a enseñar no tanto para lucirme y que los demás vean "lo maravilloso, inteligente o brillante que soy" - ¡aunque alguna vez!...- sino cada vez más con la vista puesta (gracias a Dios y a algunas personas) en quien escucha. En si ahora será el momento o no, si esas personas podrán entender lo que cuento así o asá, si es realmente útil en este momento lo que voy a decir o mejor callarlo, guardarlo o reservarlo. En fin...

Así pues esta sección del formador se compone de tres capítulos. En el que sigue he pretendido dar una visión de la gestalt en la que creo y que pretendo enseñar de un modo directo, en todo caso como algo más que una terapia emocional y como algo más que una terapia, es decir, también como un aprendizaje.

El de "Formarse en gestalt" quiere ser un resumen de lo que entiendo como proceso de entrenamiento de un gestaltista, y que sustenta en lo que a mí respecta, a mi manera de decirlo, la praxis didáctica que venimos llevando a cabo con Cristina Nadal en la Escuela del Taller de Gestalt de Barcelona desde 1988.

Y con el último de la serie, el Programa Alfa, siento que cumplo un compromiso con todos los alumnos y colegas que me han venido pidiendo desde hace años un texto sobre el asunto, más actualizado que el que en 1985 elaboré como un primer y muy elemental resumen, publicado como documento interno de la Asociación de gestaltistas. Promesa cumplida pues. Ahí va.

Un último comentario introductorio. Aunque aquí habla el formador, el clínico está pidiendo la palabra. Y me tira del jersey para que no me olvide de decir que desde hace muchos años pienso y he venido diciendo que las fronteras entre la psicoterapia y el aprendizaje son muy sutiles y no siempre completamente definidas. Esto es algo que he vuelto e encontrar como tantas otras cosas de la mano de Claudio Naranjo. En este caso era algo que yo ya había pensado, sentido y que ya venía elaborando, aunque de modo mucho más primitivo del que luego le he visto y oído a Claudio. Ya Jung, por otra parte, insistía particularmente en este asunto.

O sea que yo soy de los que creen que **la psicoterapia es también un aprendizaje. Y creo asimismo, a la vez, que la formación y por lo tanto el aprendizaje de la gestalt, enfocado de un modo esencialmente vivencial, supone un modo de hacer psicoterapia**, de ir curándose, de crecer y de conocerse para la persona que se forma como gestaltista, para el formando, para el alumno. Una incorporación en definitiva de instrumentos, actitudes y estrategias de aprendizaje útiles para la clínica, para curar, para cambiar, para mejorar, para conocerse mejor, para la vida.

Y que la psicoterapia se suele encuadrar en la clínica, por lo de terapia claro, por lo tanto en el mundo referencial de los médicos y enfermer@s, de la salud y de los profesionales sanitarios. Bien, estoy de acuerdo... en parte. Es evidente que hace falta una buena formación en psicopatología, quizás en psicofarmacología básica, en diagnósticos y pronósticos y en otras cosas... para hacer buena psicoterapia. Pero también me parece cierto que el proceso psicoterapéutico introspectivo tiene una parte muy importante de aprendizaje y que desde ahí también lo podemos referenciar en el mundo de la enseñanza. De la enseñanza y ocasión pautada de un aprendizaje, des-aprendizaje y re-aprendizaje de algo muy básico, que no se nos suele enseñar en las escuelas infantiles y juveniles: el ars vivere de los clásicos, l`art de vivre como dicen los franceses, que tan finos son estos últimos en su cuidado lenguaje para expresar asuntos del placer y de la estética, entre otros... ¡Ay, París...!

París fue mi ciudad soñada desde la pubertad. Mi sueño de adolescente era ir a estudiar a La Sorbonne. No pudo ser. Me resarcí de ello, de entre otros modos, dictando una conferencia en La Ciudad de la Luz con 24 años, jovencito pues. La experiencia de enseñar allí, de ser “Profesor Invitado de L´École Parisiènne de Gestalt”, el más joven (¡y dale...!), yo creo que ha sido para mí una de las cumbres emocionales de todo este viaje del formador.

Aunque no siempre las cumbres son lo mejor de la montaña... ni lo emocional lo primordial de un asunto. Pero ahí ya entramos en otra cosa...

2. Gestalt, emoción, catarsis e integración

"La pintura ya no es un oficio ni un trabajo, es casi una enfermedad. No es una manera de vivir; es, al contrario, una forma de DESMORIR, como la poesía. Una manera de establecer relaciones con el mundo, como los relámpagos y los virus".

Miquel Barceló

Se ha hablado clásicamente de la psicoterapia gestalt como de una psicoterapia emocional. Yo creo que es más bien, como dice Barceló de su pintura y de su pintar, con todos los respetos y salvando las distancias, personalmente una manera de des-morir y en general "una manera de establecer relaciones con el mundo, como los relámpagos y los virus". Probaré a detallar esta particular y extraña proposición en las líneas que siguen.

Lo emocional... y "lo otro"

Una de las caricaturas que más ha visitado los foros gestálticos es desde luego una de alguien llorando a moco tendido o golpeando un cojín más o menos estruendosamente. Abundando en ello, recordar que la asociación española de gestaltistas (A. E. T. G.) está encuadrada, en el marco de la asociación general de psicoterapeutas de España[1], en la sección de las "terapias corporales y emocionales" (!)

1. F. E. A. P. (Federación Española de Asociaciones de Psicoterapeutas)

Sin embargo se trataría en realidad y cada vez más, la gestalterapia, en mi opinión, de un **trabajo nuclearmente emocional que intenta estar insertado en un enfoque más integrativo**, que incluye también lo cognitivo, lo corporal y lo relacional, como mínimo, así como **lo simbólico y lo espiritual**, para algunos gestaltistas al menos.

Así que me parece que una de las cosas más características de este enfoque terapéutico es en realidad (y quizás paradójicamente) el instrumento "versátil, pero -experiencialmente- consistente" que proporciona para ensayar, para ir construyendo con la experiencia y con la atención, un enfoque como digo **integrativo, pero propio del terapeuta**, pretensión aquélla -el deseo de integratividad- desde luego común a muchos de los actuales enfoques y escuelas de la psicoterapia, todo sea dicho. Pero no tanto esta segunda parte, un estilo propio del terapeuta, en la que cierta gestalt tiene cosas diferenciales que aportar, me parece.

Creo que la gestalt tiene pues un sentido de arte vacío, de ars vacuo, y también un sentido de arte del vacío, con una forma de ello a la vez singular y compartida en aspectos con otros enfoques. Recordemos que Francisco Peñarrubia, junto con Ángeles Martín los dos grandes introductores de la gestalt en España, ha titulado su (primer) libro como "Terapia Gestalt. La vía del vacío fértil". No es por casualidad desde luego. Personalmente me parece una buena manera de describir una de las cosas esenciales del enfoque, si no la más importante, en mi opinión junto con el concepto de contacto y el de actitud: la vacuidad.

Arte vacío - en la psicoterapia, pero también en la educación, en el trabajo social, en la cultura y en arte cada vez más, en la creación, en el manejo de grupos y entidades... - por cuanto propone un **"ninguna cosa en particular, pero cualquiera"**. No es tanto entonces la técnica que uno utilice sino cómo uno se pone en ello, el propio proceso de utilizar esa técnica en sí, atendido. Y también el propio proceso de cómo uno se pone en atender el proceso de cómo uno se pone en el proceso de utilizar esa técnica, atendido. Y también el propio proceso... Etcétera.

Para evitar la excesiva reiteración, evoquemos aquí esa clásica imagen, presente por ejemplo en algunos cuadros famosos de la historia del arte, de la persona que se mira en un espejo y es mirada por otra persona que a su vez se mira en el espejo, que es mirada a su vez... O esa de las salas de espejos múltiples de ferias o parques de atracciones que evoca la misma idea. El espejo también es, por último ahora... y despegando en vuelo, una poderosa metáfora en la mística:

> *"Todos los fenómenos son el espejo en que Dios se manifiesta: / O bien la luz de Dios es el espejo, y los fenómenos las imágenes (que se reflejan en él) / A los ojos del verdadero adepto de vista penetrante / Cada uno de estos dos espejos es el espejo del otro."*[2]

...Esa mística, eso sí, de los místicos que sabían de física centenares de años antes, cuanto menos, que los físicos modernos:

> *"**Ya en el siglo XIII,** Rûmí, en su visión del átomo, coincidía con las investigaciones más recientes de la ciencia contemporánea. Precisaba que cada átomo es capaz de reducir el mundo a cenizas. Hablar de fisión nuclear en tiempos de San Luis ya puede parecer asombroso. Pero **Rûmí aseguraba asimismo que nuestro sistema solar contiene nueve planetas, mientras que en su época sólo se conocían siete y el noveno no se descubrió hasta 1930.** Esta es la razón por la que, en la danza que simboliza la ronda de los planetas alrededor del sol, el número de derviches danzantes sea siempre de nueve o un múltiplo de nueve"*[3].

El espejo es asimismo un poderoso icono para definir el proceso de construcción de la identidad. Lacan llamó estadio del espejo a ese "momento" o asunto:

> *"Como sucede en el estadio del espejo, la tarea del Yo consiste en mantener una falsa apariencia de coherencia y completamiento. Así que el análisis debe desconfiar de lo que procede del yo, y subvertirlo. (...) Por debajo de la célebre fantasía de castración puede estar la fantasía de fragmentación"*[4].

---

2. Rûmí citado en De Vitray- Meyerovitch E. – Chevirier, M.P.: *El Canto del Sol*. José J. de Olañeta, editor. Palma de Mallorca.1998. p. 12-13. #.
3. De Vitray. Obra citada p.15
4. Leader, D. – Groves, J.: *Lacan en castellano*. Era Naciente. Buenos Aires. 1996. p.26-27.

Retomando nuestro hilo, respecto a qué es lo que propone la terapia gestalt, ese "ninguna cosa en particular, pero cualquiera... y entonces esa, o no" (la expresión completa de la idea o actitud gestáltica en mi formulación actual) también se manifiesta en la no-predilección a priori, pero tampoco negación, por/de ninguno de los niveles o aspectos de abordaje que podemos considerar en un asunto clínico, y en concreto en una psicoterapia actual.

Es decir que ni lo corporal, ni lo emocional, ni lo cognitivo, ni lo relacional, ni lo simbólico, ni lo espiritual... por sí mismos constituyen ninguna garantía clínica de nada, ya que todos ellos son más bien puertas de acceso a algo más sustancial o esencial, a una especie de Roma Interna que tuviera una u otra puerta más disponible que otra, en determinado momento y en tales circunstancias, con tales personas, si se entra de aquélla manera (pero sólo de aquélla manera...)

En cualquier caso, pues, no creo que podamos decir con propiedad que la terapia gestáltica sea sólo una terapia emocional, ni una sólo terapia emocional. Ya que también lo corporal, lo cognitivo, lo relacional, lo simbólico y lo espiritual (a veces) están presentes de un modo significativo en esta forma de abordar el sufrimiento y el gozo humanos, su tristeza, su angustia, sus estallidos y repliegues... que llamamos terapia gestalt.

> *"En esta nueva forma del mito, los Zoa son presentados, ya como potencias externas y en general antagonistas del hombre, ya como poseedores de un lugar en el ser de los individuos humanos:* ***Razón*** *o Urizen,* ***Emoción*** *o Ulva,* ***Energía Espiritual*** *o Loss,* ***Sensación*** *o Tharmas"*[5].

---

5. Serra, C.: *Pequeño diccionario de W. Blake*. J. Olañeta, editor. Palma de Mallorca.2000.p.81.

Lo corporal

Lo corporal en gestalt se manifiesta, me parece, sobre todo en la atención prestada al cuerpo, al centro motor o centro instintivo o centro bajo según diferentes terminologías, que es el que se mueve (Reich) pero también el que hace (Moreno)... y el mundo de la sensación que tanto reivindicó la contracultura de los sesenta. Proponemos los gestaltistas, parafraseando a Freud, considerarlo como vía regia para manifestar el presente, o aquello del presente que es una rendija o una puerta para entrar, por ejemplo terapéuticamente, en algo importante, en algo que ín-porta, que lleva adentro de la persona.

Lo corporal-conativo es operable y registrable en el presente. Es modificable y esa modificación puede registrarse experiencialmente. Tiene la plasticidad psíquica del barro, digámoslo así. Por ejemplo, si, en tal momento de la sesión de terapia, un@ paciente fumador@ puso la ceniza del cigarrillo en la planta y no en el cenicero, en ese momento de la sesión, puso la ceniza del cigarrillo en la planta y no en el cenicero. Punto. Es un hecho obvio e inapelable.

Si la voz se estrangula al pronunciar tal palabra, la voz se estrangula al pronunciar tal palabra. Esa, no otra. Si me acabo de clavar la uña en la mano (de tanto apretar sin darme cuenta de lo tanto que me está angustiando esto que esta pasando o esto que estoy diciendo o escuchando, pongamos por caso), me acabo de clavar la uña en la mano en ese momento y no en otro. Punto. Si estoy tosiendo estoy tosiendo...

Como dice Paco Peñarrubia:

> *"Podemos decir entonces que un enfoque integrado (gestáltico) se caracteriza por las premisas que Kepner explicita: 1.El proceso psicológico que se expresa verbalmente (por ejemplo, conflictos o creencias) está explícitamente conectado a sus expresiones corporales. 2.Procesos físicos como postura, concentración muscular y perturbaciones somáticas, son vistos como expresiones significativas de la persona. 3.Se considera que tanto los procesos físicos como los psicológicos son aspectos del mismo todo (la persona/organismo). Las divisiones en partes son problema de interés terapéutico, ya que precisamente la técnica intenta restaurar el sentido de la totalidad y ratificar la mutua identidad de las partes"*[6]

6. Peñarrubia, *Obra citada* p. 226-227

Lo cognitivo

Lo cognitivo en gestalt -el mundo del pensamiento, el famoso hemisferio izquierdo, y el mundo de la imagen, del icono, el no menos famoso hemisferio derecho- es ese mundo de conceptos y palabras que fue tan denostado en gestalt durante años -del setenta y tantos al noventa y pocos hablando en términos amplios- a causa, entre otras cosas, de los excesos, sobre todo verbales, del propio Perls, fruto -¡claro!- de su propia patología personal. Ya vimos algo de eso en el capítulo cero.

Lo cognitivo entonces es lo que pone los puntos sobre la íes, las comas y los punto y aparte. Es el imperio de la palabra, mano derecha, y de la imagen, mano izquierda. Es la importancia del comprender y el gozo de saber y de saber que uno sabe (muy importante esto último) Y el proceso de aprender a saborear la inteligencia y lo inteligible.

> *"Conocer su lengua no es garantía de entendimiento, porque el rarámuri (tarahumara), que sabe que las palabras son <incompletas> y no sirven para tales menesteres, jamás ha intentado expresar en palabras lo verdaderamente esencial de su cosmogonía. (...) Para ellos la salud es "estar contentos", y el cultivo de la alegría resulta inaudito (...) y cualquier síntoma de tristeza podría desencadenar una enfermedad, lo que, por otra parte, se considera <de muy mala educación>. Para el rarámuri, todo lo que nos provoca pena, nos hace enfermar."*[7]

Una hermosa visión paradójica, polar y lucidísima la de esta cultura. Porque, por otra parte y al mismo tiempo:

> *"(...) En el marco de la tradición oral en la que el rarámuri transmite su conocimiento, los sermones se han revelado como una ancestral y eficaz forma de compartir su cosmogonía y sus consejos prácticos para vivir más felices. 5oo sílabas por minuto (frente a las 300 de una conversación normal) es*

7. Labarta, C.: *"Tarahumara. El pueblo que aprendió a soñar"* en Misterios de la arqueología, nº 9. p. 39-40. Según Labarta, los tarahumaras son los indígenas mesoamericanos más antiguos que se conocen. Sobreviven hoy en día unos 45.000 en la Sierra Madre mexicana.

capaz de decir el experto orador tarahumara, y sólo será tenido por tal y respetado si demuestra esta extraordinaria pericia en el arte oratorio. La sutil inteligencia de este pueblo ha determinado, no sin razón, ***que aquel que sea capaz de hablar coherentemente a esa velocidad es porque necesariamente piensa bien y, por lo tanto, merece ser escuchado.****"*[8]

"Merece ser escuchado"...como lo cognitivo. Lo cognitivo, démosle su lugar, su buen lugar, permite ir encadenando e hilvanando diferentes aspectos de un@ mism@ o de un asunto externo, o del vínculo entre ambas cosas, que van dando forma a la personalidad que vamos abandonando, y al nuevo ser que va saliendo en el proceso psicoterapéutico introspectivo a cada momento. Faculta para poner un antes y un después, un dentro y un afuera, un más o menos, un arriba y un abajo, un esto sí y esto no... con el hemisferio izquierdo y la palabra; al tiempo que un "todo junto y al mismo tiempo, no siempre completamente ni con el mismo tipo de parcialidad", con la imagen.

"Todo el idioma está integrado por un cableado formidable del que apenas tenemos conciencia, y que, sin embargo, nos atenaza en nuestro pensamiento. ***Pensamos con palabras; y la manera en que percibimos*** *estos vocablos, sus significados y sus relaciones,* ***influye en nuestra forma de sentir. Y así se extienda nuestro campo de palabras, así estarán lejanos o próximos entre sí los límites de nuestra capacidad intelectual.****"*[9]

Lo relacional

Lo relacional en gestalt se sustenta en el propio, seguramente, concepto central del enfoque[10]: el contacto. Somos en el contacto. El self que nos constituye y que nos está construyendo y desfragmentando a cada instante es contacto, es en el contacto. Por ejemplo, es más "verdadero"[11], con matices, lo que los otros (todos o casi todos)

8. Labarta. *Obra citada* p. 43 #
9. Grijelmo, A. *Obra citada* p. 26
10. Como decía más arriba, junto con los conceptos de *vacío fértil* y de *actitud.*
11. En realidad, a fuer de ser precisos y honestos, siempre habría que entrecomillar esta palabra...

dicen de mi, que lo que yo pienso de mí, algo en realidad con una frecuentísima dosis de auto-imagen tantas veces engañosa. Por ejemplo.

De otro lado, ese invento perlsiano del "taller" (workshop), de la terapia individual en grupo, y el enfoque de lo que ocurre en la relación actual paciente - terapeuta en la relación terapéutica individual, permiten enfocar lo sistémico, aquello interindividual que da sentido a ese animal social que somos.

Digamos entonces que lo grupal, una cierta forma de hacer con lo grupal, ha venido caracterizando la imagen popular de la terapia gestalt. Así que, a partir de la experiencia compartida durante una buena cincuentena de años, la psicoterapia gestáltica es un lugar conocido para saber más o mejor o revisar lo que a un@ le pasa con la gente, con las instituciones, con los otros. Para explorar, conocer y eventualmente modificar los patrones habituales de contacto, de relación, de conducta y actitud, que se nos van repitiendo y que se nos escapan de las manos en determinadas circunstancias, potencialmente determinables y por lo tanto en principio asumibles y/o cambiables.

Lo simbólico

Lo simbólico en gestalt está presente sobre todo en los psicoterapeutas que se manejan con rituales y con instrumentos atencionales específicos, que normalmente suelen ser los terapeutas para los cuales lo simbólico ocupa un lugar particular en sus vidas.

En mi experiencia personal y profesional, el mundo de lo simbólico comenzó hacia 1981 sobre todo gracias a Michel Katzeff, a quien está dedicado uno de los capítulos de este libro, aunque en el momento en que me encontré con él en la vida ya andaba haciendo algunos pinitos al respecto. El asunto continuó decididamente cuando entré en contacto, en el 88, tal como contaba antes, con lo más parecido a un chamán que yo he conocido nunca con una cierta amplitud: Memo, Guillermo Borja, repetidamente nombrado a lo largo de este libro, y sobre cuya experiencia de aprendizaje escribí cuando Claudio Naranjo tuvo la amabilidad de hacerme un hueco en su "Gestalt sin

Fronteras"[12] Memo -iniciado por un chamán huichol llamado Oswaldo, el primer blanco admitido en el consejo índígena, y por Pachita, entre otros- Memo, digo, fue asimismo un genial psicoterapeuta. Según Naranjo, la persona más parecida a Fritz Perls que él había conocido nunca.

Gracias a Memo, pues, pudo quien escribe tener una cierta introducción a un mundo todavía por decodificar en palabras en varios aspectos por lo que al proceso de ir nombrando y entendiendo en lo posible mi experiencia personal y profesional se refiere. Un mundo muy particular. Un mundo aún con sombras y neblinas que se escapan todavía, si soy sincero, a mis palabras, capacidades y pertinencia actuales. A lo cabal de ponerlo por escrito. Proceso que se fue redondeando -y en ello andamos...- en todo caso, gracias a Claudio Naranjo, que tuvo la gentileza, la generosidad y la sabiduría de recogerme en unos momentos muy difíciles para mí. No abundaré más sobre este asunto en este momento. Lo dejo para una mejor ocasión.

El gestáltico, pues, es un enfoque que aporta una estructura y un punto de centramiento asequible para muchas personas -y esto último es fundamental, claro- a trabajos con ceremonias y "actos" (galas, celebraciones, consagraciones, exequias, presentaciones...) a las que se les quiere dar un sentido de Trabajo Interior, terapéutico o de crecimiento personal.

También está presente este aspecto simbólico en todos los "experimentos de identificación con" que ha desarrollado el enfoque a través del trabajo con sueños, de utilización de materiales como el barro o la pintura, y en general con toda la metodología de recuperación de proyecciones (tarot proyectivo[13], video-gestalt[14]...)

---

12. Rams, A.: "Testimonio de un aprendizaje. Ethos, Pathos y Thecnos de una gestalt viva", en Naranjo, C.: Gestalt sin Fronteras. Era Naciente, Buenos Aires. 1993.
13. A quien mejor he visto hacer este trabajo es a Annie Chevreux.
14. En la línea del trabajo de Jean Claude Sée en Francia en la década de los ochenta, cuya experiencia tratamos de continuar y de aplicar en su día sobre nosotros mismos en las sesiones de co-counseling video-terapéutico que llevamos a cabo con María Antonia Plaxats en el inicio de los ochenta en aquel Equipo Itaca (1980-1985), de tan entrañables recuerdos para quien escribe.

Lo espiritual

Lo espiritual en gestalt, por último, y desde luego de un modo aún más restrictivo que lo simbólico en cuanto a número de gestaltistas que lo integraran (o lo intentaran...), me parece que sobre todo se manifiesta a través de la familiaridad del vehículo, en su estructura y en su esencia, con "algo" presente en muchas de las grandes tradiciones de auto-conocimiento de la humanidad, como ya he abundado en otro lugar[15]. Es en todo caso una espiritualidad tantrista, dionisíaca, sufi, proto-franciscana, devocional, baúl, gnóstica, "pagana"... un **"a través de"**.

> *"Hay razones para suponer que también el uso posterior de la imagen era preferentemente "mágico", es decir dirigido a hacer posible, al menos para una elite, un gradual proceso de auténtica transformación individual,* ***en el cuadro de una religión arcaica que no debía ser muy distinto de ciertas formas de chamanismo que han subsistido hasta casi nuestros días.*** *(...) Es del todo probable, como demuestra por ejemplo el rastro dejado por ciertas narraciones tradicionales de origen celta y algunas doctrinas indias, que todo esto no sea casual en absoluto y que incluso* ***sobreentienda una especie de doctrina metafísica y cosmológica extremadamente arcaica****, quizás ya prehistórica, según la cual* ***el hombre estaba de algún modo destinado a presentar sucesivamente todas las formas, hasta alcanzar una transformación definitiva que lo restituyera a un estado que ya le pertenecía <en potencia>****"*[16]

Eso de "todas las formas" llega directamente al corazón de lo gestáltico. Recordemos aquí de nuevo que la Gestalt Psychologie alemana de principios de siglo - Khöler, Koffka, Lewin... un punto de partida al menos nominal de la terapia gestalt - es conocida en castellano como Psicología de la Forma. **Esa idea sutil y profunda de que la forma del campo perceptivo**-su particular estructura figura/fondo y demás aspectos y leyes definidas por esta escuela y otras- **crea una determinada percepción de algo... por sí misma. Insisto, por sí misma**, más allá de cualquier otra consideración y desde luego de su contenido.

---

15. Rams, A : *Obra citada* 2001.
16. Grossato, A.: *"El libro de los símbolos. Metamorfosis de lo humano entre Oriente y Occidente"*. Grijalbo. Barcelona. 2000. p. 12. #.

También que lo que aparece, lo que "a"-"parece" -lo que la letra "a", alfa, símbolo de todo lo manifestado... parece o aparenta, si me permite el lector un nuevo juego de palabras- que lo que aparece pues es una forma de algo. Que el aparente ser... es eso, el ser aparente, el que aparece o se muestra en un momento dado y en un contexto espacial determinado. Pero que en otro momento o en otro contexto puede presentarse con otra forma y seguir siendo el mismo ser, la misma cosa, el mismo personaje, la misma esencia. Un nuevo despegue en arabesco:

> *"¿Qué es un sufí? Se trata en realidad de una suerte de título honorífico dado en los países orientales a los hombres que se consagran al desarrollo espiritual de sus próximos, pero que no suelen tener una etiqueta precisa (...) A la imagen de sus diversas culturas y sus diversos aspectos religiosos,* ***un sufí puede disimularse igualmente bien bajo la túnica de lana de un asceta, bajo el sobrero del loco o bajo el hábito de un diplomático. (...) Designan en común hombres que ponen en cuestión las normas habituales de su sociedad y que dan al amor un espacio mayor que en la religión formal o en la propiedad material****."*[17]

Pero, ¿cómo podríamos pues entender lo espiritual en gestalt, qué clase de espiritualidad maneja o manejaría este enfoque...?

En primer lugar, pues, decir que sería **de una cierta ética de dónde partiría una eventual dimensión espiritual de la terapia gestalt**. Que cierto ethos, que cierta manera de proceder, ya implicaría en sí misma una dimensión espiritual, entendida al menos ésta como **una actitud, una intención de percepción de un Todo, o de Todo**. Es decir:

A. Un sentir, un pensar y un hacer que tuviera permanentemente en cuenta el ser parte de un Todo Mayor; B. Una especial valoración y predilección por un modo de ello en lo que la dimensión amorosa, tuviera un papel especialmente relevante, y C. Un entender el aprendizaje de ese estado amoroso como un dejarse caer (falling in love), como una bajada y como una entrega, como algo que suele llevar aparejado un cierto pero intenso tipo de dolor.

---

17. Pannke, P.: en *Sufi Soul*. Network Medien GmnH, D- 60316.Frankfurt/Main. 1997. #.

O sea que lo espiritual en psicoterapia, y en particular en una psicoterapia gestáltica, es un aspecto que viene determinado y podemos definir en primer lugar como el aprendizaje por parte del paciente o cliente, no menos que del terapeuta, de una **actitud global** u holística frente a sí mismo, a la vida y frente a los vínculos entre la vida (el entorno) y uno mismo.

Uno está en contacto con su espíritu, entonces, me parece, o pone el centro de sí mismo en su espíritu, cuando es capaz de posicionarse frente a algo con una posición que contemple todos los aspectos de ese algo sin excluir ninguno. Y manteniendo una percepción y una significación cognitiva para Aquello (un nombre de la cosa) que no excluya ninguna de sus partes: lo feo y lo bello, lo que está claro y lo que no, lo que no percibo y lo que sí; lo que va hacia arriba y lo que va a hacia abajo, lo que me empequeñece y lo que me engrandece, lo que me gusta y lo que no me gusta...

Lo dejaré aquí de momento, para retomarlo en la tercera parte del libro, cuando hable el buscador.

Aprendizaje

"Emoción: s.f. Conmoción, alteración o agitación repentina del ánimo, causada por alguna pasión, sea gozando vivamente, sea padeciendo con intensidad = Trastorno repentino de la economía animal, causada por una repentina agitación de los humores.[18]

Así pues si lo gestáltico, en mi opinión, no puede ser entendido sólo por niveles o aspectos del trabajo terapéutico o clínico, ¿cómo además lo podríamos entender? Pues creo que como un aprendizaje.

O sea que una manera de entender el proceso gestáltico más allá de los niveles o aspectos abordados, es como la del aprendizaje de una actitud de, sobre todo y esencialmente, estar 1. Presente-a-uno-mismo-en-el-contacto 2. Presente-al-otro-en-el-contacto 3. Presente-al-contacto 4 Presente-a-uno-mismo-al-otro-y-al-contacto y 5 Presente-al-entorno (fondo, mundo, "lo que no es tú y yo y nosotros aquí y ahora")

Podríamos imaginarlo como cuatro pasos de un baile o de un ballet que marcaran lugares donde poner el pie y ritmos de cómo

18. Serrano. N. M.: *Diccionario Universal de la Lengua castellana, Ciencias y Arte*. Madrid 1878. Tomo 5. p. 918

hacerlo, cuyo movimiento definiera un sketch o escena rítmica (ta,ta,ta,**tá** / **tá**,ta,**tá**,ta / **tá**,ta,ta,ta / **tá,tá,tá,tá** / etc...)

Atender a qué estoy sintiendo como emoción, mientras estoy pensando esto y en el cuerpo o en la acción está sucediendo aquello. Y que está pasando "objetivamente"[19] fuera de mí. Y cómo la percepción de eso transforma el "mí". Y como esa nueva percepción del "mí" transforma la percepción del entorno y, a veces, hasta cierto punto el entorno.

Seguir como pistas a las correlaciones y discrepancias entre los diferentes registros como una manera de abrir grietas en las defensas y resistencias del paciente (y de uno mismo en el trabajo de auto-conocimiento en cualquier caso) que posibiliten el contacto "verdadero"[20] en el aquí y ahora, con lo que "realmente"[21] está pasando frente a las propias narices. Dónde se contradicen, en qué se pelean los diferentes fragmentos, y qué sentido experiencial en el presente pueden, paciente y terapeuta, inducir de ello.

No menos que dónde y en qué se acuerdan o integran los tres registros; cómo es el tipo de experiencia orgánicamente observada que de ello surge (muy particular por cierto); y cómo podría ser el traslado a la vida cotidiana y a los asuntos concretos de ese tipo de percepción, tan central y fundamental por otra parte.

Percepción que con frecuencia resulta iluminadora -porque la integración de cuerpo, emoción y mente; de pensamiento, sentimiento y acción es **de por sí** alteradora de la conciencia ordinaria, de vigilia o habitual- de aspectos o matices no considerados en toda su amplitud o relieve en el tipo de atención -mayoría de ondas beta...- con el que nos solemos manejar en la vida de cada día. En palabras, de nuevo, de Rûmí:

> "*El cielo y la tierra son la morada de los cuerpos y los volúmenes. Los cuerpos, que son el envoltorio del hombre, son la morada de las almas, de la razón y de la fe. El cuerpo es la morada del sentido profundo y el universo es la morada de la forma. La forma es limitada, el sentido profundo es ilimitado*"[22]

19. Idem que "verdadero", "real", etc...
20. Tres cuartos de lo mismo...
21. Tres cuartos y medio de lo mismo... (ya termino con las sub-particiones...)
22. Djalál- od- Dín Rûmí. (1207- 1273), citado en *De Vitray* -... Obra citada p.16

Visto desde ese punto de vista, entonces, también el proceso terapéutico gestáltico es asimismo un aprendizaje de la actitud (que Perls llamó enfoque simpático, digámoslo de nuevo) de estar presente a uno mismo y al otro, o al otro y uno mismo, **a la vez**. Sea este otr@ un@ o vari@s; persona, animal vegetal o cosa. Una atención al campo total, a todo el campo perceptivo, en el que el gestaltista, en principio, va aprendiendo a incluirse a sí mismo en el escenario de un modo pertinente y útil al paciente o usuario, a través de la experiencia y el trabajo terapéutico personal y de supervisión, del trabajo de depuración egoica y de enriquecimiento y afinamiento profesional.

Aprendizaje que tiene tanto un sentido directo (la incorporación de nuevas destrezas a viejos mapas, actitudes y respuestas), como indirecto: la observación sentida y presente de las interrupciones de ese proceso, el cómo hacemos en concreto para que tal cosa no ocurra o -"¡sobre todo, por lo que más quieras, por favor que...!" sí ocurra- sea la cosa sensación, emoción, pensamiento, intuición o acción.

Y poder acceder, vivencial y sentidamente también, al dolor psíquico de eso, no sólo pensarlo o entenderlo. Cuya evitación -la de ese dolor psíquico- pensamos los profesionales de este club que está en la base del funcionamiento deteriorado.

Si entendemos pues que es la evitación crónica del dolor psíquico retenido en las experiencias de la vida lo que se convierte en sufrimiento, en enfermedad, en condena, en calvario para y por seguir evitando "mirar" eso, podremos deducir de ello que la travesía consciente por el dolor, no su búsqueda masoquista pero sí su aceptación cuando la vida nos lo pone delante, es lo que se constituye en la gran cosa del proceso terapéutico. La liberación de la alegría... a posteriori del infierno, tras tránsito por lo infernal. El perfume del amor macerado en la gratitud de quien lo sintió todo perdido.

Es pues la apertura a lo doloroso lo que le da "verdadero" sentido al placer; placer éste que es como una llave de paso que no se acaba de abrir del todo si no abrimos también y previamente la llave general, y así también la del dolor y la del hastío, y la del vacío y la de la ferocidad, la de la estupidez y la del ser miserable que todos somos ... con la que está conmutada. Quizás solo de esa manera accedamos a su verdadero caudal. Que, como dice Cristina Nadal, existe una unicidad estructural entre el dolor y el amor... y el placer quizás esté por ahí merodeando para decir la suya.

"Como bien saben ustedes Beethoven estaba sordo. Tenía piedras en el riñón, una afección extremadamente dolorosa. Padeció hepatitis, así como múltiples afecciones gastrointestinales. Resulta extraordinario pensar que alguien que sufrió tantas enfermedades y que soportó tanto dolor a lo largo de su vida fuera capaz de componer una música sobrenatural, una música que posee la capacidad de elevar el espíritu humano de quien la escucha a una dimensión por completo diferente de aquella en la que transcurren nuestras vidas"[23]

Catarsis... y sostenimiento

También y por otra parte se ha dicho de la terapia gestalt que era una terapia catártica. Aunque en realidad se trata más bien, de nuevo, de una combinación de catarsis y sostenimiento. Sólo catarsis puede llegar a producir una especie de enajenamiento, un cierto síndrome expulsivo que acaba dejándole a uno vacío, lejano con frecuencia de uno mismo, vaya.

Aunque la catarsis, vista desde su sentido etimológico ("limpieza"[24]) es seguramente un elemento necesario en todo proceso terapéutico introspectivo. El enfoque gestáltico aporta a ello una tradición y un conjunto de herramientas, actitudes, conceptos y maneras.

Los terapeutas gestálticos, sobre todo por el modo de ser entrenados, no se suelen asustar frente a los gritos terroríficos o desmesurados y frente las salidas de tono, frente al contagio por la demasía, a la vista de lo exageradísimo y grotesco, enfocados a la locura paroxística. También son entrenados, en general, para no asustarse del vacío, de la nada, de lo muerto, de lo quieto, de lo gris, de lo aburrido, de lo que no cambia (¡nuncaaah!) Suelen conocer esa experiencia, u otra que vibra en un compás análogo o incluso diferente -pero compás al fin y al cabo- en sí mismos. La han vivido en compañeros de grupo de formación y en la propia carne, hablando en términos generales y con las correspondientes excepciones. Y eso ayuda a sintonizar con el otro sin demasiadas palabras, con muchas, o con las que pueden llegar a puntuar y puntear un discurso no-verbal y puentearlo hacia lo simbólico o verbal.

---

23. Martín, R.: *El cabello de Beethoven.* Ediciones B. S. A. Barcelona. 2000. p. 20.
24. "CATÁRTICO: 1537. Tom. del gr. *kathartikós* íd., deriv. de *khatharós* "limpio". De la misma raíz, *catarsis.*" , en Corominas, J.: *Breve Diccionario Etimológico de la Lengua Castellana.* Gredos. Madrid. Tercera edición. Diciembre de 1983. p. 139.

La expresión sentida de algo (cuando contiene corporalidad, emoción y cognición, y estamos ahí montando el asunto) es un gran desatascador de situaciones inconclusas, desajustadas o enquistadas. En el peor de los caos, en el del error en ello o el desatino, permite limpiar, depurar lo verdadero de lo falso, el grano de la paja. Aunque muchas veces va acompañada de un cierto grado de disforia, esfuerzo o dolor. Claro.

Este des-atascamiento puede suceder en especial cuando en el proceso terapéutico o de auto-conocimiento esas situaciones y escenas se van hilvanando con la biografía y sobre todo, con el carácter o personalidad automática. O sea con las estructuras repetitivas de 1. procesamiento de la información, 2. pautación emocional automática de la situación que vivamos en ese momento, en función normalmente de la programación o lentes previas y 3. (en consecuencia) de puesta en marcha de estructuras repetitivas de comportamiento, que caracterizan el funcionamiento neurótico y, con particularidades, el psicótico.

La posición de sólo-sostenimiento, es decir sin catarsis o expresión organísmica, hace perder a la terapia gestáltica una de sus especificidades más singulares: que la expresión directa (mediante la incorporación del receptor en la llamada silla vacía, por ejemplo), en el aquí y ahora, incorporando lo corporal, lo emocional y lo cognitivo (al menos)... tiene una potencia transformadora que difícilmente tiene la palabra, sobre todo en sus terrenos más acercadeístas, tan sufridos y frecuentes.

Como precisa Claudio Naranjo: "(Es) (...) lo que me parece apropiado llamar una <gestalt existencial> en contraste con la terapia neo-analítico-gestáltica de la vieja escuela de Nueva York; una manera de hacer terapia en la que (citando a Rogers) <es el encuentro existencial lo que importa y en el momento inmediato de la relación terapéutica no tiene lugar la conciencia de la teoría>"[25]

Así que un objetivo final del enfoque es poder llegar a vivir la situación presente (el "famoso" ahora y aquí) como nueva que es, pero "realmente"[26], Y eso lo podemos y lo sabemos hacer en la medida en que vamos detectando cómo hacemos para superponer otras situaciones que evocan funcionamientos automáticos de nuestra parte, y por tanto despersonalizadores por caducos. Y que nos falsean y falsean la percepción de aquello.

---

25. Naranjo, C.: *Gestalt sin fronteras. Testimonios sobre el legado de Fritz Perls.* Era Naciente. Buenos Aires. 1993. p. 10- 11.
26. Otro tanto de lo mismo que respecto a lo "*verdadero*"

El abordaje emocional en la terapia gestáltica, pues, me parece más bien un dar cancha a la emoción, creer en ella como buena informadora, como buen soplón. Emoción abierta en el cuerpo, sostenida en y con la respiración y la estructura muscular y ósea principalmente[27]; masticada con lo que "piensa" el hígado, con lo que "saben" los pulmones, con lo que "fantasean" los intestinos, con lo que "llora" la cabeza, con lo que "suda" el corazón...Y expresada con palabras, gestos, movimientos, sonidos, creaciones. Expresada pues mediante actos que no actings, en principio, aunque... quizás esto fuera de un apolonismo demasiado idealista-subidorrón para ser real... siempre.

Dar cancha, confianza y crédito de esa manera a que lo emocional, que es acuoso y movedizo, y la entrega o apertura experiencial al lío, carente frecuentemente de la rapidez y claridad situacionistica de lo mental, nos informa tanto como otros aspectos de lo que sucede en nosotros mismos, en los otros y en las relaciones y vínculos que establecemos. Y, sobre todo, nos informa de las sinapsis existenciales y cotidianas, sanas y patológicas, que establecemos con el entorno, a veces con diafanidad meridiana. Otras veces no. Y entonces es mejor no hacer demasiado caso del chivatazo, y recurrir a otros informadores.

> *"Algunas cosas esenciales. El amor, la muerte, la comida. ¿Y el Arte?. Allí dentro, en algún sitio. Tal vez entre el amor y el tedio. Entre la comida y la muerte está la mierda, eso seguro."*
>
> Miquel Barceló[28]

27. En primera instancia o principalmente, puesto que también el sistema nervioso, el visceral el sanguíneo... tienen la suya que contar.
28. Barceló, M.: *"Gao. Carnet - dietario 1988"* en Miquel Barceló. MACBA. Barcelona. 1998. p. 95.

3. Formarse en gestalt

"He tenido éxito en la vida.
Ahora intento hacer de mi vida un éxito."[1]

Brigitte Bardot

Si entendemos así pues la gestalt fundamentalmente como una actitud, como el aprendizaje de una actitud que es tanto general y atañe lo personal, como específica y aplicable a la manera de hacer como terapeuta o como gestaltista, es lógico pensar que formarse en "eso" sea algo más que aprender conceptos y técnicas.

Aprender conceptos estructura y ordena la mente, amuebla el coco. Es muy útil para poner palabras a las experiencias para así nombrarlas y significarlas. También lo es para poder comunicarse con otros compañeros y colegas, con pacientes y lectores. Podemos comparar así conceptos abstractos y establecer categorías y ordenes secuenciales que permiten sistematizar lo que hacemos o lo que aprendemos; así como comparar lo que vamos aprendiendo con otros saberes, con otras posiciones, con otras escuelas de pensamiento o, más específicamente, con otras escuelas de psicoterapia.

Aprender conceptos y técnicas le da al estudiante una idea de lo que está haciendo en la formación, o en la consulta o en el campo laboral cuando ya es un profesional. Pero el mapa no es el territorio, aunque tiene la particularidad de poderse confundir fácilmente con él, como el camaleón.

1. En "*Viari*". Ed. PLSC. Sant Cugat del Vallés. 2001. nº 11, 24-01-2001. p. 53.

"El acto de mirar lo que está ahí, a la naturaleza tal como es en sí misma, al ser, fue llamado por los antiguos con el nombre de <contemplación>, ***theoría****."*[2]

"(...) En estos casos, se afirma que el conocimiento y la obtención de lo conocido por el alma son coincidentes, pretensión de todo verdadero misticismo. Sin duda, ésta es también la pretensión de la theoría griega, si bien en un sentido diferente. En ese caso, el objeto del conocimiento es universal y la relación cognitiva es <óptica>, es decir, un equivalente de la relación visual con la forma objetiva que no se ve alterada por la relación. El <conocimiento> gnóstico se refiere a lo particular (...) y la relación del conocer es mutua, es decir, ***conocer es al mismo tiempo <ser conocido>, que implica por parte de lo <conocido> un <darse a conocer> activamente****."*[3]

Los conceptos aprietan el mundo en rincones, como cuando uno se pone en la desordenada mesa del despacho a clasificar una montaña de papeles y va haciendo montoncitos o secciones. Los nombres de las cosas agrupan la realidad en clubes. Pero, a veces, ponen barreras y distancia donde no siempre la hay. Depende... y para eso sirven los matices, y las precisiones y los apartados.

Las estrategias resumen el caminar, el proceder y el hacer. Pautan los movimientos terapéuticos y técnicos en general; marcan jirones en el mapa para no perderse, y lanzan garbanzos por el camino para saber la ruta de vuelta, como en el cuento del Garbancito castellano o del Patufet catalán.

Las técnicas nos hacen eficaces, útiles; potentes en el sentido de poder hacer que las cosas ocurran, que es para lo que nos pagan en general a los gestaltistas. Organizan en la sesión y en el proceso con el paciente, grupo o institución las cosas que van ocurriendo, y permiten transformar un problema en una solución, o ver cuánto y cómo la presunta solución es el problema o parte de él. Dibujan una entrada en una salida y viceversa, transmutan un "pero" en un "y"; crean puentes entre el sufrimiento y el dolor, y entre éste y el goce... y el gozo.

---

2. Jonas, H: *La religión gnóstica. El mensaje del Dios Extraño y los comienzos del cristianismo.* Siruela. Madrid. 2000. p. 354-355
3. Jonas, H.: *Obra citada* p.69. #.

Y con-vierten todos ellos, en algunas ocasiones, en serenidad, en creatividad, en vida o, en el mejor de los casos, en amor. Y a veces no funcionan y no ocurre nada de todo eso. Y ocurren otras cosas que son sorpresivas y, que si las seguimos con entereza, inocencia y perseverancia suelen conducir a buenos lugares. O no.

Pero lo más importante de la formación gestáltica, en cualquier caso, importante en el sentido de im-portans, de lo que lleva-a-dentro, volvamos de nuevo ahí, me parece que es el proceso de transformación que suele ocurrir en la persona que es formando. La eventual tras-figuración que puede llegar a sucederle en el proceso a la persona que lo acepta. Tras-figuración en el sentido de la alteración de la disposición y de la estructura del campo perceptivo, de movimiento de la figura en relación a su fondo o segundo plano. De la alteración de la disposición en cuanto que un nuevo primer plano puede emerger del fondo, y cambiar por lo tanto el asunto percibido y la manera de percibirlo. Esto es bien conocido desde la Psicología de la Forma de principios del siglo XX de la que hablábamos en capítulos anteriores.

Pero también el proceso de formación puede llegar a suponer un cambio en la propia Estructura del Campo. Cambio que resulta fundamental y análogo por otra parte al cambio en el proceso terapéutico, en el proceso de trabajo (de Trabajo...) con la propia enfermedad; de sanación o de (la supuesta o verdadera) curación. Es decir, trasfigurar también puede suponer pasar de un campo perceptivo rígido, y la neurosis es rígida, campo en el que siempre hay una sola figura (exagerando) sobre un fondo que destaca, y por lo tanto animaliza, automatiza, instintualiza la respuesta: una única respuesta para un sólo tipo de situación, una única respuesta. La mejor, adaptativamente hablando, que ha seleccionado el almacén de memoria evolutiva. Almacén que resulta ser, necesariamente, el almacén de los introyectos, de las respuestas pautadas ontogenética y filogenéticamente.

> *"El ADN está lleno de antiguos virus y contiene un 95% de <basura genética>.(...) Nuestra especie contiene poco más de 30.000 genes, apenas 11.000 más que un gusano y poco más del doble de una mosca.* ***El resto del genoma es basura: ristras de letras sin sentido, restos de los genes de antiguos virus, trechos de ADN que solo significan su propia subsistencia. Los genes humanos son islas de sentido en un inmenso océano absurdo****"*[4]

4. Diario *El País*, lunes 12 de febrero de 2001. Portada. #.

Así que, ese cambio de estructura puede suponer una experiencia de aprendizaje respecto a vivir con un habitat relacional (es decir, sosteniendo un tipo de contacto con el entorno) que soporta varias figuras simultáneamente, en diferentes grados. Como un ordenador con un procesador mucho más veloz, con su superpentium, con más memoria RAM y más memoria ROM, en progresión geométrica increíble, que pudiera manejar más y mejores unidades de información central o periférica, ambas al mismo tiempo. Por lo tanto un movimiento del campo más fluido y ágil en el que la capacidad de respuesta a los estímulos del entorno se amplía en variedad, intensidad, frecuencia, tono y posibilidades. Y ésa parece ser, según las últimas noticias, la especificidad humana:

> *"**Aparentemente no importa la cantidad de genes que se tengan, sino cómo se usan.** La fragmentación de los genes humanos hace posible que se construyan muchas proteínas distintas a partir de los mismos genes, **mediante la combinación de las instrucciones de formas diversas.** Según parece, como mínimo el 35% de todos los genes humanos puede leerse de muchas formas. De esta manera **el genoma humano podría codificar cinco veces más proteínas que los genomas menos flexibles** de la mosca del vinagre o del gusano"*[5]

De-Formarse / Re-Formarse

Porque formar-se en Gestalt podemos entenderlo, aunque suene paradójico y marciano, casi casi como un re-formarse o como un de-formarse.

Deformarse como se deforma un cuerpo sólido por el efecto del calor o de la humedad, cómo puede deformarse la rigidez de un ser humano cuando encuentra un ambiente bueno, en el sentido machadiano de la palabra bueno, de verdadera calidez y tibieza, esa que no excluye bienllamar a las cosas por su nombre.

Porque la experiencia de esos tres ó cuatro años - según las escuelas - que suelen componer generalmente la formación, suponen para muchas personas un dejar caer sus ideas y preconceptos sobre sí mismas, y eso entraña normalmente un cierto grado de

5. *El País*. Obra citada p. 26. #.

crisis. No menos que un encuentro -esencial a veces, otras no- con lo que uno decidió no-ser, con la identidad negada; y también con lo que el estudiante se va encontrando, finalmente, que va siendo como persona y como profesional... "mira tú por dónde" por decirlo de una manera fresca.

Un trabajo de auto-conocimiento como individuo-en-contacto, salpimentada de técnicas, teorías, estrategias y aprendizajes de intervenciones. Un volver en alguna medida al **caos esencial**, a ese "inmenso océano absurdo", a aquello que éramos antes de tener una identidad concreta. Por ejemplo a esa parte de gusano o de mosca que todos tenemos genéticamente, que todos somos así pues. Deformando la personalidad que resulta parcialmente falsa por ser fundamentalmente automática. "Volver" que tiene como objetivo principal, me parece, buscar lo más genuino de uno mismo, y convertirlo en estilo de intervención con el otro; sea éste "otro" persona, pareja, familia, grupo, institución o entidad. Singular o plural por lo tanto; masculino, femenino o neutro. Y en algunos casos hasta animal o vegetal, con matices.

En la medida en que el estudiante más capaz sea de abrir facetas o vías de aprendizaje, posibilidades y caminos de comunicación entre ellas, entre esas vías o posibilidades, sin tener que cerrarlas; sosteniendo la angustia de tener varios frentes de identidad personal y profesional abiertos a la vez... más multiverso será entonces su futuro arsenal profesional en la mayoría de los casos, salvo excepciones y parámetros que habría que considerar y que, eventualmente, pueden llegar a ser formulables. Aunque un buen proceso de formación llevará normalmente a una reducción del abanico, con el fin de elegir unas cuantas preferencias instrumentales para ir formando con ellas **un estilo**, el estilo del estudiante y del futuro gestaltista.

La formación en Terapia Gestalt supone también un **re-formarse**, en el sentido de darle una nueva forma a las partes que nos constituyen. Dividir provisionalmente el in-dividuo que somos para darnos la posibilidad de armar el puzzle de otra manera. Asistir de nuevo al proceso de formarse como persona, hablando de manera metafórica y con distintos grados en función de los alumnos (de sus deseos, de sus posibilidades, de sus capacidades...) y del nivel de implicación personal fundamentalmente, tanto del formando como del formador con es@ alumn@.

A veces es simplemente "un curso más y punto". No se carga en la mochila esa caja de instrumentos o no se hace de un modo significativo. No se descarga ese archivo. No se instala más que la versión demo de ese software. Y no es mala opción. Cada cual tiene su camino y ya sabemos que todos (o casi todos... o al menos algunos) los caminos conducen a Roma.

Para otros estudiantes sin embargo es tener una "segunda oportunidad" para mirarse a uno-mismo-en-contacto-con-el-otro, como adulto que se acuerda que una vez fue niño. Aprendiendo a reconocer a la vez lo propio y lo ajeno, precisamente eso que entonces, como infante, no fue posible (¡Bastante teníamos con sobrevivir o con conservar la salud, caramba...!)

Unas escuelas gestálticas pondrán el énfasis en lo gozoso del asunto. Enfocarán entonces como primer plano la frescura y el desatasque de corsés y de guiones preestablecidos que caracterizan popularmente la formación gestáltica. Otras, en cambio primarán el acceso a lo doloroso como camino para verificar experiencialmente aquella aseveración del fundador, de Perls, de que **la enfermedad es la evitación del dolor psíquico que lo transforma, paradójicamente, en sufrimiento crónico**. No menos que para poder verificar también la identidad esencial entre el dolor y el amor[6], su unicidad estructural y las consecuencias que de ello pueden derivarse para la vida cotidiana.

Estructuras...

Formarse en Gestalt es asimismo, menos enfáticamente, aprender una metodología de intervención psicosocial que deja un importante y difícil espacio para atender laboralmente a quien es el profesional como persona, con lo patológico y con lo genuino, matrices ambas de lo más creativo del alumno que se forma, y de todos nosotros.

El enfoque gestáltico ha desarrollado y ha sido también conocido y reconocido por sus "experimentos", por sus "ejercicios". Recordemos en este sentido, por ejemplo, el famoso libro de Stevens sobre el Darse Cuenta, en el que aparecen inventariados y descritos paso a paso gran cantidad de ellos, aplicables tanto al

6. Nadal, C. – Rams, A.: "*Dossier de la Escuela del Taller de Gestalt de Barcelona*". ETGB. Barcelona. 2000.

trabajo individual, como al de parejas, familias, grupos o instituciones. Tiene pues la gestalt un aspecto práctico y funcional que resulta a veces muy relevante para el estudiante o profesional que busca o necesita "trucos". Pero:

> *"Perls pensaba que ser psicoterapeuta era ser uno mismo, y viceversa. Empleaba y generaba técnicas (tal como utilizaba lápices para escribir o cubiertos para comer), pero nos previno sobre la utilización de trucos (props en inglés) procedimientos utilizados en la creencia de que ellos harán algo mientras nosotros permanecemos sentados"*[7]

Un poco de historia, una batallita. Cuando a principios de los años ochenta edificábamos, sobre todo con Paco Peñarrubia, aquel primer programa de formación de la AETG (Asociación Española de Terapia Gestalt)[8], hablabamos de la importancia de consolidar y de estructurar en un todo armonioso, en una verdadera gestalt, los diferentes niveles o ámbitos que nos parecía tener lo formativo. Intentábamos perfilar una estructura, lo más orgánica y funcional posible, que pudiera dar cuenta de los diferentes aspectos que queríamos incluir en el diseño curricular y académico de la formación gestáltica.

Así pues consultamos los programas y maneras de hacer de los profesionales europeos y americanos, que ya llevaban funcionando unos cuantos años antes que nosotros. Incluimos también algunos elementos de las estructuras formativas de otras escuelas de psicoterapia que conocíamos por experiencia, por relaciones personales o por lecturas, y también de disciplinas no específicamente psicoterapéuticas. Y concluimos en distinguir, finalmente, **cinco aspectos esenciales que nos parecía que tenía que tener la formación de un gestalttista**. Es decir:

1 - Lo terapéutico, vivencial o experiencial. Que centra la tarea en encontrarse pues, como vengo redundando, con uno mismo como persona, con los huecos y con los llenos, con los déficits y con los excesos. Pretende contactar con la patología biográficamente asentada, y con el intento de asumirla y transformarla en un estilo único y personal de ser gestaltista.

---

7. Naranjo C.: *La vieja y novísima gestalt*. Cuatro Vientos. Santiago de Chile. 1990. p 34.
8. La asociación española de gestaltistas, que agrupa a la mayoría de los profesionales españoles.

> *"Los terapeutas se la pasan negando su persona y queriendo ser terapeutas. Para mí terapeuta es igual a persona.* ***Lo dice Rogers, lo más difícil es convertirse en persona y para ello hay que transformarse primero en monstruo. Ser monstruo es bajar (...) Los terapeutas necesitan ser primero pacientes.*** *Deben, en el sentido ético del deber, saber lo que les va a ocurrir a sus pacientes, de otra forma ninguno confiará en ellos (...)* ***El medidor de un tratamiento es la capacidad que ha adquirido el terapeuta en su trabajo de instrospección y en su transparencia como persona"***[9]

2 - Lo teórico. Aprender a poner palabras a la propia experiencia como interventor en el otro, como acompañante de procesos. Así como también ponerle palabras al discurso del otro, y muy especialmente a su estructura, a sus vínculos entre forma y contenido; a las relaciones entre el qué y el cómo del discurso, entre su cuándo y su dónde.

Y contrastarlas, tanto con lo que los pioneros del enfoque - Fritz y Laura Perls, Simkin, Goodman, Zinker, los Polster, Naranjo y otros-han dicho sobre ello, como también ponerlas en relación con las principales teorías de lo psicoterapéutico (psicoanálisis, cognitivismos y enfoques sistémicos, otros enfoques humanistas y transpersonales...). Y vincular esas palabras o maneras de llamarle a las cosas del oficio, más en general, con los enfoques de la relación, del servicio o de la ayuda.

> *"Porque el lenguaje humano no representa o señala directamente la realidad sino que representa representaciones mentales que los sujetos tienen y construyen acerca de la realidad*[10]*. (...)* ***La fuerza de las palabras es tan estremecedora que incluso pueden cambiar la percepción de lo nombrado mediante una leve modificación de su envoltorio: la palabra misma."***[11]

A ese respecto no sé cuántos de los terapeutas y profesionales que me estén leyendo tendrán la experiencia de cuánto una sola palabra o un cambio de palabra ("no es histeria... es depresión",

---

9. Borja, G.: *La locura lo cura.* Ediciones del Arkán. México.1995. p. 19-20. #.
10. Grijelmo, A.: *Obra citada* 2000. p.96 (la cita interna es de Belinchón, M. – Igoa, J.M. – Rivière, A.: *Psicología del lenguaje.Investigación y teoría.* Madrid. Trotta. 1998)
11. Grijelmo, A.: *Obra citada* p.101.

por ejemplo) pueden llegar a transformar la percepción del paciente o del propio terapeuta.

Lo teórico es cuanto menos hemisferio derecho y hemisferio izquierdo, razón e intuición, vislumbres sostenidos y ecuaciones matemáticas, melodías y letras, silencios y discursos, secuencias y panoramas.

Pero también el hígado piensa, también el corazón imagina, también el bazo se pone triste... Volvamos de nuevo ahí. Hay muchas, muchísimas maneras de pensar. La técnica meditativa de las mentaciones es quizás la experiencia más diáfana que he tenido nunca al respecto. Quien más quien menos tendemos sin darnos cuenta a establecer fronteras sobre el buen pensar y el mal pensar, entre lo que sí es pensar y lo que no es pensar, entre la ortodoxia y la heterodoxia. Y, desde luego, una cosa son los límites, que existen y que son buenos amigos del pensador; y otra cosa son las fronteras de una sola línea, que en realidad sólo existen en los mapas, pero con las cuales no tropezamos físicamente. Un@ no se tropieza con las líneas (excepto, quizá, en las aduanas) cuando pasa de un país a otro, salvo excepciones y "muros" por todos conocidos, desde el de Berlín al de Pink Floid, desde la barbarie a la psicosis...

Entonces, sí a pensar, desde luego, ¡cómo no!..., pero no al pensamiento único. No, pues, a que exista una única o buena manera de pensar un asunto o sobre un tema... siempre, en todo caso y circunstancia.

3 - Lo técnico. Reiterando el aforismo de los Polster[12], en Gestalt, "el terapeuta es su mejor herramienta". Precisamente por eso, a la vez que el formando se incorpora a sí mismo como instrumento, el proceso de entrenamiento quiere llevar al alumno a encontrarse con un arsenal de útiles. Para unos, este arsenal deberá ser necesariamente limitado, lo comentaba antes al hablar del estilo del gestaltista, porque entienden que la primacía de la actitud aconseja no dispersar el proceso con variables metodológicas que, si bien aportan creatividad y amplitud de miras, pueden llegar a difuminar lo esencial. Otros rescatan la libertad de movimientos y de actitudes que el enfoque gestáltico otorga al profesional -porque enfoca la fundamentación esencial de otra manera, como lo hace por ejemplo ese sistema japonés de cimentación móvil de edificios que aguanta terremotos- y su consecuente riqueza de posibilidades técnicas, instrumentales y aplicadas.

12. Polster, E. Y M.: *Terapia gestáltica*. Amorrortu. Buenos Aires. 1976

La terapia gestáltica ha desarrollado y es harto conocida, insistiré, por las técnicas, ejercicios, experimentos y trucos que han desarrollado varias generaciones de gestaltistas. Otras escuelas y otros terapeutas integran aspectos gestálticos, enfatizando precisamente lo técnico. Suelen decir que utilizan técnicas gestálticas o la técnica de la gestalt. Desde mi punto de vista es un reduccionismo un tanto exagerado, pero da idea del poderoso aspecto técnico de lo gestáltico. Y eso siempre es un honor.

En lo personal, en lo que me concierne como profesional, y dicho de manera anecdótica por el momento[13], quien escribe tiene la experiencia (normalmente registrada) de incorporar en sesiones de gestalt desde un taladro de pared (sin broca) a una escalera de dos metros y veinte centímetros de altura; las cartas del Tarot, una paloma blanca macho y otra hembra vivos; una campana tibetana; sprays de pintura de coche, un palo de madera utilizado para simbólica y literalmente ser roto por una mujer; una columna de mármol, frutas y comidas de diferentes estilos. Por ejemplo para dedicar un episodio o experimento de la sesión, supongamos, a comer una manzana, de una particular manera... durante 30 minutos, a la vista del terapeuta y/o del grupo para "trabajar", es decir para experienciar conscientemente, de un modo particular la vergüenza, por ejemplo. Etcétera.

Hay sesiones gestálticas en la calle, en un bar, en el hall de un hotel, en una montaña, en una piscina, en un lavabo(no bromeo): se utilizan, para terminar, y hay buenos testimonios de ello, la música, la fotografía, el video, la pintura, la escritura... con frecuencia significativa.

Ante tamaño aparato técnico es fácil perderse o despistarse de lo esencial. Es fácil utilizar la técnica como escudo, como piloto automático o como algo a poner entre terapeuta y paciente. Recordemos lo de los trucos de Perls que hemos visto hace poco. Hay el riesgo real y verificable experiencialmente de enchufar la máquina y ausentarse, con el paradójico peligro de que la cosa parece funcionar igualmente. ¡Cielos...! Es fácil olvidar que lo más principal y curativo es el encuentro existencial entre personas... cuando se dispone de una caja de herramientas del tamaño de un hipermecado. Y eso siempre tiene dos caras, como Jano y otros cuantos. Como lo ambi-verso de la vida y de la Vida. Seguiremos por ahí en el Capítulo 10.

---

13. Espero poder escribir algún día sobre el asunto de manera no anecdótica

4 - Lo estratégico o metodológico. Combinar la potencia personal, la significación y la simbolización teórica, y el uso de haceres eficaces, me parece que faculta para la "verdadera" libertad metodológica, en la que un@ se deja hacer lo que buenamente le parece pero sabiendo qué hace, cómo y para qué. En el último capítulo de este libro, "Hacer Nada", abundaremos más sobre ello.

Pero avancemos alguna cosa. Libertad metodológica entendida aquí entonces como la posibilidad actitudinal de utilizar tal procedimiento, sin apegarse en exceso al mismo y sin confundirlo con la cosa en sí, porque sabemos que también podríamos utilizar otro procedimiento igualmente válido. Que es sólo un procedi-miento. Una manera de proceder. Cuando sabemos que podríamos acercarnos al asunto por otra entrada o en tiempos y secuencias diferentes.

Enfocada así, la estrategia permite guardar el contacto real con el paciente singular en cada momento, respetando mejor sus noes o sus "peros", sin cargarle con el mochuelo de que no sabe o no quiere (hacer lo que le estamos proponiendo, por ejemplo) O que no quiere aceptar como tan importante esa señalización que a nosotros como terapeutas nos parece tan trascendental, entre otras cosas porque nos hace sentir maravillosos o geniales, supongamos... O en ese momento, verbigracia, estamos en crisis con la pareja y "necesitamos" sentirnos particularmente dignos en algo, y hacemos pagar el pato al paciente.

Lo estratégico evoca la capacidad entrenable de manejar secuencias en el tiempo y aspectos en lo espacial, tendentes a estructurar un todo con sentido como todo, una gestalt; encadenados esos tiempos y secuencias unos con otros para formar una estructura de intervención a la que llamamos proceso.

Lo estratégico permite tener una hipótesis y poder variarla o cambiarla en función de lo que va sucediendo, porque uno no pierde de vista de que es eso, una hipótesis; y que la hipo-tesis no es la tesis, sino algo más menudo; y que incluso ésta no es más que una representación de la realidad, no la realidad misma. Fundamental poder estar claros en eso, desde luego.

La formación debería capacitar al alumno para elaborar diagnósticos y pronósticos sólidos pero móviles, no necesariamente muy complejos, ya que el programa básico sólo son tres o cuatro años, ¡es el parvulario del currículum profesional! Diagnósticos y pronósticos bien fundamentados pero no encasilladores de lo personal, que siempre es complejo y singular. Nadie es "un obsesivo", sino fulanito de tal. Nadie es un número ni un epígrafe del DSM-IV. Ningún proceso psicoterapéutico es exactamente igual que otro, por más que ambos pacientes compartan diagnóstico. Y ningún diagnóstico (útil en muchos casos fundamentalmente para el terapeuta) debería privarnos del enorme gozo y la enorme dificultad de escuchar a tal persona como la tal persona que es, lo que de ella "per-s(é), -sona", lo que suena por sí misma. Recordando, boquiabiertos ante algo nuevo, al niño que todos somos.

Formarse es también aprender secuencias y procesos, pautas y posibilidades en el encuentro profesional con el otro como ser único. Aprender leyes que vinculan lo general con lo particular, y viceversa.

Dice Abraham Levitsky:

> *"Siempre me intrigó que el método gestáltico no se basara en programa ni partiera de entrevistas o de la gama de herramientas que suelen utilizarse.* ***El paciente no necesita anunciar de antemano cuál es su problema o dilema; desde el primer encuentro el terapeuta se basa en su percatamiento actual, los sentimientos y el lenguaje corporal de su paciente...*** *me hubiese sido imposible realizar esta clase de trabajo sin antes adaptarme al <darse cuenta> gestáltico o a la toma de conciencia no interpretativa."*[14]

5 - La supervisión de todo ello. Poder visar (visar como en las aduanas y legaciones diplomáticas) la secuencia con otros ojos. Sean los propios ojos puestos en un lugar no frecuentado, el de verse a uno mismo como observador. Sean los de los otros-iguales, los de los propios compañeros de grupo; sean los del supervisor-formador, el "sujeto-supuesto-saber" de Lacan, o el "sujeto-supuesto-ignorar" de Ginger[15], transformado en persona que esta ahí y dice lo que, buenamente... (insisto en el adverbio), le parece. O no. Y en esa coletilla todavía insisto más.

La supervisión gestáltica evoca a mi entender dos asuntos diferentes, que en su día llamé[16] **Supervisión de Prácticas y Prácticas Supervisadas**.

---

14. Naranjo, C.: *Gestalt sin fronteras*. Obra citada p. 94 y ss. (Citado por Peñarrubia, F.: Op.cit. p. 198) #
15. Ginger, S.: *La Gestalt. Une thérapie du contact*. Hommes et Groupes éditeurs. Paris. 1987
16. Rams, A.: *"Reflefiones sobre la supervisión en gestalt"*. Boletín AETG, número 10, Barcelona, 1989.

Son Prácticas Supervisadas las que se suelen realizar en general en el último año de la formación, en las cuales los alumnos se enfrentan al ejercicio, digamos, de llevar una sesión individual y una sesión de grupo (o varias) siendo observados por los compañeros de grupo y por los formadores. Un momento angosto y complejo para la mayoría de los formandos. De ella reciben un feedback (una evaluación, un retorno, una opinión, un reporte, una resonancia...) tanto sobre el estilo que despliegan al trabajar, como sobre lo que parecen puntos fuertes y puntos débiles de su manera de hacer. Suele ser esta una experiencia intensa, tanto por la cosa en sí, como por el marco y el "ambiente" en el que se desarrolla.

Para mí fue muy ilustrativo al respecto haber desarrollado la experiencia de haber estirado este método hasta formar en su día un grupo de prácticas supervisadas en el que los participantes (alumnos de postgrado, que ya habían terminado la formación básica) se iban alternando sucesivamente y sin ningún otro menester en la coordinación del grupo de compañeros, uno detrás de otro, siempre con el grupo en el aquí y ahora, tal como se lo encontraban en el momento y tal como estaban ellos, normalmente después de hacer trabajado como pacientes en una sesión anterior. Así que... A veces alternando sesión/feed-back al terapeuta, a veces enlazando varias sesiones seguidas y releyendo después el proceso grupal a partir de los estilos de intervención y de su relación con lo personal y lo caracterial del terapeuta. Lo traigo aquí como ejemplo de lo poderosa que es esta metodología de trabajo por sí misma, sobre todo cuando los participantes tienen fácilmente abierto el canal de contacto con su ser persona, y pueden entonces hacer referencias personales, sobre todo psicopatológicas, sin perder de vista el estilo profesional que aparece al ser mostrado en un encuadre como ése. Y pueden no perder al mismo tiempo ni lo teórico, ni lo estratégico y ni lo técnico.

Y luego está, por otra parte, **la Supervisión de Prácticas**, que es el modo de supervisión más tradicional, en el que el supervisando lleva a la sesión sus dificultades con los casos, o en general con su práctica profesional, individual, grupal o institucional.

Al respecto podemos clasificar -alumnos y supervisandos me han devuelto con los años que les ha resultado útil o clarificadora esta ordenación- los **estilos de supervisión** en una tríada que vendría estructurada por el énfasis que se pone en uno u otro de lo que parecerían ser los aspectos fundamentales de la misma:

El primero de ellos es el que podríamos llamar **ESTILO TÉCNICO**, en el que en el trabajo entre supervisor y supervisando se prima lo teórico y lo técnico, claro. El primero, como terapeuta más experto, aporta consejos, pautas, preguntas, cuestionamientos, conceptos, técnicas, silencios y trucos, los cuales permiten que el supervisando vaya consolidando y mejorando su hacer profesional.

El segundo tono posible de la supervisión es el **ESTILO PERSONAL**, en el que se enfoca "la persona que es terapeuta", de ahí su nombre. Y cuyo objetivo es detectar los puntos de enganche del terapeuta con el paciente, cliente o usuario, a partir de la hipótesis de que todo conflicto profesional entraña y lleva aparejado un conflicto personal; así como toda genialidad profesional, todo bienhacer profesional, nos habla con claridad diáfana de en qué está siendo original la persona que es terapeuta, y sobre qué de específico puede o podría aportar al mundo profesional. En este sentido Annie Chevreux ha llamado a la supervisión, en mi opinión muy acertadamente, "la terapia del terapeuta"[17]

Finalmente, una tercera forma de abordar la supervisión, que en realidad pretende ser una síntesis dialéctica de los dos estilos precedentes, claro, es el que en homenaje a Rogers llamaremos **ESTILO CENTRADO EN EL TERAPEUTA**, y cuyo objetivo fundamental es ir dejando que se muestre, que se sistematice y que se perfeccione el estilo propio y genuino del terapeuta que supervisa. Estilo que se constituirá, con un poco de fortuna y según los casos, en su aportación personal al panorama de la psicoterapia y de la Gestalt.

Acabemos este apartado con otra pequeña batallita personal. Mi pequeña historia con la supervivisión empezaba a ser formulada en 1989 de un modo desde luego excesivamente épico, propio de un joven que iniciaba la treintena, así:

> *"En definitiva estoy proponiendo un enfoque de la supervisión que permita y enseñe a los supervisandos a conocer, aceptar y utilizar las dos caras de su locura, sus partes más enfermas y sus partes más inocentes, sus modos peculiares de conformar y evitar La Salud, El Dinero y El Amor, como dice el proverbio y la canción, en el terreno profesional en primer plano, pero sin olvidar el fondo de su estilo peculiar de vida como persona"*[18]

---

17. Chevreux, A.: *"La Supervisión: Terapia del terapeuta"*. En Gestalt. Boletín 12. AETG. Noviembre 1991. p.48-49.
18. Rams, A.: *"Reflexiones sobre la supervisión en gestalt"*. Boletín AETG, número 10, 1989, p. 31.

Quince años después sigo suscribiendo está idea, aunque con los años me siento un poco menos épico -o quizás no tanto, depende de las temporadas- pero sobre todo me siento un poco más suave. Me parece...

Gestalt es... pues

Aficionados, estudiantes y profesionales de las ciencias psicológicas, pedagógicas, sociales, artísticas, empresariales y médicas - principalmente - acuden a la formación en Gestalt atraídos quizás por el reclamo de esa rara palabra, "gestalt" que, intraducible del alemán, viene a significar a la vez, un "todo con sentido en sí mismo, diferente de las partes..."; y también, más directamente, un enfoque experiencial del vivir y de la vida. No menos que, desde los años cuarenta, una disciplina que se va abriendo camino entre lo científico, lo académico, lo artístico y lo social... como puede. Va siendo conocida en definitiva, lentamente, en el mundo de los acercamientos a lo humano en su sentido más general.

"Gestalt es...", por decirlo en pocas palabras, seguramente, **un proceso de aprender a ser**. Formarse en ello, por lo tanto, un entrenarse en lo "simpático" que, en palabras de Perls, es un compromiso con el campo total, un aprender a percatarse de sí mismo y del otro, a la vez.

> *"El arte es una abstracción que conviene manejar para el lenguaje de las palabras y no caemos en la cuenta de que el arte, de suyo, también es un lenguaje fascinante, que cuando acierta plenamente en lo que queremos decir lo llamamos belleza, de cualquier orden que sea. (...) Si el hombre avanza en algo a través de los tiempos es en un poco en libertad y algo más en conciencia, en darse cuenta de las cosas. Y, lógicamente, quiere saber, quiere darse cuenta cabal de lo que es el arte. (...) Pero el arte, escurridizo, se escapa de entre los dedos. El arte no existe como cosa, sino como cualidad que tienen en común las obras de arte"*[19]

19. Torner, G., en El País, 12-02-01, p. 37.

4. Escucha, Asimilación y Devolución: El "Programa Alfa" (1984-2004)

"Lo más incomprensible del mundo es que sea comprensible."[1]

Albert Einstein

Introducción

El "Programa Alfa" nació un septiembre (!) de 1984 del compromiso que había tomado de preparar un taller intensivo de selección y de testeo para los que iban a ser alumnos del Instituto de Psicoterapia Humanista. El Instituto era una de las primeras escuelas que se crearon en España para la formación de profesionales del, entonces joven en nuestro país, Movimiento para el Potencial Humano o de la Psicología Humanista, y de la cual me tocó ser uno de los fundadores y directores junto con Ramón Vilá, Maria Antonia Plaxats y Carmen Cánovas.

Se trataba en aquella ocasión de poner en forma una estructura de trabajo -en forma de curso o taller de fin de semana- que les permitiera ver a los candidatos a alumnos y a nosotros en qué aspectos estaban fuertes y dónde estaban los huecos. Queríamos diseñar de esa manera una adecuación del programa de entrenamiento -el cual se quería fundamentar en un seguimiento del propio proceso de formación del alumno como eje constructor del diseño curricular- que respondiera a sus necesidades reales de entrenamiento y a sus peculiaridades particulares como persona, así como a nuestras exigencias didácticas como escuela.

1. *"Historia y Vida"*. Nº 430. Mundo Revistas, S.L. Barcelona.2004. p. 25

Para ello era necesario encontrar una estructura que fuera lo suficientemente simple y general para que predeterminara lo mínimo posible lo que los alumnos iban a ir experimentando. Era ése un asunto muy importante en una época de énfasis en el escrupuloso respeto de lo genuino. Pero, al mismo tiempo, tenía que ser lo suficientemente útil como para poder organizar el previsible caos de lo no formado o no formulado todavía... en algo tangible y, en la medida de lo posible, también medible.

Me dediqué pues a hacer un repaso de textos de Rogers[2], Carkhuff[3], Fagan[4] y Perls[5] principalmente. La cuestión que andaba intentando cercar y precisar era ver qué era lo que podría haber de común en todos ellos, los cuales habían indagado y escrito sobre las capacidades deseables o puntos de atención preferentes en el terapeuta. Ver cuál podría ser la estructura más simple o elemental a la que todos ellos se refirieran, cada cual a su manera y desde su propio encuadre teórico.

Me dediqué asimismo a repasar algunos de los textos fundamentales sobre la evaluación comparada de las psicoterapias, como los clásicos de Bergin[6], Eysenck[7], Fiedler[8], Lambert[9] y Pelechano[10] (éste último, uno de mis catedráticos en la Universidad de Valencia, a quien agradezco su rigor académico)

Es así como fuimos llegando con las aportaciones de los cuatro codirectores del Instituto, a esa tríada de elementos (**Escucha, Asimilación, Devolución**) a la que vengo llamando desde entonces el “Programa Alfa”, queriendo destacar con esa nomenclatura el intento que suponía de ir a lo más esencial, al ABC de la relación terapéutica, de acompañamiento o de ayuda.

---

2. Rogers, C.: Client – centered *Therapy. Houghton Mifflin.* Boston. 1951
3. Carkhuff, R.- Marroquín, M.: *La relación de ayuda en Robert R. Carkhuff.* Mensajero. Bilbao.1982.
4. Fagan, J.: “*Las tareas del terapeuta*”, en Fagan,J. – Shepeherd,I.: *Teoría y técnica de la terapia gestalt.* Amorrortu. Buenos Aires. 1973.
5. Perls,F.S.: *El enfoque gestáltico. Testimonios de terapia.* Cuatro Vientos. Santiago de Chile.1976.
6. Bergin, A.E. : “*The evaluation of therapeutic outcomes*”, en Bergin, A.R. – Garfield, S.: (eds). *Handbook of psychotherapy and behavior change.* Wiley. 1971.
7. EYSENCK, H.J.: “*The effects of psychotherapy: An evaluation*”, J. of Consulting Psychology, 16, pp. 319-320. 1952.
8. FIEDLER, F.A.: “ *A comparison of therapeutic relationship in psychoanalytic, non- directive an adlerian therapy*”, J. Consult. Psychol., 14, 436-445, 1950.
9. LAMBERT, M.J.: “ *Spontaneous remision of adult neurotic disorders. A revison and summary*”, Psychol. Bulletin, 1976, 83, pp. 107-119.
10. PELECHANO, V.: *La evaluación de la psicoterapia.* Mimeografiado. Universidad de Valencia. 1978.

Así pues, estas aptitudes, actitudes o capacidades básicas tienen que ver, a mi entender, con lo que podríamos aislar como **los tres momentos, aspectos o procesos básicos de la relación terapéutica**:

1. **La recepción de información o Escucha**, que se caracteriza esencialmente, me parece, porque el terapeuta intenta olvidarse en cierto modo de sí mismo para intentar ser el otro, para ponerse en la piel del paciente/ cliente/ usuario "como si", y esto es seguramente lo más importante, un@ fuera el otro.

2. **La Asimilación, digestión o procesamiento de la información** recibida a través de la Escucha, en la que el terapeuta "mastica" los contenidos que escucha del otro - del paciente, cliente o usuario - y los pone en contacto con los propios, así como con sus saberes previos;

y 3. **La Devolución**, momento en el cual el terapeuta retorna al cliente la información escuchada y asimilada, en forma de intervención, inclusiva ésta también, eventualmente, del silencio.

Desarrollé y apliqué al caso asimismo, tomando algunos ejercicios gestálticos clásicos y básicos, **una serie de experimentos** o experiencias para poder testear cada una de esas capacidades, a partir de la idea básica de que cada cual las poseyera potencialmente en mayor o menor medida, de una u otra forma, y se tratase pues de tomar conciencia de su modo de instalación en cada uno para poderlas desarrollar.

Los experimentos se desarrollan normalmente en grupos de tres personas -Cliente, Terapeuta y Observador- en tiempos cortos (5-15 minutos) para favorecer la intensidad y la implosión en la experiencia, seguidos de momentos de elaboración y feed-back o retorno, que es recogido por escrito por quien está trabajando como terapeuta, según una pauta precisa, aunque dejando la ocasión de anotar también lo que espontáneamente acude.

Los turnos suelen ser rotatorios, para que cada persona pueda "jugar"[11], crear un espacio transicional entre lo conocido y lo desconocido, entre el mundo y uno mismo, desde cada uno de los tres roles o puntos de vista. Para acabar con un ejercicio final de integración al que llamé **Sesión o Entrevista**, obviamente.

---

11. Winnicott, D.W.: *Realidad y juego*. Gedisa. Barcelona. 1972.

En los primeros años de experimentar este trabajo añadí tres items que eran más específicos.

Distinguí en primer lugar, en la Devolución, un aspecto cualitativo centrado en la distinción entre lo obvio y lo proyectado, y un aspecto cuantitativo en el que se trataba de ver el tipo de patrón de señalización espontánea -lo que automáticamente veía el formando en el otro o paciente- que estaba más presente en el terapeuta en formación. Con los años fui fundiendo los dos aspectos en un sólo experimento, también con el propósito de mantener la simplicidad del instrumento, un tanto deteriorada por el intento de complejización o diversificación.

Por otra parte añadí, como decía, dos items que nos interesaban especialmente en aquel tiempo: lo que llamé Relación con el Objeto, y el Seguimiento Corporal. El primero de ellos intentaba explorar las capacidades del formando para incluir en la sesión una tercera instancia en forma de objeto, que podríamos considerar tanto intermediario como transicional[12], en realidad dos puntos de vista aparentemente diversos que convergen más de lo que pudiera parecer a simple vista. Es decir, que se trataba de explorar la eventual capacidad de la persona, del candidato en formación, para trabajar en lo que sería el campo de las terapias de expresión, arte-terapias como se han llamado después, y enfoques que utilizan un instrumento vincular, un objeto, como el barro, la música o la pintura.

En el segundo caso, Seguimiento Corporal, era, como se podrá suponer, tanto una manera de ver cómo el formando se las manejaba con lo no-verbal, como sobre todo de observar qué le pasaba a él mismo como persona cuando se ponía en ese tipo específico de actitud, en ese modo específico de registro no-verbal (y por lo tanto presimbólico o pre-edípico desde una óptica dinámica u ontogenética)

También en los primeros tiempos utilicé plantillas impresas para la recogida de las notas en el seguimiento. Son esas notas a las que se quieren referir las descripciones de las experiencias que seguirán, tal como las mismas aparecieron en el apéndice del primer texto sobre este tema[13].

Con el tiempo he vuelto a la forma esencial (escucha, asimilación, devolución), y a proponer que los participantes tomen más libremente las anotaciones a partir de las pautas que considero esenciales, dadas verbalmente. Resulta menos detallado pero más claro.

12. Winnicott, D.W.: *Obra citada* 1972
13. Rams, A.: *"El Programa Alfa"*. Texto inédito. Fondos de la AETG.1985.

El Programa ha venido siendo utilizado en diversas escuelas y centros de formación de diferentes países, tanto de terapeutas y profesionales de la relación de ayuda (psicólogos, médicos, trabajadores sociales, pedagogos...), particularmente pero no sólo humanistas y gestálticos, como de profesionales de la relación en general (cuadros de empresa, sindicalistas, cooperativistas, relaciones públicas...)

El eco que he venido recibiendo a lo largo de estos ya veinte años de historia es que **parece ser que el trabajo resulta útil para hacerse una idea general de factores personales generales que dificultan o favorecen el desempeño profesional, la relación con el otro vista desde la persona que es el profesional de la relación de ayuda... de un modo muy sencillo y elemental, y por lo tanto eventualmente claro**. Los participantes, generosos en sus opiniones, han venido destacando su simplicidad y su funcionalidad, así como la metodología experiencial de acceso a ello.

Durante todos estos años me ha venido sorprendiendo ese eco, sobre todo por cuánto personas tan distintas entre sí y con contextos profesionales, culturales y sociales tan diferentes decían encontrar en un trabajo como éste algo valioso para ellos.

No sé cuánto tenga esto que ver con la pertinencia del instrumento en sí, o con el cómo llevarlo a cabo -normalmente como digo mediante un taller de fin de semana, intensivo y muy vivencial, pero registrado (y por lo tanto sostenido) de una forma muy minuciosa- o con algo de todo ello.

Terapeutas expertos, con años de práctica clínica, han contado que les centraba en su hacer y que les devolvía una foto útil de ellos mismos, por lo sencilla y clara. Sindicalistas centroamericanos encontraban en ello una valorización de lo personal que les daba aire en un mundo tan afectado por lo socioeconómico, y por lo tanto con tan poco lugar para lo individual. Trabajadores sociales lo han aplicado en su trabajo con marginados, disminuidos o adictos. Altos cuadros de empresa han soltado alguna que otra lagrimita... o todo un llanto. Gestaltistas en formación lo consideraron un buen guión para empezar a construirse a sí mismos como profesionales.

Mi impresión es que, en todo caso, uno de los factores de la utilidad del instrumento es el tipo de juego, el tipo de guiño, que propone al participante. Algo así como "ves entreteniéndote haciendo algo, creyendo aprender técnica, al tiempo que te miras a ti mismo de una forma bastante desnuda, mediante una pauta muy elemental, pero muy minuciosamente registrada". Como un aperitivo de lo terapéutico, de la vía del auto-conocimiento, para personas que quizás de otro modo no se acercarían a mirarse a sí mismas. Tanto como un potenciómetro para personas que sí están en el ajo y que permite graduar el grado desnudez con el que uno se pone en ello.

La Escucha

> *"El lenguaje, pues, constituye en primer lugar un hecho sensorial, que recibimos con el oído o la vista. La primera impresión de lo que escuchamos nos llega con los golpes de voz, y en ese momento el cerebro humano descodifica fonéticamente una clave que le permite adentrarse luego en las ideas. El sonido pone la llave y abre la puerta. Pero lo hace con* ***una celeridad que supera todas las velocidades conocidas(...) Ni siquiera necesitamos que las palabras se completen. Como nos han enseñado los psicolinguístas, analizamos su contenido sobre la marcha, con un desfase de tan sólo dos sílabas entre los fonemas y la aplicación de sus significados.(...) Así un vocablo común puede quedar descifrado en 150 milisegundos... (...)"*** [14]

La escucha (del latín auscultare, detengámonos por un momento en la imagen del fonendoscopio que utilizan los médicos y el personal sanitario) tiene varios sentidos en castellano. En primer lugar tiene ese doble sentido interno/externo que veremos luego en la escucha gestáltica, expresado linguísticamente como una acepción intransitiva o carente de objeto directo ("aplicar el oído para oír"), y una transitiva que la Real Academia define como "prestar atención a lo que se oye."[15]

Respecto al primer sentido, en realidad, podríamos decir que si un@ "se escucha a sí mism@"... ya ha llegado al final del camino, o que anda cerca. Aprender a escucharnos tal como escuchamos los terapeutas a nuestros pacientes más exitosos, por ejemplo, como escuchamos a aquellos con los que mejor trabajamos es, al menos, una parte del hallazgo de la piedra filosofal. En primer lugar porque

---

14. Grijelmo, A.: *Obra citada* p.38
15. R. A. E.: *Diccionario de la Lengua Española.* 21 edición. RAE. Madrid.1997. p. 882

para ello tenemos que haber creado indirectamente esa doble instancia - quien escucha y quien es escuchado, el testigo y el actor - característica del estado de autoconciencia y, en ese sentido, del estado de salud. Un cierto estado de ánimo, asimismo.

> *"Desde luego (...) (es)* ***conformarse mansamente con alguna forma de [Estar en el Espíritu], sintiéndose así súbdito de un verdadero <Estado del Espíritu>*** *(...); inmerso en él, más que sometido; transformado y casi diría que anulado, siempre que se entienda que a la manera de los chamanes, enardecidos por la música o los cánticos hasta caer en un trance que los saca y vacía de sí mismos para llevarlos a un* ***estado de anonadamiento*** *que el Maestro Eckhart llamaba precisamente <NADA> y los maestros de Budismo zen un estado de* ***<absoluta tranquilidad>*** *(...)"*[16]

Por otra parte escucharse a uno mismo tal como uno lo hace profesionalmente en los mejores casos, es una manera inversa y clara de entender la transparencia. Si entendemos esta última como un ser para el otro (paciente) tal como uno es para sí mismo[17], también tiene sentido a la inversa: tratarse a un@ mism@ (escucharse, en este caso) tal como un@ lo practica con el otro, cuando lo hacemos bien, es decir cuando le pillamos el truco a la estructura esencial, a la parte perenne de la forma siempre caduca de hacerlo bien. Y aplicamos a nosotros mismos, los terapeutas, lo que hacemos bien con el otro.

Que podamos escucharnos a nosotros mismos tal como, por ejemplo, se entiende en equitación la "escucha del caballo": "Poner atención el jinete en el modo como el caballo sienta en tierra sus cuatro remos (patas), a fin de conocer si pisa con la cadencia e igualdad correspondiente al aire que lleva". Caballo, o "dragón", "El Bicho" como dice Cristina Nadal... La parte oscura, negra, "mala"... que a todos nos habita. Si lo llevamos acompasadito (ese bicho) lo llevamos con congruencia. Armonizamos así la escisión entre ambos, entre uno mismo o la parte esencial, y él o la parte egoica. Si pisamos en correspondencia al aire que llevamos mantenemos la integridad. Nos ponemos detrás de nuestros pensamientos, sentimientos y actos. De ese modo somos todo eso funcionando a la vez.

---

16. González García, A.: *"Dónde una vez más se acaba hablando de dinero"*, en Zush: La Campanada. MNARS. Madrid. 2000. p. 63-64.
17. Naranjo, C.: *La vieja y novísima gestalt. Actitud y práctica*. Cuatro Vientos. Santiago de Chile 1990. p. 24.

La escucha, ligada en primera instancia al oído (aunque luego veremos que no solamente) evoca esencialmente percepción de sonido. Así nos lo recuerdan su opuesto sinóptico (la sordera), o ese par de vocales (a, u) de su original latino, fonéticamente hermanas del conocido "aum" (ùOm) sánscrito. La A es el sonido que emitimos con la boca más abierta, mientras que la U es la vocal más cerrada:

> "...La manifestación más natural del sonido es precisamente la sílaba *Aum*, que encierra todos los sonidos. *Aum* está compuesta de tres letras: A.U.M. *A* es el sonido fundamental, la clave, que se pronuncia sin contacto con parte alguna de la lengua y ni del paladar. Es el sonido menos diferenciado de todos, el que hace decir a Krishna en el Bhagavad-Gita: [Entre las letras yo soy la *A* y el Binario de las palabras compuestas; soy Yo quien soy el Tiempo infinito; yo soy el Dios cuya faz está vuelta a todos lados] ...(...)... El sonido de la letra *A* parte del fondo de la cavidad bucal. Es gutural. *U* se sopla desde la base misma de la placa de resonancia de la boca hasta su extremidad. Representa exactamente el movimiento hacia adelante de la fuerza, que comienza en la raíz de la lengua y va a terminarse sobre los labios. *M* corresponde al último sonido de la serie labial, pues se lo produce con los labios cerrados. **Pronunciado correctamente, Aum representa todo el fenómeno de la producción del sonido, lo que no puede hacer ninguna otra palabra. Es pues el símbolo natural de todos los sonidos diversificados; condensa toda la serie posible de todas las palabras que imaginar se puede**. La mejor expresión del sonido y la mejor expresión del soplo; *Aum* es la mejor manifestación de lo divino. Atravesando todas las palabras y todos los seres, se despliega en un movimiento creador perpetuo, universal, ilimitado. **Es la traducción más sutil del universo manifestado... (...)... Se ha identificado con esta sílaba la palabra hebraica *Amen*, (...) ... palabra que termina las plegarias y cuya música se compone de una poderosa sucesión de arsis y tesis, de impulsos y reposos, que acaban en un soplo**."[18]

18. Chevalier, J.- Gheerbrant, A.: *Diccionario de los símbolos*. Herder. Barcelona. 1986.p.1

La Escucha gestáltica

La escucha gestáltica tiene un doble sentido, tal como ha señalado Paco Peñarrubia[19]: la escucha interna y la escucha externa. La primera es "... la capacidad del escuchador de mirarse hacia dentro, de tomar conciencia de sí y atender a los procesos que se le despiertan(...) Esa escucha interior no tiene por qué interferir la atención al otro, más bien es un excelente método de acompañamiento, un usarse a sí mismo (en sus sensaciones, emociones, etc...) al servicio de la mejor comprensión y escucha de lo que ocurre fuera... (...) La escucha externa, por el contrario, supone un afinamiento sensorial: (es) mantener abiertos todos los sentidos para una mejor captación del otro. Aunque suele dársele tradicionalmente la máxima importancia al oído, aquí se trata de escuchar no solo lo que dice el otro, sino también cómo lo dice

- La escucha del contenido verbal es importante, y por eso acostumbramos, por ejemplo al alumno en entrenamiento, a que repita con la máxima fidelidad lo que escuchó, los temas y las palabras textuales que le transmitió su compañero, como una forma de desarrollar la atención y la concentración(...)

- La escucha del lenguaje no verbal es aún más importante. Habitualmente los gestos, el tono de voz, la postura corporal, etc... informa más sinceramente de lo que está pasando que las palabras con que se narra. Los conflictos emocionales se enmascaran con las palabras mientras que el cuerpo, en este sentido, miente menos..."[20]

Así pues la escucha -entendida a partir de este momento como escucha externa o del otro, ya que la interna vamos a considerarla a partir de ahora como equivalente a awareness o darse cuenta - es el momento en el que el terapeuta se ocupa de recibir la información -no únicamente verbal- que le transmite el paciente.

La actitud deseable por parte del profesional es una de apertura y receptividad, de tal manera que pueda ponerse en la piel del paciente o cliente "como si" de algún modo fuera el otro, redigámoslo. Se expresa aquí plenamente lo que Perls llama el enfoque empático[21].

19. Peñarrubia, F.: *Obra citada* p. 82-83
20. Peñarrubia, F.: *Obra citada* p. 84.
21. Perls, F.: *El enfoque gestáltico. Testimonios de terapia.* Cuatro Vientos. Santiago de Chile. 1976. p. 105

Pero la escucha no sólo implica al oído como receptor. Escuchar también es mirar para ver los gestos, los movimientos, las texturas y la quietud del discurso verbal y no verbal. Dónde hay y cómo es aquel micro-gesto que delata o traiciona la aparente coherencia de un hablar. Ese rictus que, paradójicamente, es idéntico o análogo a aquél que aparecía al enfocar un tema sin aparente conexión semántica, lógica o cognitiva con éste. La imperceptible acuosidad que emerge en los ojos del rígido que dice no sentir nada al recordar su estancia en el hospicio, o la muerte de su padre. La danza de las manos que acompañan y dibujan el decir; los cambios de posición de las piernas o el movimiento de la respiración, pectoral o ventral, antes y después de tal "trabajo"...

Decía Sören Kierkegard, y permitámonos aquí, respetuosamente, cambiar en la lectura de la cita la palabra "oración" por la palabra "terapia":

> "*Cuanto más atenta e intensa se hace mi Oración / cada vez tengo menos que decir. / Al fin me vuelvo completamente silencioso. / Comienzo a escuchar - / algo más que callar. / Primero pensaba que la oración era habla / Entonces aprendí que la oración era escucha, / no sólo dejar aparecer el silencio. / Como ahora es. / Orar no es una forma de escucharse hablar. / La oración implica volverse silencioso, / y ser silencio, / y esperar hasta que se escucha a Dios.*"

...Si sucediera, claro, que pudiéramos ver a Dios en el otro que tenemos enfrente. ¡Uff...! Una suerte, un regalo, una Gracia.

Continuemos. Escuchar también es oler, metafórica o literalmente si fuese el caso, el qué, el cuándo y el cómo de lo que se nos dice: si las feromonas están presentes en esa manera de hablar o en ese tema; el olor del aliento antes y después de una descarga con la madre o el hermano; si el sudor acompaña o no una expresión de tal conflicto, y cómo cambia sus matices en el proceso ("siempre me suda tanto la espalda cuando vengo a estas sesiones..." decía un paciente); el olor putrefacto de aquel eructo que se coló como un lapsus cuando esa persona decía aquello. O el olor a limpio que trae este cliente esta mañana, y su porquéserá.

El escuchar también implica el gusto y el tacto. A veces les he sugerido a alumnos y supervisandos que imaginen cómo encontrarían el tono muscular del diafragma o de los músculos cervicales, por ejemplo, si tocaran al paciente en ese momento (aunque no lo hagan realmente), y se dejen incluir el dato en su escucha. En ocasiones, poner suavemente la mano en el pecho de alguien cuando habla, nos da una geografía del ritmo del discurso, como si uno accediera con ello a una batería que fuera marcando el compás musical de lo que dice. Si suena a rock o a vals, a salsa, a bolero o a tango; y si ello es coherente con su contenido, o qué matices aportaría si incluyéramos la eventual disonancia en nuestra percepción.

Algo similar ocurre con el gusto, sea literalmente (cuando un@ se ha lanzado alguna vez a lamer el brazo de un paciente, o a gustar sus lágrimas, por ejemplo) o, en sentido figurado, ese resabio ácido que se nos queda en la boca cuando escuchamos "aquello"; o esa "gueule de bois" como dicen los franceses, literalmente esa garganta de madera, no-literalmente esa resaca, con la que nos encontramos al oír aquellas palabras, aquel grito o aquel suspiro, como si de repente se nos secara la boca y se nos pusiera sabor a hiel...

Experiencias
Un experimento de escucha

Describiré tres de los ejercicios que más he utilizado de Escucha, Asimilación y Devolución, tal como aparecieron publicados en el texto referido anteriormente[22]. Quiero señalar que se trata sólo de una de las muchas posibilidades en cada caso, y es obvio que podríamos utilizar ejercicios o experimentos diferentes para el mismo fin. También resalto que se trata de ejercicios generales, en donde no se entra a precisar las variantes de las tres funciones o aspectos de cada uno de los procesos generales, como por ejemplo serían la escucha corporal, la asimilación emocional, o la devolución mental o cognitiva; o la escucha emocional, la asimilación mental o la devolución corporal; etcétera.

"...Vamos a iniciar la experiencia. Y empezamos ocupándonos del primero de los aspectos, del primero de los fotogramas de la película, de la escucha.

Trabajaremos en tres ciclos de veinte minutos y tendremos después un tiempo para compartir grupalmente lo vivido. De cada

22. Rams, A.: *"El P. Alfa..."* Obra citada 1985.

uno de los tres ciclos, los primeros cinco minutos están dedicados: por parte del cliente a expresarse libremente (hablar, no hablar, moverse, estar quieto, dormir, gritar, reír, llorar, etc...) Por parte del terapeuta a intentar escuchar al cliente metiéndose en su propia piel, en la piel y en el lugar del cliente, "como si" pudiera vivir las cosas desde el propio cliente, "como si" fuera el propio cliente (a veces ayuda la fantasía de visualizar el hacerse muy pequeñito, ver de meterse dentro del cliente y luego ir hinchándose poco a poco como un globo hasta vestir su piel como un traje que nos acoplara) Por parte del observador finalmente dedicarse a, claro está, observar lo que ocurre y anotar todo lo que registre.

Durante los segundos cinco minutos de cada uno de los tres ciclos de veinte, invertiremos los roles, también físicamente, y el terapeuta intentará reproducir, imitar, recomponer, hacer el espejo de lo que ha escuchado del cliente "como si" fuera el propio cliente y estuviera interpretando el vídeo de los cinco minutos anteriores. El cliente, por su parte, escuchará en silencio lo que le devuelve el terapeuta, e intentará ver semejanzas y diferencias entre lo que ve y le parece que vive ahora el terapeuta, y lo que recuerda que vio y vivió en sí mismo en los cinco minutos anteriores. Y el observador va comparando uno y otro tiempo, como si viera dos copias de la misma película, y también observa y anota -es muy importante que el observador anote- puntos en común y aspectos diferentes (por ejemplo como en los juegos estos de Las x diferencias que suelen aparecer en las secciones de entretenimiento de los periódicos)

Después dispondréis de diez minutos, que completarán los veinte del primer ciclo, para realizar la evaluación y elaboración de la experiencia en grupos de tres.

Para ello quien ha trabajado como terapeuta toma su hoja de seguimiento y evalúa hasta qué punto, desde su propio "lugar" de observación, fue fiel en la reproducción de la escucha, qué aspectos ha escuchado y cuáles no, cómo y cuánto atendió determinados aspectos, y cómo y cuánto recibió otros, etcétera. E intenta ver qué le dice todo ello de sí mismo como persona. Cómo cuadra lo que escucho con mi carácter, con mi patología, con mis huecos y con mis llenos. Está bien "hacerlo bien" y está bien "hacerlo mal". Lo importante no es la calificación obtenida, sino aprovechar la experiencia para testear hasta qué punto y de qué manera escucha cada cual, y sacar partido de ello en el sentido de ponerse en disposición de aprender de eso.

El terapeuta se otorga una calificación numérica (del 1 al 10) y explica a sus compañeros -cliente y observador- el por qué y el cómo de esa evaluación. Esa explicación la resume en una frase significativa o "mensaje a retener" que anota en su hoja de seguimiento.

Lo importante no es siempre retener "lo más importante", "lo más fuerte" o "lo más grave"; lo importante es retener mediante esos mensajes -que cada cual se regala a sí mismo y a los compañeros, digámoslo así un poco cursimente- aspectos que cada cual pueda aprovechar para saber más o mejor sobre sí mismo como persona y como terapeuta, y en particular de cómo y cómo no escucha.

Cuando el terapeuta se ha auto-evaluado cuantitativa y cualitativamente y ha tomado sus notas en su hoja de seguimiento, hablan el cliente y el observador, cada uno desde su propio punto de vista, desde su propio lugar de vivencia del experimento. Es posible, por ejemplo, que el cliente hable desde una recepción mas corporal-afectiva y el observador desde una recepción mas racional-intuitiva (o icónica), aunque no tiene por qué ser necesariamente así. De lo que dicen cliente y observador el terapeuta anota en su hoja las calificaciones numéricas otorgadas y un mensaje que pueda aprovechar, extraído del feed-back o retorno de cada uno de los dos.

¿Alguna duda...?, ¿No...? Adelante pues con la experiencia..."

La Asimilación

La asimilación es el proceso de digestión de la escucha. Como con la comida, nuestro organismo ingiere una serie de materiales que necesitamos para la supervivencia, física en un caso, existencial en el otro.

Con esos materiales pueden suceder dos cosas: que los asimilemos y entonces los hacemos nuestros; o que los introyectemos, que se nos queden dentro como ajenos a nosotros, y no los hagamos enteramente nuestros. Para poder entender la asimilación quiero explicar primero su opuesto, la introyección.

La introyección podemos entenderla en una primera instancia como el fenómeno opuesto a la proyección. Introyectamos cuando percibimos como propios fenómenos, asuntos, contenidos o materiales que no lo son, que ocurren fuera de nuestro campo de identidad y nosotros los situamos dentro; que son del otro (del No-Yo, del Mundo), y nos los apropiamos.

Por ejemplo, si nos tragamos una piedra o un trozo de metal, difícilmente lo podremos asimilar completamente (es decir, utilizar para nuestro propio crecimiento y evolución orgánica... fácil o totalmente), ya que nuestros ácidos gástricos e intestinales no lo pueden destruir, descomponer completamente o casi, que es el primer paso, tal como señaló Perls, para la asimilación, procesamiento o digestión.

Solemos introyectar los patrones sociales, los mensajes parentales, las formas de ser de las personas que tomamos como referencias de identidad. **Confundimos la forma de ser** con el ser, con el hecho de ser; confundimos ser de esa forma en concreto con ser. Y, sin darnos cuenta, llegamos al absurdo corolario de ser de esa forma o manera, o no ser. Es decir, no sentirse ser y por lo tanto sentirse mal en ambos sentidos de la expresión, en el de percibirse a uno mismo malamente, y en el de generar malestar.

En el proceso terapéutico el trabajo con la introyección se utiliza para poder diferenciar lo que es nuestro de lo que no lo es. No porque mi padre, por ejemplo, como hombre, fuera tal tipo de hombre, yo "para ser hombre" debo serlo como él lo fue, o bien exactamente al contrario, por reacción... Cosa que parece obvia así leída, pero que no suele estar tan clara en la consulta, cuando probamos a ir más allá de los automatismos con los que hemos venido identificando el yo y el ser. El asunto en el proceso terapéutico es pues la exploración de otras alternativas que nos son propias, y que nos liberan de quedar encerrados en esa polaridad de identidad ("o como él, o completamente diferente de él"), encerrados en cierto modo en el Ser o No-Ser shakespiriano.

Aquí aplicamos estos conceptos de asimilación e introyección a la formación de terapeutas, y en sentido amplio a la relación terapéutica y a la relación de ayuda. El proceso, tal como hemos visto, se inicia en la escucha, en la recepción de la información. El terapeuta escucha, después procesa esa información -la asimila, no la introyecta, pero tampoco la rechaza de entrada fuera de las fronteras de su identidad- para terminar con la devolución que veremos más adelante. Como dice Fritz Perls "...El terapeuta real, de carne y hueso, inevitablemente mostrará su propia personalidad y sus propios prejuicios en la situación terapéutica".[23]

23. Perls, F.: *Obra citada* 1976. p. 104

Un experimento de Asimilación

"(...)El ejercicio que nos sirve de marco o puerta experiencial quiere ser una ocasión de aprendizaje de, por una parte, saber diferenciar el propio discurso del discurso del otro. Y, por otra, observar el camino, o ruta, o rutina de procesamiento que siguen en nuestro interior los contenidos y materiales psíquicos que recibimos.

Así pues la consigna es: Durante los primeros 10 minutos (haremos de nuevo tres ciclos de 20 minutos, divididos esta vez en dos tiempos de 10 minutos cada uno de ellos), el cliente se expresa, verbalmente en este caso para facilitar el trabajo, y en el mismo espacio de tiempo -a diferencia de la anterior experiencia de escucha- el terapeuta escucha; y cuando lo hace, es decir, cuando está prestando atención al discurso del cliente, está sentado frente al mismo, mirándolo. Cuando el cliente dice algo que "toca" el mundo propio del terapeuta, y que le lleva a su propio mundo, éste se voltea físicamente y, dando la espalda al cliente, sigue con su propio discurso (verbal en este caso), despertado por el estímulo inicial del otro, del cliente, pero ya con los propios contenidos del terapeuta.

Por ejemplo: Cliente: - "Me siento un poco nervioso..." Terapeuta: (girándose sobre sí mismo) - "Sí, yo también me siento un poco nervioso, ayer me sentí realmente muy nervioso. Sí, fue cuando estaba con Marta en aquel bar, y entonces ella me dijo..." Etcétera.

Si en un momento determinado algo de lo que sigue diciendo el cliente mientras el terapeuta está con y por su propio discurso, vuelve a "tocar" psíquicamente al terapeuta, y le desplaza el foco de atención de nuevo hacia el cliente, aquél se voltea de nuevo hacia éste, y cambia el foco de atención desde sí mismo hacia el otro.

Y si, una vez más, el cliente vuelve a decir algo que toca el mundo propio del terapeuta, éste de nuevo se vuelve de espaldas al mismo y sigue con su propio discurso, y así.

Se trata de dejarse fluir desde la posición o rol de terapeuta, procurando no interferir el impulso espontáneo entre la atención al otro y la atención a uno mismo, sin prohibir, sin frenar ninguna de las dos, significando este movimiento de la atención con un movimiento corporal de "estar frente a" y "estar de espaldas a" el cliente, respectivamente.

Podéis imaginar, si os resulta útil, que sois como una veleta perfectamente engrasada que girara según la dirección del viento, sin ofrecer ninguna resistencia, sin hacer ningún esfuerzo.

El observador, por último, presta atención a la congruencia entre el movimiento físico y el movimiento de la atención: cuando el terapeuta está de cara al cliente tendría que querer decir que está por el discurso del cliente... realmente, casi-completamente; cuando está de espaldas, que está por su propio discurso.

Tiene particular interés que los observadores prestéis atención especial a cuándo este proceso es congruente y cuándo no lo es, ya que los momentos de interrupción van a marcar, o bien asuntos, fenómenos o temas que son problemáticos o conflictivos para el terapeuta y le impiden desarrollar la experiencia de una forma fluida; o bien pueden ser gérmenes de algo que, transformado adecuadamente, va a constituir con el proceso de entrenamiento o con el tiempo un elemento esencial del estilo profesional de esa persona como profesional.

Es decir, en la experiencia: el terapeuta escucha, deja entrar (o sea, inicia la asimilación) y en vez de devolver, se lo queda y sigue por sus propios derroteros, a través de su propio mundo, excluyendo el campo del cliente **a propósito**. Insisto, a propósito.

Cuando el terapeuta está de cara al cliente está por lo que ocurre en y con el cliente. Puede escuchar en silencio o hacer comentarios, pero siempre con el cliente enfocado como tema (sería una especie de "el otro, el otro, el otro, el otro...")

Cuando le da la espalda, se olvida del cliente y se ocupa (es decir, en este caso habla para que lo pueda oír el observador) de sus propios asuntos, que van apareciendo como primer plano a partir de lo que dijo el cliente (sería entonces una especie de "yo, yo, yo, yo...")

Como podéis observar realizamos un proceso analítico de algo que es vivido en la realidad como sintético, para poder acceder posteriormente a una nueva síntesis - a una nueva gestalt - más completa, en principio. Separamos la figura del fondo, algo absolutamente imposible y absurdo en la realidad. Pero con potencial de utilidad didáctica.

Perls habló de los enfoques empático, simpático y apático. Un pequeño resumen: Empático = terapeuta se ocupa sólo del paciente. Simpático = terapeuta se ocupa del cliente y de sí mismo. Apático (chiste perlsiano) = terapeuta no se ocupa de nada. Ahí podemos añadir el enfoque impático, tal como propongo llamarlo, cuando el terapeuta sólo se ocupa de sí mismo. Pues bien, lo que hacemos aquí es entrenarnos en desarrollar un paso puro de un enfoque empático a un enfoque impático, sin pasar por el enfoque simpático, que paradójicamente es la síntesis que buscamos. Buscamos la postura sinérgica de poder estar al mismo tiempo con uno mismo y con el otro, sin pérdida, sino más bien con ganancia de identidad; ese nosotros que enriquece, y que no anula o disminuye al Yo y al Tú.

Pero para ello vamos a realizar el camino justamente al revés: en vez de ir directamente ahí, vamos a dar una especie de rodeo que busque, a contrapunto, la emergencia espontánea de la sinergia, del enfoque simpático".

La Devolución

Hemos visto hasta ahora en qué consisten la escucha y la asimilación. Queda un último paso para completar el ciclo, y éste es el momento de la devolución o intervención terapéutica propiamente dicha, en el cual el terapeuta retorna al paciente la información escuchada y asimilada.

Así como al hablar de la asimilación hacíamos referencia al fenómeno de la introyección, al hablar ahora de la devolución quiero traer aquí los conceptos de la señalización y de la proyección. Estos dos procesos diferentes nos van a llevar a hablar, pues, de dos tipos de devolución diversos: lo que en su día se me ocurrió llamar la devolución cualitativa y la devolución cuantitativa.

Supongo que el término "proyección" debe resonar al lector al concepto psicoanalítico, en cuyo encuadre teórico es considerado como un mecanismo de defensa, grosso modo.

Nosotros lo vamos a entender aquí como el desplazamiento de un contenido propio del campo del terapeuta hacia el campo del cliente.

En general, por ejemplo, cuando damos un feed-back -una opinión, un comentario, una impresión...- a un paciente (o compañer@ o amig@ en lo personal) estamos de alguna forma proyectando. Mi proyección como terapeuta, que siempre es como persona, puede coincidir más o menos con lo que la persona receptora experimenta o se da cuenta de sí misma, pero eso es otro cantar...

La proyección no es un mecanismo a evitar. Me parece que es más bien, en todo caso, un mecanismo a saber manejar como terapeutas. El terapeuta gestáltico juega con sus propias proyecciones: está presente como persona, lleva a la relación a veces asuntos de la propia vida, de sí mismo, se arriesga a veces a dar sus propias impresiones... Y ahí está proyectando. Y lo hace, o lo debería hacer, conscientemente. Este proceso me parece útil clínicamente en la medida en que es@ terapeuta ha aprendido a manejar sus proyecciones, claro. Y para eso es imprescindible el proceso terapéutico personal del profesional.

El gestaltista debe aprender, así pues, a detectar, sostener y convertir en lo posible en herramientas sus propias proyecciones, sus delirios y fantasías para con el otro. Y un primer paso para ello es aprender a conocer cómo proyecta cada cual, en qué temas o en qué momentos, sobre qué tipo de clientes, y para cubrir qué especie de necesidades propias del terapeuta...

Abramos un abanico. Podríamos decir que existen seis formas clásicas de devolución, que son principalmente incorporadas en la terapia gestáltica:

1. Señalización (o "veo que...")
2. Interpretación (o "imagino que...")
3. Preguntas
4. Manifestaciones personales
5. Propuestas de experimento
6. Prescripciones (o "deberes")

Señalización

La señalización es cuando el terapeuta indica (marca, y así señala) al paciente algo que está pasando, pero que tiene la característica de que es algo obvio, y por tanto que puede ser percibido por el terapeuta y por el paciente, o por cualquiera que estuviera hipotéticamente presente. Para ser obvio, propiamente dicho, no puede tener aspectos interpretables. No es una señalización, estrictamente hablando, decirle al paciente " Te veo nervioso"... debería ser más bien "Observo tu respiración entrecortada, vas de un tema a otro con mucha rapidez, tu pierna se agita con ese tic, tu mirada revolotea de un lugar a otro como una mariposa... ¿estás nervioso?" La señalización para que sea pura no tiene que tener aspectos ocultos u oscuros, datos que se puedan interpretar de diferentes maneras.

El "veo que" tiene que ver con escucho, huelo, toco... tiene que ver con los sentidos, con lo que está al alcance de la percepción sensorial. La señalización, sin embargo, aún bien hecha, es una especie de interpretación porque obliga al otro -al paciente o usuario- a cambiar la estructura del campo de percepción y, por lo tanto, a cambiar la percepción del campo. Insisto, al cambiar la estructura del campo de percepción cambiamos la percepción del campo. No es un juego de palabras. Es algo fundamental, es decir algo en lo que me parece que se fundamenta profundamente la gestalt y la terapia gestalt o psicoterapia gestalt. Es una idea que aparecerá varias veces a lo largo del libro, como otras.

La señalización se refiere a algo que el paciente hace/ no hace, dice/ no dice y eso pasará a ser figura en muchos casos al menos, porque lo está diciendo el terapeuta. Y eso tiene un gran peso por factores de delegación de poder, de intimidad, de transferencia o de pertinencia; así que es una interpretación en el sentido de que eso señalado pasa a ser centro de atención y por lo tanto oscurece o difumina otras maneras de percibir el panorama. Por lo tanto aunque decimos que señalar es señalar lo obvio, no es tan neutral como puede parecer.

Pero lo que hace diferente a la interpretación es que ésta última tiene que ver con mi pedo como terapeuta y como persona (con perdón...), con mi propia fantasía, esto es, con mi propia historia; el otro, el cliente, puede no tener acceso a ello, puede no verlo. La señalización es una invitación a fijarse en esto y no en aquello. Marco como terapeuta un elemento del campo en ese momento... y punto. Es decir que punteo como dicen los lacanianos.

Interpretación

Dicen que Dalí decía, lo he oído en televisión al sobrino de Walt Disney, que él sabía en qué lugar exacto de su cerebro estaba su locura y, sobre todo, que había aprendido a entrar y salir a su antojo, cosa que los demás no sabían hacer. Bien, nosotros vamos a intentar algo parecido a pequeña escala.

Si en la señalización miramos lo obvio, en la interpretación vamos a enfocar la locura del terapeuta, una de las mejores metáforas del asunto según mi experiencia. Si en la señalización era limitarse a lo obvio y aguantarse ahí, aquí es justo lo contrario, dejarse distorsionar a propósito. Ahora se trata de dos cosas en una: la primera es ponerse loco delante del otro, del cliente; y otra es ver cuál es en concreto mi locura, en todo caso la locura que me sale espontáneamente al hacer eso de esa manera, que en general puede llegar a dar pautas esenciales sobre cómo es mi locura en general, digamos.

Ejemplo: "Veo que te apartas el pelo y imagino que te gustaría tener el pelo amarillo..." O "...e imagino que te gustaría golpearme con él". O "e imagino que me estás diciendo: ¡Fóllame!". O "imagino que te gustaría apartarte tod@ tú y morirte". Se trata de abrir el grifo. Abrir la caja (de Pandora)... y dejar que aquello que está sucediendo en lo real sea un trampolín para volar o para sumergirse en lo no-real, entendidos estos términos en el sentido lingüísticamente más sencillo posible -no en sentido lacaniano, por ejemplo. Apoyarse en alguna cosa de lo concreto (veo que...) y saltar desde ahí, en cualquier dirección que aparezca espontáneamente, sin prefijar la existencia de una dirección más adecuada que otra en principio. No importa donde me vaya, de lo que se trata es de ver dónde me voy, dónde me lleva mi locura ("donde me lleve mi locura..."), y ahí vemos qué nos muestra y dónde (a qué lugar, sitio, historia, asociación) nos lleva nuestra propia proyección.

Y poder soltarlo, claro, delante de dos compañeros, cliente y observador. Y por lo tanto hacer la experiencia de mostrar y abrir esa parte que a casi todos nos da miedo, vergüenza, pudor... en general. Ponerse loco, no hacer, no hacer tanto que despiste ese asunto esencial. Puede ser más o menos brillante la cosa, pero eso no es lo importante en este momento. El asunto principal aquí es poder experienciar que cada cual tenemos nuestras manías, nuestras paranas, nuestras neuras: la sexualidad (verlo todo sexual), la muerte, la agresividad, el abandono, el vacío... son algunas de las clásicas. Se trata, en este ejercicio, de interpretarle todo lo que le salga al otro, a propósito y con todas las de la ley. Enfocar entonces un asunto del tipo: Cuando me suelto, ¿qué imagino yo? ¿qué tiendo a proyectar? Interpretar entonces todo sin tener que ver nada con la realidad. Darnos pues ese permiso.

Dejarse asociar cosas del tipo "ahora que estás hablando pareces Robert Redford haciendo Memorias de Africa". También con músicas, cine, cuadros, pero también escultura, u obras de arte o de cultura en general... Cuando uno trabaja de esta manera está en otro registro, que evoca el modelo chamánico, en el sentido estructural de que el chamán se pone loco él, entra en trance, en tránsito entre dos mundos, en vez de "poner" loco al otro o de manejarse con la locura emergente del otro. Más bien trabaja con la propia y ve de ponerla al servicio de su comunidad

Aquí la tarea en la elaboración es, pues: 1. El observador anota, escribe lo que pasa. 2. En qué me he soltado (yo terapeuta) Qué botón he apretado. Cómo es mi asunto con eso. Por dónde se me va la olla, cuál es el tema que aparece en el conjunto de devoluciones de " imagino" tomada-leída toda junta)... 3. Qué le ha pasado al otro siendo mi víctima, mi conejillo de indias... En general como lo ha vivido el cliente y en qué le ha servido, si es el caso, y en qué no.

Preguntas

Una referencia usual del arte de preguntar es desde luego el budismo zen: las preguntas o koanes que propone el maestro al discípulo como una manera de esquivar la respuesta habitual y de abrir otro estado de percepción. Donde lo esencial no es tanto la respuesta sino el estado de conciencia previo o contemporáneo de la respuesta, la manera en que hay que ponerse para que se nos ocurra esa respuesta o ese tipo de respuesta, o no.

> "<Zen> es la trascripción fonética al japonés del término chino Ch´an, que a su vez viene de Dhyana, palabra que en sánscrito significa <absorción de la mente> y designa el estado de conciencia propio de la meditación budista Zazen. El *Zen* no es una religión, es más bien una actitud ante la vida. El *Zen* nos recuerda que lo único que existe es <el aquí y ahora> y que ahí se engloban todos los aspectos prácticos de nuestra vida -cuerpo y espíritu, suavidad y firmeza, fisiología y psicología- que deben ser armonizados para encontrar el equilibrio de todo ser. Trascender los límites de los propios conflictos, sentirse uno con los demás, conducirse naturalmente es la vía de la libertad. **La verdadera libertad es interior y significa confianza en sí mismo.**"[24]

24. Tomado de la hoja *Europa Cinemas*, sobre la película *Sabiduría Garantizada* (Erleuchtung garantiert) de Doris Dörrie. Cinemas Verdi. Barcelona. 2000. www.cinemes-verdi.com.

También el psicoanálisis, sobre todo el lacaniano, ha desarrollado el arte del interrogarse, el sostenimiento de una pregunta como enigma, en el que el propio sostenimiento de la pregunta marca un lugar en el centro, como una estaca clavada en la tierra sobre el cual fueran revoloteando al aire las respuestas, a sabiendas de que ninguna de ellas puede decir lo indecible, a sabiendas de que su función es poner simbólico lo imaginario, dando por sentado que lo real es indecible y por lo tanto inaccesible (entendidos estos términos en este caso, ahora sí, en la particular terminología lacaniana)

También se nutren las preguntas gestálticas de la técnica o enfoque conocido tradicionalmente como Vichara. Es decir una pregunta repetitiva -por ejemplo ¿quién eres tú? o ¿qué buscas?- que el emisor lanza una y otra vez al receptor que dice lo primero que le viene sin pensar lo que dice. Es una experiencia difícil de describir si no se ha vivido. Pensemos por ejemplo que en algunas modalidades clásicas, esta técnica se práctica desde las 6 de la mañana hasta las 10 de la noche, con apenas una, dos o tres pausas de media hora para comer, ir al lavabo... durante varios días, por ejemplo ¡diez! Se suele trabajar de a dos, alternando los roles. Lo que ahí suele aparecer, a esas intensidades, cuentan, es equivalente en muchos casos a un buen viaje enteogénico o a un retiro de meditación bien hecho, desde luego.

Pero quizás sea la mayéutica socrática la referencia más familiar para el oficio de preguntador del gestaltista:

> *"(...) Se habla de Sócrates como un hombre {extrañísimo}: atopotatos, o sea, jugando con el sentido literal de la palabra, extremadamente sin lugar, fuera de lugar en extremo, desubicadísimo. Sócrates, en efecto, no se coloca en ningún lugar, en ninguno de los lugares en que se lo espera. Desearía mostrar, mediante un análisis de esta desubicación, que* ***los tres conocidos aspectos del método socrático -la ironía, la refutación y la mayéutica- son fugas o huidas de los tres lugares en los que el interlocutor pretende {ubicarlo}: el lugar del saber, el lugar del modelo, el lugar del amor.****"*[25]

La autora añade una nota al pie: "Llamo la atención sobre la connotación musical de la palabra elegida ya que, en música, la

25. Lasala, M.: *Sócrates y el arte de la fuga.* Editorial Biblos. Buenos Aires. 1996. p. 39-40.

fuga (cuyas distintas voces, al aparecer, dan la impresión de huída) es la expresión más refinada del estilo contrapuntístico, lo que nos trae, otra vez, al dialogos"

Así pues el gestaltista como alguien que intenta trabajar a contrapunto, jugando en ese ajedrez con las negras, completando la falta con una cierta dosis de presencia para facilitar que el paciente o alumno pueda dar cuerpo y contenidos a Su Falta. Utilizando la fórmula preguntas que -implícitamente y más allá de su contenido- suponen una posición de "Te pregunto porque hay algo en ti que puede responder. Si no, por ejemplo, afirmaría o callaría. Entonces, búscalo en mi compañía. Pero búscalo tú". "Yo, terapeuta, no sé saber, pero me enseñaron a preguntar. Entonces, hagamos nacer eso que está ahí dentro de ti -e-ducere, sacar hacia fuera- que tú sientes pero no conoces y que yo más que conocer imagino, deduzco o induzco, por experiencia personal y profesional, pero no puedo sentir, sentir lo tuyo o a tu manera".

Podríamos decir que, en general y para terminar, los gestaltistas utilizamos tres clases de preguntas: Unas que son para recabar información personal o concreta, historia, asuntos de la biografía...

Las que son una propuesta de experimento, del tipo: ¿qué sientes?, ¿cómo notas el cuerpo?, ¿qué estas haciendo ahora? Con estas tres preguntas, como decía Simkin, se podría hacer todo un proceso terapéutico. Son preguntas que no sirven para recabar información, sino que sirven para recabar implícitamente la actitud de darse cuenta, de awareness, para que el paciente "se pare a ver", o a ver-se o ambas cosas a la vez. Son este tipo de preguntas las que más recuerdan al zen, al método socrático...

Y las preguntas truco o paradas técnicas, que son preguntas que con poco esfuerzo por parte del terapeuta hacen que el otro vaya haciendo, ¡y funciona!. Es como la pura técnica en sí misma en el mejor sentido de la palabra. Rogers dice que si nos fijamos solamente en que alguien se interesa en lo que nos ocurre, parece que esto ya sirve. Pueden hacerse de verdad o de mentira, claro.

Manifestaciones Personales

"Es característico de la terapia gestalt y de las demás psicoterapias humanistas el ponerse como persona ante el paciente y manifestar las propias emociones, emociones o vivencias, manifestar particularmente cómo se siente un@ en el contacto, en la relación con el paciente. Esto tiene importancia en sí mismo como actitud vivida y transmitida. Además nos puede dar datos de cómo se maneja el paciente en el contacto y en la transferencia - los asuntos pendientes con las figuras parentales, transferidos al terapeuta. Entendiendo que lo que al terapeuta le pasa con el paciente tiene que ver, no sólo con él, sino también con el otro, resulta valioso ponerlo sobre el tapete para que salga a la luz el asunto que el paciente está jugando, y poder trabajarlo. El terapeuta gestáltico también se va a manifestar desde todo aquello que sabe de sí mismo, sobre cuál es la <actitud verdadera> para apoyarla o para frustrar lo falso y manipulativo, tal como han señalado, entre otros, Perls y Naranjo"[26]

No abundaré más sobre este tema en este momento. Me parece que todo este libro está fundamentado en esa posición y he venido y seguiré redundando en ello de diferentes maneras y con diferentes estilos, intentando enfocar los diferentes aspectos que me parece tener el asunto.

Propuestas de Experimento

"Cualquier experimento, cualquier técnica, son desarrollados a partir de la creatividad del terapeuta y de acuerdo a lo que está sucediendo en la sesión. Una propuesta de experimento es una propuesta de algún tipo de acción o fantasía con el fin de que el paciente tome conciencia de lo que está haciendo, o con el propósito de que explore algún asunto. La propuesta puede partir de lo obvio - en lugar de hacer una señalización verbal, el terapeuta puede pedir al paciente que repita una frase o que exagere lo que está haciendo- o de lo imaginario, y entonces le propondrá una frase, un movimiento, un trabajo con cojines, o le puede poner delante una persona significativa (imaginadamente) para explorar cómo es el encuentro y los asuntos pendientes"[27]

26. Martínez, I.: *Apuntes de teoría de la Escuela del Taller de Gestalt de Barcelona*. Inédito
27. Martínez, I. : *Obra citada*

Desde un cierto punto de vista, por ejemplo el de la escuela clevelandiana de los años setenta, el experimento es la técnica gestáltica por excelencia, ya que todas o muchas de las técnicas de este enfoque pueden ser concebidas como experimentos.

La teoría del experimento y su aplicación en terapia gestalt fue iniciada como tantas otras por Fritz Perls, desarrollada y conceptualizada sobre todo por los Polster[28] y por Zinker[29], y perfeccionada por Greenber-Khan[30], Bernstein[31] y Melnick[32], entre otros. Dice Zinker:

> *"La terapia gestáltica es realmente un permiso para ser creativo. Nuestro instrumento básico es el experimento, una aportación conductista para desplazarse hacia un funcionamiento nuevo. El experimento se dirige al corazón de la resistencia, transformando la rigidez en un sistema elástico de apoyo. No necesita ser grave, serio, ni siquiera exactamente adecuado; puede ser teatral, hilarante, alocado, trascendente, metafísico, humorístico. El experimento nos permite ser sacerdotes, prostitutas, homosexuales, santos, brujas, magos: todas las cosas, todos los seres y todas las ideas que se esconden dentro de nosotros. Los experimentos no necesitan nacer de conceptos: pueden ir desde un simple juego hasta revelaciones conceptuales profundas"*[33]

Podemos entender pues el experimento en terapia gestalt, desde este punto de vista, como la unidad de intervención gestáltica por excelencia, al igual que la interpretación o la puntuación lo fueran en el psicoanálisis, o la prescripción lo fuera en la terapia conductista, cognitivista o (con matices) sistémica.

El experimento es una unidad pautada por la que el gestaltista proporciona al paciente un lugar para jugar en el sentido winnicottiano, un lugar y un espacio "como sí", una instancia intermedia entre el mundo interno (la imaginación) y externo (la acción), donde ensayar y atender a nuevas maneras de pensar la cosa, de sentirla y de vivirla. Tiene muchos puntos de contacto con la dramatización psicodramática, con el trabajo con la escena de los morenianos o post-morenianos.

---

28. Polster, E. Y M.: *Terapia Gestáltica*. Ed. Amorrortu. Buenos Aires 1976.
29. Zinker, Jh. : *El proceso creativo en terapia gestalt*. Ed Paidós. Buenos Aires 1979.
30. Greenberg,L. - Khan, S.: *"Experimentation: A gestalt approach to counseling"*. Canadian Counselor. Oct.Vo.13(1),1978.
31. Bernstein, H,: *"The union of the gestalt concept of experimentation and Jungian active imagination"*. Gestalt Jr., Fal, Vol3(2). Pags. 35-45. 1980.
32. Melnick, J.: *"The use of tehrapist-imposed structure in Gestalt Therapy"*. Gestalt Jr., Fal, Vo 3(2), 4-20, 1980.
33. Zinker, Jh.: Ibid, p. 108

Una experiencia de devolución

> *"(...) Para aprender a distinguir entre la devolución de aquello que está en el otro obviamente (señalización), y la de aquello que no está, o que no está tan obviamente (proyección), vamos a utilizar un clásico experimento gestáltico. Se trata del conocido "veo que... imagino que...".*

Así pues en nuestra estructura de trabajo (cliente-observador-terapeuta) el cliente "está", es decir que dice, calla, hace... lo que le parece. Antes, en la escucha, mientras el cliente estaba el terapeuta escuchaba y, en un segundo tiempo, expresaba su escucha.

En la asimilación el terapeuta dejaba entrar lo que recibía y aprendía a distinguir su propio discurso del discurso del otro, el mundo propio del mundo del otro.

Aquí en la devolución, durante los primeros 10 minutos el cliente está (está sentado, o de pié, o se mueve, habla...), y el terapeuta sólo utiliza frases del tipo "veo que... , imagino que..." Por ejemplo, "veo que te sientas de cara a mí, imagino que te interesa lo que digo"; "veo que te coges los pies, imagino que temes que se te escape algo...", etcétera.

Como veis hay dos partes: el "veo", que debe ser algo que el observador también pueda ver o percibir (la subjetividad compartida, mal llamada objetividad) Y los "imaginos", que en este caso y por simplificar, deben ser aspectos que el observador no pueda percibir: es algo que yo, como terapeuta, imagino, que no está en el campo del cliente, es algo que yo pongo.

En el campo no está, volviendo a los ejemplos anteriores, que el cliente tenga miedo de que se le escape algo; sólo está, sólo es obvio, que se coge los pies. Tampoco está en el campo que le interese lo que yo digo, sólo está el hecho de que está sentado de cara a mí. Es decir que estar sentado de cara a mi puede querer decir muchas cosas. El miedo del cliente así como su interés los inventa en este caso el terapeuta, los proyecta, los imagina, los fantasea el terapeuta.

El observador, por último, anota todas las frases que el terapeuta expresa, todos los veos y todos los imagino correspondientes, en dos columnas diferentes y paralelas. Y en los segundos 10 minutos va a valorar: de los veos que ha expresado el terapeuta, cuántos y cuáles ha visto el observador también y son "veos"; y cuántos y cuáles no ha visto el observador, y son "imaginos".

Y viceversa: de los imaginos expresados por el terapeuta, cuántos y cuáles no ha visto el observador y son verdaderos "imaginos"; y cuántos y cuáles sí ha visto y son, para los fines de este ejercicio, "veos" o imaginos menos valiosos.

Esto último no es exactamente así, entre otras cosas por el fenómeno de la ocurrencia de los patrones culturales y el de las imagos colectivas -es decir, que hay lugares de imaginación común- por marcar sólo dos referentes. Pero me parece suficiente para los fines del experimento.

Así pues, los segundos 10 minutos del ejercicio empiezan con una auto-evaluación del propio terapeuta bajo estos mismos criterios expresados para el observador. Cada uno habla desde su propio punto de vista, que no tiene por qué coincidir con el de los otros partenaires: el de quien lo ha expresado, el de quien lo ha recibido y el de quien lo ha observado. La pretensión es que la gestalt, o conjunto formado por los tres puntos de vista, se acerque lo máximo posible a la "verdad" de lo sucedido, aunque sabemos que nunca la cubrirá totalmente.

Epílogo
Cuentos Chinos[34]

Podemos resumir pues la dinámica de la relación terapéutica, vista desde el punto de vista del terapeuta, en tres fases, aspectos o asuntos esenciales: escuchar, asimilar, devolver.

Si un psicoterapeuta escucha bien, asimila bien y devuelve bien... "pues hace psicoterapia bien", en términos generales. Suele hacer buena terapia, buen trabajo. Produce resultados normalmente y es útil en su función y en su oficio. Visto desde un punto de vista superelemental y superinocente, y dicho a bocajarro y muy a lo bruto... lo demás son "cuentos chinos".

Los "Cuentos Chinos", como todos los cuentos, tienen temas muy variados y algunos que se van repitiendo en diversos relatos, leyendas y cantigas...

Hay Cuentos Chinos Teóricos, cuando el terapeuta se complica en exceso con los sistemas de conceptos y estructuras que utiliza para

34. Con mis disculpas por el desprecio étnico que supone la expresión, que quiere estar compensada por la fuerza que en el castellano popular tiene el giro lingüístico.

entender lo que hace y para explicárselo, básicamente a sí mismo y a la "comunidad científica". Cuando el profesional se desbalancea hacia lo teórico y pierde el contacto con la persona del paciente y con su propio ser persona. Esto es tópico por ejemplo en los lacanianos, pero no sólo. También ocurre en terapia gestalt. Recuerdo lo que me decía a este respecto un amigo psicoanalista "El problema de los lacanianos es que ven conceptos donde hay personas". También le he oído algo similar a gestaltistas franceses respecto a algunos usos de la teoría del self o de la teoría del ciclo de contacto, por ejemplo, por parte de algún colega. Quien más quien menos hemos tropezado alguna vez con esa piedra, ¿no le parece al lector?

También hay Cuentos Chinos Narcisistas: "He inventado una nueva terapia...", "Yo he descubierto el verdadero muelle del asunto de la histeria...", "No, la cosa no es tan simple, porque subterfugia la, en principio, verdadera aproximación, más allá de la epistemología actual, de los concomitantes básicos de toda heurística que se pretenda... bla,bla,bla, blá,blá,blá...".

También éste es un libro de cuentos chinos, un libro de los cuentos chinos que anteceden y siguen a este capítulo. Y también en este capítulo hay cuentos chinos, ¡cómo no!... pero es bueno (para todos, quiero decir que me incluyo) recordar de vez en cuando aquello de: "A, B, C... / "1,2,3,4... 5..." / "Sumar, restar, multiplicar, dividir... y luego todo lo demás".

> *"**Cuento**: Narración, narrativa, relato, relación, caja de consulta, recontamiento, referencia, historia, cronicón, crónica, epopeya, poema épico, acta, anales, viaje, periplo, odisea, descripción, detalle, pormenor, leyenda, tradición, contexto, reseña, cuadro, versión, memorias, aventuras, biografía, autobiografía, conmonitorio, novela, fábula milesia, cuento, contezuelo, historia, parábola, milagrería, historieta, anécdota, anecdotario, chilindrina, trova, fábula, apólogo, fantasía, faloria, falordia, burlería, conseja, rondalla, cuento de viejas, jácara, chascarrillo, fabliella, habladuría, hablilla, murmuración, chisme, vejez, antigualla"*

35. Casares, J.: *Diccionario ideológico de la lengua española*. Editorial Gustavo Gili. Barcelona. 1959. p. 308.

II. El Clínico

5. El Clínico

"El infierno de los vivos no es algo por venir; hay uno, el que ya existe, el infierno que habitamos todos los días, que formamos estando juntos. Hay dos maneras de no sufrirlo. La primera es fácil para muchos: aceptar el infierno y volverse parte de él hasta el punto de dejar de verlo. La segunda es riesgosa y exige atención y aprendizaje continuos: buscar y saber quién y qué en medio del infierno, no es infierno, y hacer que dure y dejarle espacio".

Italo Calvino. "Las ciudades invisibles"

El clínico es uno que siempre ha pensado que era muy importante no dejar nunca de hacer consulta, no dejar lo real de la práctica del oficio de terapeuta, de manera que el formador y el buscador no nublaran del todo mi vista y no me subieran demasiado a la parra.

La verdad es que para alguien caracterialmente tan inconstante como quien escribe me parece un gran logro haberme mantenido tan obsesivamente en eso. Es algo que me cuestioné en algún momento. Sobre todo cuando dio ese paso un querido colega y amigo del alma. O sea, dejar la terapia y dedicarme sólo a la formación. Me alegro hoy, vista la experiencia, de no haber hecho ese movimiento y haberme mantenido ahí.

Ha sido una suerte mantenerme siempre en ese día a día a veces tan rutinario de la consulta. Creo eso que ha ido haciendo trastienda en mi establecimiento. Tan duro, la clínica es dura, sobre todo desde el momento en que empecé a trabajar con casos más difíciles, más graves, o más complicados. Desde que pasé del crecimiento personal, como le llamábamos los psicólogos humanistas en los ochenta, a la psicoterapia clínica propiamente dicha. Aunque nunca he dejado de entenderlo como un crecimiento personal, con matices, afortunadamente.

---

1. Citado en Bermúdez, S.: *"Ganarle tierra fértil al mar"*. En www.elsigma.com./popup...

Bien, poco más que decir como presentación. Reiterar lo del prefacio. Añado dos capítulos que no quise caber en el primer libro.

El capítulo de la pareja quiere ser, por una parte, una manera de resumir mi experiencia personal de matrimonio con las dos mujeres de las que me enamoré en mi vida y con las que me casé; y un modo de expresar, desde luego, mi experiencia profesional de trabajo con el tema de la pareja en procesos individuales y de grupo, y de trabajo con parejas en sentido estricto.

El capítulo sobre depresión, algo similar. Como bipolar que soy, vuelvo a ello, he conocido y sigo conociendo los periodos depresivos. Unos más intensos, otros menos... sobre todo los últimos que van siendo un coñazo depresivo como siempre... pero también van rozando más lo eutímico, lo normal, en el sentido de la calma que aportan, del descanso, del parar y de la progresión de trabajo con la tristeza, con el vacío y con el detenimiento como elementos de conocimiento y de Conocimiento. Una cierta y relativa paz que a veces desde luego se revuelve y guerrea (¡y cómo...!)

Un trozo de eso he querido reflejar. Y también claro mi trabajo profesional con la depresión y con los deprimidos. Algo que me ha animado a sacarlo, además de otras consideraciones, es lo que me dijo Ramón Ballester, uno de los integrantes del Comité de Borrador, del grupo de colegas y amigos que abren los agradecimientos de este libro y a quienes pedí que leyeran el manuscrito original en el año 2001: "Es muy ayudador -decía Ramón- yo lo he utilizado con depresivos y sirve". Me alegro, claro. El lector dirá.

6.La pareja: ¿cielo-infierno?

"-¿Que haces tú para sobrevivir?
-Siempre disfruto de la belleza..."
James Bond[1]

Decía Jean Paul Sartre, el célebre existencialista francés, que "el infierno es el otro". Bueno, puede ser. Aunque otros han dicho, no con menor razón, que el verdadero infierno es en realidad el no-otro, la incapacidad de amar; y, más en general, la imposibilidad de relacionarse verdaderamente con personas reales. Cuando las sustituimos imperceptiblemente por encarnaciones de los propios fantasmas, por proyecciones personales disfrazadas de congéneres.

Más recientemente, valga la anécdota como complemento a la introducción, ha llegado a las pantallas de cine un biopic sobre el pintor británico Francis Bacon que se titulaba en castellano "El demonio es el amor". Excelente ejemplo visual, en la película, de la incapacidad de estimar de verdad, que llega a transformar al ser amado en objeto del propio capricho, que confunde el amor con el deseo (que no es para nada la misma cosa, desde luego) y que acaba lógica y significativamente con el suicidio del amante.

> "Hay sin embargo en el amor, en todo el amor, sea esa furia física, o ese espectro, o ese genio de diamante que nunca murmura un nombre parecido a frescura, hay sin embargo en el amor un principio fuera de la ley, un sentido irreprimible del delito, el desprecio de la prohibición y el gusto del saqueo"[2]

1. James Bond, que le contesta a "ella", la Chica Bond, en una escena de cama de la película *"El mundo nunca es suficiente"*.
2. Aragon, L.: *"Le passage de l'Opéra". La Revue Européenne, juin-setembre* 1924; citado en *Varios: Le surréalisme et l'amour*. Pavillon des Arts. Paris. Ed. Gallimard. 1997. p.19.

Sea pues que el demonio sea el otro o que el demonio sea el amor, podríamos decir que ambos caminos convergen en la pareja, en el sentido de que ésta fuera un Otro de Amor, o un Amor de (a) Otro. Detengámonos por un momento en este aparente juego de palabras.

Si la pareja es Un Otro de Amor, tal como estoy proponiendo, lo andaremos buscando como locos, puesto que el Otro que conocemos es precisamente Un Otro de Desamor, en la mayoría de los casos. Un Otro de Falta... dice Lacan. En mis palabras un Otro de Falta... de amor. Una entelequia sin corazón. Un personaje, no una persona. Alguien/Algo puesto como alien, precisamente. Recordemos la película del mismo título: "Alien". Surgido en el proceso de constitución del yo como alienado y como alienante, pero que es en realidad una voz nuestra deformada que no podemos reconocer fácilmente como propia. Me parece que ésta es una de las grandes aportaciones de Lacan, el concepto de Otro y su papel fundamental en la constitución del yo. Desde luego. Desde entonces.

Hemos, quien más quien menos, construido un fantasma, con aspectos terribles en un plano poco o nada accesible a la conciencia (al darse cuenta, percatarse o caer en ello), que nos está diciendo - de manera harto imperceptible, he ahí el truco - "No" la mayoría de las veces, en la mayoría de las situaciones, en la mayoría de pensamientos, sentimientos, deseos y acciones. "Eso que tú estás... pensando, sintiendo, haciendo... NO... es bueno, útil, inteligente, oportuno, decente, adecuado, sano, propio de ti...". Ese famoso Super-Yo o Super Ego, "eso que se disuelve en alcohol" como dice Juan José Albert, una de las definiciones más brillantes que he oído al respecto. Con diferencias, el Mandón ó Perro de Arriba (underdog) en gestalt.

Así que es lógico que busquemos otro Otro, un Otro de Amor esta vez, presumiblemente. Alguien con quien poder vivir el Sí. Poder "asegurarnos" -y ahí empiezan los problemas...- la posibilidad de recibir, periódicamente al menos, como mínimo una dosis autoñadministrada -pero en presencia y bajo la mirada de otro- de amor; o una dosis ajena accesible por próxima y cotidiana, viviendo en la misma casa y bajo el mismo techo. Una dosis de "Sí... es Ok eso que estás pensando, sintiendo, haciendo, deseando". Un Gran Apoyo en la vida. Un Gran A-poyo.

Un Gran “A”: “**a/A**: Se trata de la primera letra del alfabeto lacanista. (...) El primer lugar que ocupa en la serie alfabética es seguramente el que sirve para designar con esta letra *a* minúscula el lugar originario del deseo, de su pulsión, como contradistinto de la necesidad: ***a* representa el objeto del deseo y el objeto causa del deseo a la vez, objeto perdido**, en la medida en que con este símbolo y concepto se marca el déficit constitutivo, el carácter de **<eternamente ausente que este objeto a supone... inscribiendo la presencia de un vacío que cualquier objeto podrá venir a ocupar>**”[3] “Con su intervención, el otro refiere de modo inmediato al niño a un universo semántico y a un universo discursivo que es el suyo (es decir el del Otro). **A este respecto, el otro que inscribe al niño en este referente simbólico se reviste él mismo en el lugar del niño como un otro privilegiado: el Otro (Autre)**”[4]

(Me doy cuenta de que estoy “jugando” con la polisemia del término Otro/otro, y eso puede crear una cierta sensación de confusión en el lector, por cuanto el vocablo no tiene siempre el mismo universo semántico en cada uno de sus usos en esta parte del texto. Ruego al lector que acepte el juego momentáneamente, y que disculpe una frivolidad que en el fondo, a fuer de ser sinceros, no me disgusta del todo y que, sobre todo, me parece hasta un cierto punto necesario para lo que pretendo decir. Dicho esto, sigamos)

Pero también la pareja es Un Amor De/A Otro. Quizá esa polaridad señalada a ambos lados de esa barra sea una buena metáfora del Camino de la Pareja, de la Gesta (Quête en francés, Quest en inglés) de la Pareja, de lo que ocurre -o no y forma parte principal del asunto el cómo manejarlo- en las parejas que triunfan, que se consolidan, que crean y recrean la vida.

Entonces podríamos decir que de lo que se trataría en la pareja es de pasar y transitar, pues, del amor de Otro al Amor a otro. Pasar de un pequeño amor a un Gran Objeto, que todo lo devora y todo insatisface, a un Gran Amor a un pequeño objeto, es decir a una persona cualquiera, a la persona que elijo amar, donde elijo depositar mi amor conyugal, mi amor a hombre o mi amor a mujer, con quien me propongo aprender a amar con todos los colores del arco iris. Que no entiende uno a estas alturas de la vida que pueda ser de otro modo. Pues la luz no parece elegir ni prohibir colores. Solo luce... o no.

---

3. Garate, Obra citada p. 35. #. La cita es de Dor, J.: *Introduction a la lecture de Lacan,* vol.I, p.185
4. Dor, J: *Obra citada* p.187. Citado por Gárate, I.: Obra citada P. 36

Pasar entonces de poner el énfasis en lo que recibimos, con lo que damos como fondo, a ponerlo en lo que damos, con lo que recibimos de fondo. Pero no tanto por moralina, mojigatería, o falsa generosidad ("hay que ser buenos y amar al prójimo" y todas esas cosas... que también, claro) Sino, sobre todo, por haber vivido y registrado adecuadamente la experiencia de que **"lo que más me nutre es lo que doy", bien dado, en todos los sentidos de la expresión "bien dado"**.

Ir pasando en la vida de entender el amor como el amor que me llega, a entenderlo más bien como el amor que hago llegar, pues es el ser conscientemente amante/amado el que está satisfecho. Siempre con el que recibo como fondo en un buen equilibrio (que se desajusta continuamente, claro, como la vida) Lo divino y lo diabólico, juntos, funcionando continuamente; como (casi) siempre, por cierto...

> *"El Amor es insensato, no razona.*
> *La Razón busca un beneficio.*
> *El Amor se te declara,*
> *consumiéndose, inmutado.*
> *(...)*
> *Sin causa, Dios nos dio el Ser;*
> *sin causa, devuélvelo otra vez"*[5]

Así que, volviendo a nuestro hilo discursivo, digamos que muchas personas podrían afirmar que el diablo es la pareja (que "la pareja es un infierno", vamos...) Así es también para quien escribe... en parte. Así es mi experiencia en el asunto, en efecto, con las dos mujeres con quien me parece haber decidido ir aprendiendo a amar. Diferentemente, desde luego (¡Ay, Dios, qué difícil!) Recordemos en este sentido de lo infernal de la pareja los viejos chistes populares sobre el matrimonio, sobre el casarse y morirse a la vida del deseo, especialmente para los hombres, claro, en una cultura patriarcal como la nuestra...

Pero también encontraremos muchas personas que dirían de la pareja que más bien es el cielo. También estoy de acuerdo con eso, "¡vive Dios!"... que decían los antiguos. O personas que dirían que la pareja es al menos un lugar tan deseado como ese archinombrado mundo de nubes, el cielo algodonoso y angelical, sobre todo para quien no la tiene (la pareja), para quien no la suelta para nada y de ninguna manera, o para quien sólo la imagina para no vivirla, sobre todo.

---

5. Rûmí: Mathnavi. *Edicomunicación*. Barcelona. 1990.VI, p.1967-1974

En ambos casos (pareja = infierno, o pareja = cielo) se trata en realidad de posiciones fundamentadas en lo que en la clínica psicoterapéutica se llama narcisismo (¡vaya, hombre... donde hemos ido a parar¡), una enfermedad altamente extendida en nuestros días consistente en "tener los músculos de la nuca agarrotados y no poder levantar la mirada del propio ombligo". Bueno, del supuesto propio ombligo, que en realidad tampoco es nuestro, sino que llevamos ahí, sin darnos cuenta, la foto de mamá o el retrato de papá pegadito con cola de "impacto" (nunca mejor dicho...) sea para besarla, sea para escupirla, o para ambas cosas alternativamente o a la vez. En cualquier caso, dedicando gran parte de la vida emocional a ello. Mal negocio... pero negocio; más frecuente de que lo parecería empresarialmente rentable, dicho así. Pero negocio que existe.

Otros han propuesto, por último, que la pareja es una escuela[6], una gran Escuela de Trabajo Interior donde aparecen una y otra vez los aspectos mejores y peores de las gentes, como una oportunidad para trabajar con ellos de un modo harto particular y mejorarse como personas. Otra vez asiento, esta vez especialmente. Muy especialmente. En una versión quizás más prosaica de esto último coincidirían probablemente los que acertaron a conseguir la pareja, a conservarla y, sobre todo, a gozarlasufrirla, es decir, a vivirla tal cual y a sentirse satisfechos de su opción. Posición no más valiosa, pero tampoco menos, que los que optaron por una alternativa diferente.

O sea, que la pareja es en cualquier caso trabajosssíiíisssima, cansadíiíisssíma; requiere un esfuerzo de mantenimiento y puesta al día prácticamente constante o, cuanto menos -como sabemos los terapeutas y los que hemos optado por ese modo de vivir y de aprender- periódico u ocasional cuanto menos. Y a veces se rompe. Y ya.

También hay excepciones. Parejas que simplemente están juntas toda la vida y están bien; y que han hecho todo esto de una manera natural, espontánea, prácticamente sin enterarse y poco les importa, desde luego. Tienen razón, seguramente porque tienen o han tenido "gracia". ¡Quién no se ha emocionado con esas parejas de abueletes que llevan juntos toda la vida, que discuten y se callan con el mismo honor y rigor, que parecen funcionar con un ritmo conjunto extrañamente integrado! y que se miran de vez en cuando... ¡de una mannneeeraaa!

---

6. No puedo por menos de evocar aquí el excelente trabajo al respecto que realiza Suzana Stroke en España y en otros países desde hace años. Lo que han contado aquellos de mis pacientes y alumnos que han acudido a sus cursos es siempre provechoso.

El Nosotros

"Nacisteis juntos y juntos permaneceréis para siempre. Aunque las blancas alas de la muerte dispersen vuestros días. Juntos estaréis en la memoria silenciosa de Dios. Más dejad que en vuestra unión crezcan los espacios. Y dejad que los vientos del cielo dancen entre vosotros. Amaos uno a otro, pero no hagáis del amor una prisión: mejor que sea un mar que se mezca entre las orillas de vuestra alma. Llenaos mutuamente las copas, pero no bebáis sólo en una. Compartid vuestro pan, más no comáis de la misma hogaza. Cantad y bailad juntos, alegraos, pero que cada uno de vosotros conserve la soledad para retirarse a ella a veces. Hasta las cuerdas de un laúd están separadas, aunque vibren con la misma música. Ofreced vuestro corazón, pero no para que se adueñen de él. Porque sólo la mano de la Vida puede contener vuestros corazones. Y permaneced juntos, más no demasiado juntos: Porque los pilares sostienen el templo, pero están separados. Y ni el roble ni el ciprés crecen uno a la sombra del otro"[7]

¿Por qué será, pues, que la pareja es el crisol de todo este maremagnum, de este gran mar de pasiones...? Bueno, digamos que una manera sencilla de decirlo sería pensar que la pareja es **el gran lugar de intimidad**, el entorno en el que más íntimos nos ponemos los humanos, la situación que elegimos preferentemente las personas para abrirnos y soltarnos con otr@, para encauzar nuestra fragilidad y nuestra vulnerabilidad máxima. El encuadre que solemos preferir para disolver nuestra individualidad y tener acceso a una experiencia del nosotros, presuntamente amorosa. Pero presuntamente amorosa, si podemos llegar a entender el amor como producto de la Ley del Deseo, complicadita ley. O sea siempre que en la letra pequeña del contrato también incluyamos el odio, y aprendamos a atravesar y a enriquecernos de ambas cosas.

Experiencia del nosotros, del "algo/más/que/yo", en ambos sentidos del adverbio más: el que evoca mayor que, y en el que evoca otra cosa que yo. Una experiencia que está en la base y constituye probablemente un fundamento esencial de la vivencia de

7. Gibran, G. J.: *El Profeta.* ("Del matrimonio") Gracias Annie y Paco por el texto... y por lo otro.

Dios, de la espiritualidad, de la experiencia religiosa, del re-ligarse con. Y ésta me parece algo tan necesario a la vida como el comer o el dormir. Aunque, como decía Maslow, con diferente jerarquía según el entorno de la persona. Sea como sea que uno le llame o se lo cuente a sí mismo: Energía, Humanidad, Naturaleza, Dios, Tao, Vida, Azar, Cosmos, Budeidad, Solid-aridad... Por cierto, que esta última palabra nos lleva etimológicamente a estar soldados o devenir sólidos estando juntos, a través de una “entera comunidad de intereses y responsabilidades”.[8]

“Discutible” dirán algunos. Por supuesto. Afortunadamente. Sólo así se mantiene vivo ese gran asunto. De otro modo es fácil que lo vivo se con-vierta en institución, que se vierta el líquido de la jarra que lo contiene. Y ahí se suele morir a la vida y transformarse en “algo raro” (sectarismo, fanatismo... “ismo”: tomar el todo por la parte y la parte por el todo, tomar el objeto por la esencia y ver la esencia en el objeto... en el mal sentido o sentido confusional de todos estos términos) Casi todos los que hemos intentado o participado alguna vez en algo así hemos cojeado, cojeamos o cojearemos del mismo pie. ¿No le parece al lector...?

> *“De acuerdo con las prescripciones del Islam, Rûmí nunca hizo diferencias entre las tradiciones. Por lo demás, todos los habitantes de Konya, sin excepción, acudieron a sus funerales. En una célebre sura del Quorân, Dios dice:* ***<Atestiguo la verdad de esto por la higuera, por el olivo, por el monte Sinaí y por este país bendito>****. Los comentarios más antiguos explican que la higuera es aquella bajo la cual Buddha recibió su iluminación; el olivo es el Huerto de los Olivos de Jesús; el monte Sinaí es Moisés; y este país bendito, La Meca”*[9]

Y, si bien esa **experiencia del nosotros**, tan esencial a la vida humana como estoy proponiendo (en realidad entonando una vez más como tantos otros, esta vez con mi voz, más o menos...) esa experiencia digo, la podemos vivir asimismo de otras maneras (fundiéndonos con un grupo, partido político, empresa, colectividad, amigo, nación, idea, proyecto, etc...) es en el **“uno más uno, igual a tres”** de la pareja donde encontremos seguramente su expresión primaria.

---

8. VOX : Dicc... *Obra citada*, en www.diccionarios.com
9. De Vitray, *Obra citada* p. 35-36.

Quizás sea de esa manera que podamos entender (también), de un modo simple, por qué algunos dicen que el matrimonio es un sacramento, es decir algo sagrado: entre otras cosas, porque sagrada es la creación de algo (honorable si es noblemente) y, desde luego, en la creación, en ese *sacer facere* en este caso de ese nosotros de la pareja, un ser plural no existente hasta entonces, reencontremos probablemente una parte divina de lo humano, el aspecto creador no-objetual de las personas y de los grupos, sin el cual quizás la existencia sería tan insípida... y tan difícil.

Pero claro, quid pro quo, intimidad por intimidad (y volvamos a la pareja) necesariamente evocamos en ella más o menos conscientemente la otra gran situación de intimidad que tuvimos cuando éramos niños: la familia de origen, el vínculo fundamental con la madre, el padre y los hermanos cuando los hubo; además de con la familia extensa (abuelos, tíos, primos, vecinos, amiguitos...) y con la cultura y lo social en un sentido más amplio.

Así que es fácilmente entendible desde ese punto de vista que en la pareja repitamos sin darnos cuenta los guiones, roles y automatismos que incorporamos cuando estábamos construyéndonos como personas. Hábitos y patrones probablemente útiles entonces ya que nos evitaron la muerte, enfermar más o menos gravemente, o la locura. Pero que al pasar de agudos a crónicos, de constituyentes a inconscientes, de pertinentes a inadecuados por automáticos (por haberse convertido en in-pertinentes) devienen en un lastre que nos hace confundir con mucha facilidad a nuestra mujer con nuestra mamá o con nuestro hermano menor, a nuestro marido con nuestro padre (o su opuesto) o con aquella abuela que fue tan importante en nuestra infancia. Como iconos totales o parciales, referidos a algunos o muchos aspectos. Problemas de la "maravillosa" fusionalidad del nosotros...

Decía hace poco una participante en un grupo terapéutico, en uno de los escritos que formaban parte del trabajo:

> *"Para mí ha sido realmente fulminante ver cómo repito con los hombres <lo pendiente con mi padre>, como decís vosotros. Hasta hace poco yo siempre pensé de mí, y presumí ante mi gente, de ser una persona muy libre. Me sentía libre porque no me enganchaba en ninguna atadura afectiva. Siempre llegaba con los hombres hasta donde yo quería -o hasta donde yo creía que quería, visto desde lo que estoy viendo estos días...- y me sentía supersatisfecha y ufana de sentir que era yo quien llevaba las riendas de mis relaciones. Me*

sentía (y todavía me siento en gran parte, tengo que reconocerlo), como una mujer madura libre de los rollos y convencionalismos sociales, capaz de diseñar autónomamente el tipo de relaciones con los tíos que yo quería. Tatatín... Bueno, creo que no es así. Para nada... En realidad me resulta bastante claro cómo esa mujer superguay, esconde una niña dolida e insatisfecha, "colgada de la mirada de su papá", que busca en los hombres aquello que tuvo y perdió. ¡Qué doloroso recordar todas las camas que he visitado para finalmente sentirme siempre vacía...! (...) Eran sus ojos lo que yo buscaba y no sus sábanas. Pero siempre supuse -sin darme cuenta de que tenía instalado en el coco ese pensamiento- que nunca podría obtener "aquélla" mirada sino ponía las tetas -con perdón- por delante... Hoy empiezo a ver, mejor a sospechar que, como dice aquella canción que escuchamos, " lo que está bien perdido ni se busca ni se encuentra..." (...) Es muy doloroso, y al mismo tiempo, extrañamente, es como un soplo de aire fresco. Entre otras cosas porque la siguiente sospecha es que quizás también yo tenga alguna mirada que ofrecer. Y que éste pueda valer la pena para alguien, sin o con mis tetas por delante."

No siempre tenemos la suerte de llegar a clarificar tanto las cosas, pero el eje de lectura es siempre el mismo, o al menos muy similar en la mayoría de los casos. Digámoslo de nuevo de forma resumida: **Solemos pensar, sentir y actuar con nuestra pareja, imperceptiblemente, he ahí el meollo, según un patrón preestablecido, más automático de lo que pudiera parecer. Patrón o guión construido durante los primeros años de nuestra vida, en función de nuestra relación fundamental con nuestra figura materna y nuestra figura paterna, y más en general con el entorno**.

La figura materna no es exactamente la persona de la madre, aunque es a partir de ella fundamentalmente (pero no sólo) que construimos el Personaje Mujer, digamos, y también el Personaje Otro con el que vamos a inscribir los patrones vinculares fundamentales de nuestra vida, las micro-pautas automáticas que están presentes o se disparan en determinadas situaciones de contacto con los otros y con el mundo. Algo similar ocurre con la figura paterna y el padre. Sobre esto abundaremos en el capítulo 11 al abordar el concepto del *Nombre del Padre* en Lacan.

En cualquier caso digamos que son figuras análogas a un personaje de ficción elaborado a partir de retazos de nuestro padre /madre real, pero sobre todo a partir del tipo de vínculo establecido. Así como, en menor medida en general, a partir del establecido con los otros personajes importantes de nuestra infancia: abuelos, tíos, primeras maestras y maestros, hermanos, amigos importantes a quien les hemos atribuido un lugar de referencia en nuestro olimpo particular, etcétera.

Dicho de otro modo, construimos inconscientemente una **idea de hombre** y una **idea de mujer** con la que nos vamos a relacionar durante toda nuestra vida, como un esclavo con su cadena. Recuerdo con frecuencia a este respecto lo que me decía mi analista muchos años después de separarme de mi primera mujer: "Tu no estás colgado de X, estas colgado de la **idea de matrimonio** con X". Todavía hoy resuena con fuerza aquella frase.

Idea de hombre o de mujer, así pues, a obtener a cualquier precio, de la que huir como del fuego, a la que dominar sea como sea, por la que ser doblegad@ cueste lo que cueste. Contra quien vengarse por el abandono, la violación o el abuso de El/Ella. A quien esperar durante toda la vida como al príncipe azul; a quien despertar inexorablemente -repito, inexorablemente, ahí está lo fundamental del asunto- como a la bella durmiente...

Dice Paco Peñarrubia: "Confluencia. Consiste en la pérdida de límites entre uno mismo y el entorno, fundiéndose con el afuera. El confluyente es el que se queda pegado, el que confunde identidad con unión, comulgando -sin diferenciación- con los sentimientos, ideologías y conductas del otro o de su grupo de referencia"[10] Y continúa citando a Perls: "La confluencia implica la no-existencia, o el no darse cuenta, de los límites. La confluencia en el adulto es fijación sado-masoquista disfrazada de amor. **El odio es la codicia frustrada de confluencia. El contacto es la apreciación de las diferencias**"[11]

Sin darnos cuenta. Todo esto suele ocurrir de un modo harto imperceptible. Porque en la medida que nos vayamos dando cuenta la cosa puede empezar a moverse. De darnos cuenta en el sentido de otorgarnos la posibilidad de registrar (contar, como quien hace palitos en un árbol o en una libreta) la experiencia, de manera que podamos recordarla después, cuando se vuelva a repetir.

---

10. Peñarrubia, F.: *Obra citada*. p. 127.
11. Perls, F.: "Teoría y técnica de la integración de la personalidad" en Stevens, J.O. *Esto es gestalt*. Cuatro Vientos. Santiago de Chile. 1978, citado en Peñarrubia, P.: Obra citada p. 127. #.

Entonces puede ser, o no, que las cadenas se puedan ir disolviendo, y que las ideas se puedan ir convirtiendo primero en encarnaciones más reales y después, paradójicamente, en humo que se puede llegar a deshacer como el viento... algunas veces, hasta cierto grado, más o menos...

Ahora bien, seamos cautos: sea como sea siempre van a estar ahí. Sin embargo su influencia en nuestra vida y en nuestro hacer pueden ir cambiando en la medida en que las vayamos conociendo. Digamos que pueden llegar a ser más manejables y, por lo tanto, conforme vamos ganando saber sobre nosotros mismos, podemos ir ganando libertad interna, entendida ésta como la posibilidad de pensar, sentir y actuar desenganchado incluso de uno mismo, y no sólo del Otro (padre, madre, sociedad, pareja, estado, etnia, nación, partido, grupo...) Que no es poco.

Una manera experiencial de entrar en ello

Veamos un ejemplo práctico. Quiero advertir que lo que propongo a continuación es algo más que un ejercicio. Se trata de un resumen de un trabajo que solemos realizar en algunos cursos y talleres[12], que está pensado para ser llevado a cabo con la ayuda de un terapeuta o, al menos, de alguien que ya conozca el asunto porque lo haya experimentado suficientemente; y de alguien con la suficiente capacidad para sostener a una persona que se puede llegar a poner a veces muy loquita.

Es un "no-ejercicio" que, para que funcione, implica una apertura emocional, corporal, mental y anímica que puede asustar o inquietar a las personas con poca práctica en ello, y que puede distorsionar a personas con la salud mental alterada. Sea esto por la mucha intensidad o sea por su déficit. Es decir, que si uno no se siente seguro, no se abre; y si no se abre no ocurre nada de lo que se supone que tendría que ocurrir. Mi consejo pues es buscar un@ terapeut@ o, en su defecto, una muy buena y experimentada compañía, teniendo en cuenta las diferencias que existen entre ambas opciones. Que, como las meigas, "haberlas hay-las..." Dicen que

12. Por ejemplo en lo que se llama *Taller de Relaciones Parentales*, también conocido como *Fisher, Fisher- Hoffman, Proceso HFN, Solaris...* de dónde siento haberme inspirado principalmente para elaborar lo que cuento. Así como también, claro, en una parte del *Taller de Sexualidad*, trabajo intensivo que vengo desarrollando desde principios de los ochenta.

quien avisa no es traidor, y los años de experiencia profesional le dan a uno una mucha prudencia... Dicho esto, vamos a ello:

0. Busca un lugar tranquilo y acogedor que te permita relajarte, aislarte de interrupciones y tener al menos un par o tres de horas garantizadas de soledad. Yo le llamo buscar un "nido". Un lugar donde te puedas sentir segur@, un lugar donde te echarías una siestecita o te pondrías a escuchar tu música preferida, o a leer un libro que te gustara o a meditar si acostumbras. Donde sientas que estás en confianza y puedes bajar la guardia.

Si eres un hombre déjate evocar la figura de tu madre; si eres una mujer la de tu padre. A veces también exploramos el vínculo hija-madre e hijo-padre, con resultados sorprendentes y por elaborar todavía. A modo de aperitivo decir algo bastante evidente: Los vínculos hijo-padre, por ejemplo, muestran un tipo de relación muy primaria que no está recogido, para nada, en lo que se llama complejo de Edipo. Aparece con frecuencia lo que podríamos denominar el padre antes del Edipo, u otro padre que el padre-rival por la madre. Dejaré para otro momento, una vez más, el entrar adecuadamente en ello.

Entonces, escribe en un papel todo lo que no te gustaba de ella/él cuando eras pequeñ@ en forma de rasgos de una lista; todo lo que consideras o considerabas negativo, dañino, molesto; todo lo que, según tú, hizo mal, equivocó. Todo lo que le criticas (o le criticarías si te dejaras, o pudieras no dañarle, o te arriesgaras a ello sabiendo que es sólo un ejercicio) Escríbelo con la máxima intensidad odiosa de la que seas capaz (si exageras es más fácil) y, en la medida que sepas, dejándote sentir las emociones que acudan a ti mientras lo escribes. (Recuerda que es algo secreto, que no está pensado para que él /ella lo lea, de esa manera al menos)

1. Escribe, a partir de esa lista de rasgos, una Carta de Odio, o Carta de Resentimientos, dirigida directa e íntimamente a tu padre o a tu madre, según el caso, como si fuera una carta que le fueras a enviar, pero con la tranquilidad de que no es una carta para enviarle. Así que suéltate y escribe todo lo que aparezca, con la mínima censura de la que seas capaz. Estamos en la fase de soltar y abrir; luego ya se transformará, normalmente.

Pídele a tu compañía que se ponga a tu lado. No hace falta que haga nada especial, excepto estar contigo, establecer eventualmente un leve contacto corporal u ofrecerte su abrazo (sólo si tú se lo pides) en el caso de que te asalte la emoción intensamente y necesites -o simplemente desees- consuelo, contacto, sostenimiento corporal o reposo para dejarla salir. Pon frente a ti una silla con asiento acolchado o un cojín en donde vas a colocar imaginariamente a tu padre o a tu madre. Léele la carta en voz alta, muy despacio, pronunciando bien las palabras, y haciendo pausas y silencios (y "entre-teniéndote" escuchando tu respiración, por ejemplo) Permite que tus palabras resuenen dentro de tu cuerpo como si éste fuera una caja de resonancia o un instrumento musical (como un violonchelo o un piano pongamos por caso) Te puedes acompañar, si eso no te distrae, con una música a un cierto volumen que sepas que a ti te suela conectar con lo emocional, que te toque el corazón. Siempre que no te distraiga en exceso. Pon atención a tu respiración, no intentes calmarla. Respira no por la nariz, sino con la boca entreabierta y las mandíbulas lo más sueltas que puedas. Permite que tu respiración crezca en intensidad, largura en la expiración, sonoridad, amplitud... y déjate intercalar -si es el caso- los suspiros, ayes, gritos, bufidos, alaridos, exhalaciones, gemidos... que te vengan.

Recupera de vez en cuando la conciencia de que frente a ti "está" tu padre o tu madre. Es posible que te vengan las ganas de golpear, tocar, abrazar, acariciar, escupir, morder, chupar... la silla o el cojín. Hazlo con el cuidado (ojo la compañía a los accidentes) de que seas capaz, pero sin restarle intensidad al asunto, buscando un punto de equilibrio entre ambas cosas.

Una vez hayas terminado (no hay prisa ni tiempo, aunque suele ser suficiente con 30-60 minutos) reposa, descansa (si puedes y sabes, mejor en brazos de tu compañía) No termines ni te quedes sol@ hasta que no estés segur@ de que has recuperado la conciencia ordinaria, y de que el contacto con el mundo normal y con los objetos de la vida cotidiana es como siempre (aunque es posible que notes algunas diferencias)

Deja pasar algunos días (y ten la precaución de asegurarte de que vas a encontrar compañía si la necesitas o la deseas durante ese tiempo) y escribe, en tu diario si lo tienes o practicas, o en alguna libreta o papel, todo lo que te vaya viniendo sin censura, sin intentar entender lo que escribes y, por supuesto, sin que tenga que ser nada lógico o razonable, o necesariamente "bueno". "Todo lo que te vaya viniendo" quiere decir escribir sin pensar ni releer lo que escribes. Por ejemplo escribir con la mano izquierda si tú normalmente eres diestr@; o simplemente escribir todos los pensamientos, emociones, imágenes, sueños, recuerdos, asociaciones, dibujos, gráficos, colores, refranes, escenas de películas o libros... que acudan a ti en el momento de estar escribiendo. Procurando controlar lo menos posible lo que escribes, vamos.

A veces no viene nada que escribir. No te asustes si te notas extrañ@. Insisto y te recuerdo que si la cosa sientes que se te va de las manos, quizás es un buen momento para solicitar una ayuda profesional, ocasional o no, o al menos una buena compañía amistosa y, sobre todo, competente.

Si sientes que te gustaría hacer una segunda pasadita, como cuando uno pinta una pared o barniza un mueble, tener una segunda oportunidad ahora que ya sabes de qué va, que ya has saboreado cuál es el color del asunto, date la ocasión si a ti te lo parece verdaderamente. Como se dice en los libros de auto-ayuda y en los manuales de instrucciones de los aparatos electrónicos o electrodomésticos: "vuelva usted al paso 4". Es decir, date la posibilidad de hacerlo una segunda o tercera vez si lo consideras necesario u oportuno. Pero ten en cuenta que obsesionarse con algo implica un cierto grado de autoexigencia que suele ser incompatible con la actitud blanda de aceptación, necesaria para que este "no-ejercicio" funcione adecuadamente. Quiero decir que la actitud requerida para que esto sea útil es más bien un dejarse encontrar, y no tanto un buscar algo en concreto.

Cuando hayan pasado unos cuantos días, por ejemplo una semana, más o menos, plantéate esta pregunta: ¿no será el odio-resentimiento un deseo (¿necesariamente?) frustrado...? Es decir, déjate sentir el deseo hacia tu padre/madre que podría haber debajo, junto o antes del odio, antes de que el deseo fuera limitado, antes del dolor o de su negación a través de la rabia, la anestesia, el oscurecimiento anímico o el endurecimiento del corazón, por ejemplo.

2. Desde esa perspectiva escribe (de la misma manera que lo hiciste antes) una *Carta de Deseo al padre o a la madre*, una carta que empiece por "Querido papá / querida mamá..." y en la que le puedas contar, con todos los detalles y circunstancias particulares posibles, tu deseo de él-ella. Deseo de todo tipo. De ser mirad@, acariciad@; de tocar, morder o ser mordid@, de chupar o ser chupad@, de jugar a pelearse.... sexual, genital, agresivo, místico... de compañía, de guía, lúdico, de ser acunad@ o de acunar. De jugar al ajedrez, a *Barbies* o al fútbol; de compartir un paseo, de preguntar o ser preguntad@... de gritar; de hablar...

Haz con esta carta lo mismo que hiciste con la anterior. Date de nuevo la ocasión de revisitar la estación si lo consideras necesario, o si tienes la impresión de que pasaste demasiado deprisa o demasiado superficial o miedosa/tensamente; o porque tú lo decides así, simplemente porque te gustaría.

Y **3**. Repasa tu (s) relación (es) de pareja a la luz de lo sentido y experimentado en este proceso. ¿Alguna sospecha, idea o vislumbre..? Pistas: ¿Es posible que le estés pidiendo a tu pareja algo que le tocaría a tu padre/madre hermanita/abuelo/amiguito del alma...? ¿Qué ilusión caduca puedes estar intentando mantener, aún a riesgo de maltratar y quizás dañar, subrepticia o declaradamente, a quien se supone que amas o cuanto menos deseas (a tu pareja)...? ¿A qué cosa muerta o caduca te podrías estar aferrando...? ¿Qué es lo que te puede estar costando (y necesitas) soltar, entender, vivir, preguntar, saber...? ¿Cómo afecta eso a la vida cotidiana? ¿Vale la pena el precio que estás pagando por ello en tu vida de pareja actual, o el que puedes estar haciendo pagar...?

No son éstas preguntas para ser contestadas, aunque a veces aparece repentinamente algún tipo de flash y entonces, claro, vale la pena aprovecharlo. Son más bien preguntas para interrogarse con ellas. Así como uno se abanica con un abanico se puede interrogar con preguntas. Asistiendo al proceso de escuchar lo que sale sin empujar hacia ningún lado y sin rechazar en principio nada de lo que venga, por extraño o absurdo que pueda parecer a primera vista. Respetando el proceso, dejando hacer al Maestro Tiempo. Haciendo más énfasis, al principio al menos, en la pregunta que en la respuesta o respuestas. Enfocando y destacando la Experiencia de Interrogarse, sus aspectos corporales, emocionales, racionales, icónicos, espirituales... Lo que sale en forma de pensamientos, de sensaciones, de emociones, de imágenes, de intuiciones, de razonamientos, de escenas...

Cómo alguien dice de la pintura de Miquel Barceló: "En todo caso su preocupación no son los géneros, ni los materiales, ni las técnicas.(...) **La cuestión es saber donde está cada uno, descubrir lo nuevo en lo viejo y lo viejo en lo novedoso, el substrato permanente en aquello que está sometido a un cambio acelerado y el cambio en aquello que parece inerte. Y saber qué hacer con todo ello**."[13]

13. Barcelò, M.: Obra citada p.27.

La clarificación progresiva de quién es quién, de cuándo es qué, de dónde es "donde..." es una manera de ir limpiando la pareja y dejándola ser (Let it be...) en toda su magnitud actualizada, puesta al día, en forma. Como un atleta en el momento del record, o en el proceso de entrenamiento de cara a una competición.

Si arribamos a ese puerto, y cada cuál tenemos los nuestros, y no suelen ser los mismos para todo el mundo ni en todo momento, honramos a la Vida, me parece, con lo que hemos venido creando a lo largo de nuestras pequeñas vidas del orden del deseo, del odio, del desamor, de la distancia, del aprendizaje, de la fusión, del amor... ¡de la creación! Y quizás entonces por ahí arriba a Alguien/Algo se le escape una leve sonrisa de complacencia... nos Mire, y nos otorgue quizás un leve suspiro en un hálito de Gracia. Oj-Alà...

> *"De cuando estuve loco aún conservo*
> *el carné de majara en la cartera,*
> *un plano detallado del infierno,*
> *un cielo con pirañas y goteras.*
> *un prontuario en la comisaría,*
> *un frasco de pastillas de colores,*
> *la carta con la que te despedías*
> *y remedios varios contra el mal de amores.*
> *(...)*
> *Cuando rozo tus pétalos, nenúfar*
> *que sobrevive en aguas estancadas,*
> *saltan chispas, los cables se me cruzan,*
> *se me sube el mercurio*
> *y me salta la alarma.*
> (...)
>
> Joan Manuel Serrat. "De cuando estuve loco"[14]

---

14. Serrat, J.M: *"De cuando estuve loco"*. En *Besos en la boca*. Ariola -BMG.2003.

7. ¿Elogio de la depresión...?

"¿Por qué razón todos aquellos que han sido hombres de excepción, bien en lo que respecta a la filosofía, o bien a la ciencia de estado, la poesía o las artes, resultan ser claramente melancólicos, y algunos hasta el punto de hallarse atrapados por las enfermedades provocadas por la bilis negra, tal y como explican, de entre los relatos de tema heroico, aquellos dedicados a Heracles?"

Aristóteles, Problema XXX[1]

Introducción

En primer lugar quisiera matizar un tanto el título. Según como, hay una parte que podría resultar desafiante, provocadora, incluso sádica, en llamarle "elogio de la depresión" a algo como lo que nos ocupa. Y también podría haber una parte cruel, cínica. Porque la depresión es algo muy serio y muy doloroso. Y, si bien es cierto que con un mismo término se habla de cosas que pueden ser bastante diferentes entre sí, si a alguien que sufra de una de esas depresiones in-habilitadoras para casi todo le dices "elogio de la depresión"... se pone a llorar o "te pega" (con razón...)

Veamos algunas cifras. Según datos recientes, entre el 10% y el 15% de los deprimidos, de las personas que sufren depresión, ¡se suicidan! Y es un porcentaje éste que también define la incidencia de la depresión en la población general: nos deprimimos entre el 10 y el 15 % de los humanos[2]. Por otra parte está la depresión infantil, que no conozco, y a la que no creo que sean aplicables significativamente las hipótesis que voy a proponer. O sí, y me estoy equivocando. En todo caso, no dejan de ser

1. Aristóteles: *"El hombre de genio y la melancolía"*. Quaderns Crema. Barcelona, 1996; citado por Alvarez, J: *Mística y Depresión*. Trotta. Valladolid. 1999.p.28.
2. Salgado X.: " *La depressió és la causa del 15% de les visites al metge*". La Veu de l ´Anoia. 5 de gener del 2001. p.8. (recogiendo estudios clínicos)

cifras que queman. Por ejemplo que la padecen, parece ser[3], el 8% de los escolares españoles menores de 14 años y el doble de escolares en USA.

También tengo la duda de hasta qué punto y con qué incidencia y prevalencia existen Depresiones Mayores, esencialmente endógenas, a las que no sean aplicables, o no fundamentalmente, las ideas y reflexiones que van a continuar. No lo sé. Mi experiencia psicoterapéutica y clínica no me parece suficiente, hoy por hoy y a pesar de los años que dan título a este libro, para estar claro en eso. Así que como tal lo manifiesto.

Entonces... ¿cómo es posible un intento de elogiar algo que lleva a tanta gente a la muerte, algo que hace sufrir a tantas personas, y que además es algo que, en función de los grados, hay que estar vigilando continuamente?... Algo que me ha hecho y me hará sufrir tanto a mi mismo...

Simplemente este comentario, o exposición de matices y límites, para decir que no quiere ser ese elogio una actitud fresca, fresca entendida como "jeta", "frescales", sino un intento de lectura alternativa, o desde otro punto de vista, **también**. Una manera de entender ese proceso también de otras maneras

Por otra parte, éste de la depresión, el concepto o su uso, es uno de los casos en los que menos uniformidad de criterios hay a la hora de clasificarlo psicopatológicamente, tanto en el campo de la psicoterapia como en el del lenguaje común. Podríamos entenderlo en el habla popular desde "estar depre", algo así como que uno tiene un momento bajo, hasta una Depresión Mayor que requiere internamiento, en alguien que literalmente no se puede ni mover, ni hablar, ni hacer nada. Y que por diferentes razones tiene un pronóstico muy feo, es muy difícil sacarle de ello a corto, medio o incluso a largo plazo. El abanico es muy amplio.

Dice Gerardo Herreros: "(...) La depresión electroencefalográfica es una disminución de la actividad cerebral captada por un aparato, la depresión producida por el alcohol puede referirse a la disminución de la actividad cerebral o al "humor depresivo" del alcohólico, la depresión que se emplea en el habla cotidiana, puede aludir a la tristeza o a la angustia (...) Por último, "depresión" en

3. Yagüe, A. M.: "*Medio millón de escolares españoles sufren depresión*", en *El Periódico de Catalunya*, Cosas de la vida, Febrero 2000 (citando un estudio de Victoria Del Barrio, Catedrática de la Universidad de Educación a Distancia, por encargo de la C.C.P.F.A.)

el campo "psi" puede designar tanto un afecto humano normal, un síntoma, un síndrome, o una posición subjetiva, hasta intentar estructurar una entidad clínica."[4]

Sucede con la depresión, por otra parte, como con otros asuntos psicopatológicos "(...) que cada gran corriente de pensamiento o de investigación del sufrimiento humano está tentada, bajo apariencia de rigor epistemológico, de aportar una explicación tautológica del funcionamiento de la psique. Tomemos por ejemplo la fobia a las serpientes: los detentadores de la psiquiatría biológica y de la neurofisiología intentarán explicarnos en qué ciertos equilibrios de neurotransmisores en el nivel de ciertas estructuras del cerebro pueden provocar fenómenos facilitadores de la emergencia de tal problema. Un tratamiento medicamentoso será entonces preconizado. Los adeptos de las terapias cognitivas y comportamentales nos explicaran que se trata de una disfunción cognitiva que se trata de reducir para que el problema desaparezca. Los freudianos verán ahí el desplazamiento sobre este símbolo fálico de un deseo incestuoso indecible en relación a una figura parental, frente a la cual el complejo de Edipo no ha sido todavía resuelto. Los jungianos trabajaran en torno a la dimensión simbólica de la serpiente, e intentarán encontrar qué conjunción de opuestos, inabordable todavía, se esconde detrás de esta figura de sombra. Estoy seguro que los defensores de la Gestalterapia, del análisis transaccional, de la bioenergía o de otros enfoques todavía encontrarán para este problema una explicación que responda a su propio modelo teórico y, por extensión, querrán reconstruir toda la psicopatología en función de este modelo. El decapamiento de las estructuras y la especificación de los organizadores serán entonces completamente diferentes de un corpus al otro y nos encontraremos rápidamente en una torre de Babel de profesionales de la salud mental que ya no podrán comprenderse los unos a los otros"[5]

¿Cómo podemos situarnos así pues en esa Torre de Babel? Para empezar a colorear puntos en el mapa podríamos decir -tomando criterios muy abarcativos y por lo tanto relativamente compartidos- que existen depresiones endógenas y exógenas. Y que las exógenas pueden ser reactivas o neuróticas, hablando en términos generales. A su vez podemos guiarnos asimismo por otra clasificación muy

4. Herreros, G. En www.edupsi.com/depresion/clase1.html
5. Coret, P.: "Psychopathologie et multiréférentialité". P.3. 1999. www.savoirpsy.fr.

clara en cuanto a tiempo: depresiones agudas y depresiones crónicas. También los psiquiatras hablan, como vengo de comentar, de Depresión Mayor y Depresión Menor en función de la intensidad, de la gravedad o de la puntualización sintomática.

Entonces, se llaman depresiones endógenas las que, digamos, vienen de dentro, tienen un principio o se les atribuye una causa orgánica. La mayoría tiene un fuerte componente hereditario, así que cuando uno tiene ancestros que las han sufrido está mucho más predispuesto a padecerla. Y ahí se abre el grueso de las teorías en cuanto a por qué factores orgánicos se producen.

De otro lado encontramos las depresiones exógenas que suelen venir dadas o desencadenadas por un acontecimiento externo, por ejemplo la pérdida del trabajo, la muerte de un ser querido, una ruptura sentimental, la ruina o crisis económica... Un acontecimiento que a uno le hace re-accionar, re-posicionarse o no (y entonces deprimirse) frente a eso.

Y, por último, las depresiones neuróticas, cuando no existe en principio causa orgánica ni causa ambiental... a primera vista. Es decir, no hay ningún acontecimiento fácilmente identificable que produzca ese estado. No se puede decir que uno reacciona a algo, ni hay causa orgánica en el sentido de que sólo interviniendo sobre ella garanticemos un buen pronóstico. Aunque es posible que los niveles de serotonina o dopamina por ejemplo -dos neurotransmisores muy significativos en la depresión- se hayan modificado. Pero eso no garantiza en mi opinión, siempre en todo caso, que interviniendo sólo farmacológicamente vayamos a hacer algo más que poner un parche o tener calladita a la persona.

Completemos el pequeño mapa para orientarnos. Depresiones agudas son, claro, cuando pasan de golpe, en un momento determinado, con una cierta intensidad que dependerá de una serie de factores. Y crónicas son las que se repiten, o las que se mantienen en el tiempo.

La experiencia de satisfacción

Planteemos una primera cuestión: ¿cuando consideramos una depresión como endógena, significa que la solución es el medicamento?

Dice Hugo Bleichmar al respecto, y estoy de acuerdo:

> "*...Digamos que el hecho de que una depresión sea de origen orgánico no excluye la analizabilidad de las ideas que presenta el paciente. Es decir, la inserción inteligible de las mismas en su vida.*"[6]

(Preciosa definición de analizabilidad, por cierto: "inserción inteligible de las ideas en la vida"...)

Así que, en todo caso, puede haber una depresión que tenga una causa orgánica pero no por eso, el tipo de estructura o cosa más general o nuclear que predispone a esa persona a la depresión puede dejar de ser analizable o, en otros términos, trabajable. Tampoco, por otra parte, podemos establecer hoy en día, de una manera categórica, que haya una relación causa-efecto entre lo orgánico y lo psíquico. Somos contemporáneos de otra visión más holística, mejor fundamentada tanto científica como epistemológicamente en la actualidad: que mientras ocurre lo orgánico ocurre lo psíquico, y que en realidad son dos modos de abordar el asunto, diferentes grupos de puertas de entrada.

El punto de vista organicista sería, simplificando mucho, que si el problema es que baja tal sustancia en el cuerpo, por ejemplo, lo que hay que hacer es aumentar lo que es deficitario, darle al organismo lo que le falta, que sería ese tipo de sustancia; o bien inhibir la sobreproducción de otra, con lo cual los síntomas depresivos van a bajar. Y así suele suceder, afortunadamente, sobre todo desde que los antidepresivos de última generación se han popularizado y se han afinado los siempre temibles efectos secundarios.

Pero, aunque no hubiesen síntomas depresivos tan intensos, ¿se mantiene la estructura depresiva?. Es decir, digámoslo ya, ¿qué es la depresión... "en realidad"?

Desde un punto de vista sintomático, de lo que nos muestra la depresión, la mayoría de los autores coinciden en que hay tres tipos de características que la definen: la tristeza, la inhibición psicomotora y el dolor moral.

---

6. Bleichmar, H.: *La depresión: un estudio psicoanalítico.* Nueva Visión. Buenos Aires. 10ª edición. Abril 1998. p.31.

Alguien que está deprimido es por lo tanto alguien que está triste sin causa aparente o suficiente; alguien que presenta una inhibición motora, que le cuesta o le es imposible moverse, y alguien que tiene un dolor moral, que tiene "pupa", caracterizado ese dolor por auto-reproche y minusvalía. Ese auto-reproche y esa minusvalía nos van a dar la clave de lo que más claro me parece de la depresión, que es, vamos a verlo después más en detalle, **un estado en que uno no soporta dejar de ser quien creía ser**. Digo que el auto-reproche y la minusvalía nos van a ilustrar eso, porque ahí vamos a encontrar las fuentes de las dos grandes teorías dinámicas al respecto, que indican como asunto esencial la culpa y desvalorización de uno mismo respectivamente.

Porque los síntomas son engañosos en algunos casos. Puede haber una depresión que no tenga tristeza y ahí hablamos de la depresión ansiosa: lo que la persona presenta no es tristeza sino mucha ansiedad, que puede derivar en angustia, explosiones de rabia o llanto, actings maníacos o tóxicos...

Puede haber depresión sin que haya inhibición psicomotora, la misma depresión ansiosa o un estado out. O puede haber depresión sin que haya dolor moral cuando está compensada con una manía o con una adicción, por ejemplo. O en personalidades muy narcisistas.

Lo que dice el planteamiento del autor que estoy citando, que comparto, es que la depresión siempre es una estructura, aunque Bleichmar entiendo que lo dice en el sentido psicoanalítico-lacaniano del término, y yo me refiero más ampliamente a que es algo en cualquier caso diferente de la suma de sus partes, aspectos o síntomas:

> "*En todas esas condiciones se siente como inalcanzable algo deseado, anhelado. Un deseo al que se está fijado es vivido como irrealizable...*"[7]

Esas son las dos condiciones, conectadas entre sí para formar un enredo, un enigma, un nudo gordiano. Un@ está apegad@ a una imagen de un@ mism@, del mundo y de la relación entre ambos; a un objeto del que no se puede desapegar, pero cuyo deseo tampoco puede consumar. Voilà. A primera vista no hay por donde entrarle al asunto. Como no se puede consumar, no se puede soltar; pero como no se puede soltar, no se puede consumar, porque la no diferencia, la confluencia o simbiosis, desobjetualiza el objeto

7. Bleichmar, H: *Obra citada.* p.15.

de deseo, y entonces baja o se despista el impulso vital, el hambre, la falta... y se interfiere el proceso de autorregulación organísmica, y por lo tanto la salud.

Dicho de otro modo. Para que la persona se deprima tiene que haberse tragado que sólo es "yo" cuando tiene lo que podríamos llamar mamá-mundo-lo otro, y/o la mirada benévola-y-reconociente-de-libre-identidad de la *Eso*, digámoslo así de momento. Es decir, un hecho claro de la estructura es que uno **cree** que sólo es "yo mismo" cuando corresponde a la imagen que otro muy importante, "mamá", tuvo y/ o tiene de él.

Algunos autores han caracterizado esto último como algo referente a un tipo de depresión, la depresión narcisística, y no a todos los tipos de depresión en general. Quizás sea así, no lo sé... Yo me pregunto, en todo caso, si al menos en algún nivel eso no es algo que afecte a todas las depresiones en un aspecto muy general o primario. Ésta es en todo caso la hipótesis de este texto, y la mía en estos momentos.

El primer objeto capaz de provocar una activación placentera del lactante es el pecho. Freud desarrollara el concepto de "experiencia de satisfacción" para dar cuenta de ese encuentro entre el lactante y el pecho. La experiencia de satisfacción (es decir, eso sin lo cual ya no vale la pena vivir) es caracterizada de la siguiente manera: "1) Inmediatamente después del nacimiento, ante el surgimiento de una necesidad de orden biológico, por ejemplo el hambre, ésta es vivenciada por el lactante como displacer que a su vez se explica como un incremento de tensión al que Freud denomina "tensión de necesidad". 2) Por la presencia de un objeto externo adecuado -por ejemplo el pecho que provee el alimento- la necesidad se satisface, quedando ésta experiencia inscrita en el psiquismo como "experiencia de satisfacción".

Hay pues algo que a uno le relaja la tensión que le incomoda. Y eso es lo que se llama experiencia de satisfacción. Hay entonces un displacer que es, digamos, calmado por... lo que podemos llamar "pecho", de aquí viene el asunto, = mirada de mamá = deseo de mamá = experiencia de satisfacción.

Aprendemos que para calmar ese displacer, para tener esa experiencia de satisfacción que primero fue pecho, después la mirada de mamá lo calmó y, después de la mirada de mamá vamos a creer que lo calma el deseo de mamá. Así que si yo soy como **creo** que Ella quiere, tengo la experiencia de satisfacción.

Detengámonos un momento ahí. Ana-licemos. De-construyamos esa última frase. Si soy así como 1. **yo**, 2. **creo** que 3. **Ella** quiere... entonces soy. Y si no soy así no soy nada. Como dice Bleichmar "el objeto que se desea es el amor del Superyó[8]. Pero volvamos un momento a la frase de este párrafo que he numerado. Tienen que darse, juntas, las tres condiciones: yo, creer y Ella. Es decir, que el primer aspecto es que el asunto es lo que creo yo. Pero ¿quién es "yo" aquí? Bueno, seguro que no es yo, o no un yo verdadero, porque no es un yo actual. Es más bien la imagen prefijada que tengo de mí: el yo que siempre ha sido desde que era pequeñito, un introyecto, algo no masticado. Así que si me puedo parar y modificar esa primera instancia la cosa puede empezar a cambiar. Porque si "yo" fuera otra cosa de lo que creo, por ejemplo un yo más actual que se sustenta en imágenes no exclusivamente debidas a Ella, al Mundo Infantil, sino que ese yo se alimentara de las experiencias actuales o más recientes, por ejemplo de lo que dicen mis amigos, enemigos y conocidos de mí... entonces el lugar de partida de la percepción del tinglado cambia. Y entonces todo el tinglado puede empezar a moverse.

Segundo punto. "Creo". Claro, es lo que yo creo que ella quiere, pero puede ser que no sea lo que ella quería en realidad, sino que es la imagen que un niño pequeñito, por lo tanto cortito, tontito en el sentido de menos espabiladito que el adulto que soy, se creyó. Bueno, también creía ese niño en los Reyes Magos o en Blancanieves...

Y tercer punto. Ella. Sí, pero ¿quién es "Ella"? Desde luego no la persona de mi madre, desde luego no la madre real, y desde luego no la madre actual, viva o muerta, que seguramente opinará otra cosa ahora a los sesenta años, por ejemplo, que lo que opinaba a los treinta, supongamos.

Así que todo es una falacia, una mentira, un montaje hecho de humos que no se aguanta por ningún lado. Pero el deprimido, queriendo atar el humo, se lo cree textualmente, a pies juntillas, dándole la misma categoría de realidad que la maquinita de afeitar con la que me rasuré esta mañana, o la tortilla de patatas que me comí ayer para cenar. Y desde luego no es lo mismo, nada que ver.

Bien, sigamos. Sintetizando lo anterior podemos decir que la inhibición de la depresión se define por tres características: se

8. Bleichmar, H.: *Obra citada* p.21

mantiene un deseo, el deseo se anticipa como irrealizable, hay fijación en ese deseo, imposibilidad de pasar a otro. Algo así como, podríamos decir: yo-mi mamá-deseo del otro. Mientras esto se mantenga junto, ligado, fusionado formando una entidad, no hay depresión; pero si esto se rompe, si por cualquier circunstancia externa o interna eso se fractura, entonces pierdo aquello que me pone en la experiencia de satisfacción, y al mismo tiempo no puedo colocar mi deseo en otro lugar que no sea ése. Es una figura o primer plano devorador que se come todo el fondo. En apariencia, insisto... en apariencia, no hay nada más que Eso.

Un matiz más. La imagen de un@ mism@, en realidad, no es tanto la imagen que nos hacemos de nosotros mismos, sino la imagen que intentamos cumplir referente a y respecto a las expectativas de la Madre con mayúsculas, que puede ser de una persona "madre". **De Aquél / Aquélla / Aquello que tiene presuntamente la llave de la experiencia de satisfacción, la llave del placer, la llave del ser. Es decir, que si yo soy como imagino que Eso quiere, estoy completo. Y sólo si estoy completo, soy (Narciso dixit) Y sólo si soy (de esa manera), vivo viviente. Si no, vivo muriente, me deprimo**.

Pero recordemos lo del 1, 2 y 3... lo del Yo-creo-Ella... ¡Un montaje! Tan perfecto o más que el montaje de Matrix, por ejemplo... pero un montaje al fin y al cabo.

Pérdida, duelo, melancolía, tristeza, dolor.

Otro aspecto importante en la conceptualización y en la elaboración de la depresión es poder diferenciar cognitiva y experiencialmente entre pérdida, duelo, melancolía, depresión, tristeza y dolor. Es algo en lo que han abundado diferentes autores, y me pongo a definir mi versión del asunto.

Cuando se produce una situación de pérdida, de ruptura, de alguna manera, dice Freud, se evoca la primera pérdida. Es entonces cuando caemos en la cuenta de que el objeto de mi deseo, mamá, por decirlo así, es independiente de mí.

Esta es la primera rotura de la propia omnipotencia, cuya fase anterior era la creencia de que ese objeto dependía de mí. Es lo que se llama la herida narcisista para algunos autores. Pero esa pérdida, esa rotura, esa separación de "Ella y yo" va a ser la que de alguna manera se va a reproducir en todas las pérdidas que va a evocar o que va a traer la vida, con diferentes identidades según los grados psicopatológicos.

Frente a una pérdida podemos o hacer el duelo o entrar en la melancolía; hacemos el duelo cuando podemos seguir existiendo sin la presencia de ese objeto, de esa persona, de esa situación. Normalmente esto se produce cuando podemos enfocar y expresar nuestro dolor... cercanamente a alguien cuyo corazón, y por lo tanto la Vida, el amor, sentimos o nos esperanzamos en re-sentir... alguna vez.

Ocurre la melancolía, sin embargo, cuando creemos que la propia identidad está indisolublemente ligada a eso que se pierde y que al mismo tiempo no se puede reemplazar; como que eso que se pierde chupara el deseo, la energía, la libido de la persona y no la soltara. Así que el deseo está fijado en eso y no se puede poner en otro lugar. Pero tampoco se puede satisfacer porque ha perdido su objeto original, que se ha difuminado en cosa de la imaginación. Ha trasmutado su cualidad energética. Así pues, deviene en algo inmanejable efectiva y eficazmente.

Ahí nos encontramos con dos grandes matices asociados. Uno es la minusvalía: sin eso, sin ese objeto (en el sentido psicoanalítico del término, pero a veces en el sentido popular de la palabra en algunos casos que he visto...), sin el amor de eso, sin el valor que aporta a mi identidad el tener eso o estar vinculado a eso, o a lo que eso me da, o a lo que doy a eso (muy oculto pero muy importante esto último), yo no vivo... Pero al mismo tiempo no puedo poner el deseo en otra cosa que no sea eso. Y si no puedo poner el deseo en ningún "lugar", la vida no fluye, "estoy frito", "voy de culo".

Dicho de otra manera: que nos deprimimos para no hacer el duelo, porque mientras sigamos deprimidos seguimos manteniendo en realidad la idea de que "eso sigue existiendo", aunque sea en mi propia imaginación. Así que creemos que podemos conservarlo y no desapegarnos. Por lo tanto... ¡viva la depresión que nos lo mantiene...! A eso Lacan le llama, muy bien llamado, goce. Mi experiencia clínica es que cuando llegamos a ver claramente el goce de algo, no sólo en la depresión sino respecto a cualquier asunto, las cosas pueden empezar a moverse porque descubrimos el sutil pero poderoso hilo que nos ata a eso.

Podríamos decir entonces que la depresión esconde tristeza, que nos deprimimos para no ponernos tristes y nos ponemos tristes para no sentir el dolor. ¿El dolor de qué? Pues el dolor de no ser lo que un@ creyera, de no ser como creíamos ser, de que las cosas no sean como pensábamos. El dolor de aceptar que somos menos de lo que creíamos, por ejemplo, que somos menos omnipotentes de lo que pensábamos, menos no sé qué; o lo contrario que somos "más de" o "más qué"... y eso nos pone en el compromiso de tener que dar más a la vida, pongamos por caso, nos desmonta el negocio de vivir del cuento; o que no somos de tal manera, que un@ no es...

O lo contrario. El dolor de aceptar que sí somos así, tan monstruos, tan cafres, tan malos, tan estúpidos, tan interesados, tan miserables... O el dolor de aceptar que la vida puede ser diferente de cómo la habíamos imaginado.

No me refiero en todo caso al dolor del deprimido, el cual es más bien sufrimiento (mantenimiento crónico del dolor a través, paradójicamente, de la evitación de la experiencia de un cierto dolor) sino al dolor que evita el deprimido. Ya que si nos podemos doler, doler de que Aquello ya no está, de que esa persona ya se murió o ya se fue, de que ese trabajo ya no lo tenemos. De que eso que ocurría ya no ocurre, o de que ocurre algo que antes no ocurría... entonces nos damos, quizás, la posibilidad de no deprimirnos. La posibilidad de no deprimirse y en lugar de eso aprender a vivir sin o a vivir con..."eso".

> *"**Lo mejor contra la tristeza -contestó Merlín,** empezando a resoplar- **es aprender algo**. Es lo que no falla nunca. Puedes envejecer y sentir toda tu anatomía temblorosa; puedes permanecer horas escuchando el desorden de tus venas, puedes echar de menos a tu único amor... Entonces sólo hay una cosa posible: aprender por qué se mueve el mundo. Aprender es lo único que te conviene. Mira la cantidad de cosas que puedes aprender: la ciencia pura, la única pureza que existe. Puedes aprender astronomía en el espacio de una vida, historia natural en el de tres, biología, medicina, teología, economía e historia en millones de años... Y después, puedes empezar de nuevo con las matemáticas, hasta que sea tiempo de aprender a arar la tierra..."*[9]

---

9. Laplana López, A.: *"Contra la tristeza"*, en *Lectores* (Cartas al director) El Periódico de Catalunya. Martes, 9 de Enero de 2001. La carta viene entrecomillada, así que quizás esté citando un texto cuya referencia no aparece. #

Agresión y Responsabilidad

Un tercer aspecto o punto de vista: "Cabe preguntar qué es lo que en realidad deprime al depresivo. En respuesta hallamos tres ítems: 1) La agresividad: Antes hemos dicho que la agresividad que no es conducida hacia el exterior se convierte en dolor corporal. Esta afirmación puede completarse diciendo que la agresividad reprimida en el aspecto psíquico conduce a la depresión. 2) Responsabilidad: La depresión es, dejando a parte el suicidio, la forma extrema de rehuir la responsabilidad. El depresivo no actúa sino que vegeta, más muerto que vivo. El miedo a asumir responsabilidad está en primer término en todas las depresiones que se producen precisamente cuando el paciente tiene que entrar en otra fase de la vida (...) 3) Renuncia, soledad, vejez, muerte: Estos cuatro conceptos íntimamente relacionados entre sí abarcan el último y a nuestro entender más importante conjunto de temas. El paciente que sufre depresión es obligado violentamente a afrontar el polo de la muerte."[10]

Nos deprimimos pues porque volvemos hacia adentro la agresión (como parte del proceso de contacto) que tendría que ir hacia afuera. Agresión destinada a transformar el objeto, el sí-mismo o el vínculo objeto/sí-mismo que la vida nos pone frente a las narices. Buena cosa, pues, pero... seguramente mal manejada. No un problema de qué, sino un problema de cómo, como tantas y tantas veces vemos los psicoterapeutas en las consultas. Es decir no es no un problema de no agredir, sino de no hacerlo de esa manera, de no hacerlo tan mal, de hacerlo mejor: con mayor limpieza, con menor violencia, no cargándole al otro el muerto de nuestra dificultad de hacerlo bien, transformada en excesiva brusquedad, carga de asuntos pendientes o torpeza en el contacto.

Nos deprimimos para no tomar responsabilidades; nos deprimimos frente a un cambio de la vida y, en lugar de adaptarnos a ese cambio con la necesaria readaptación de la imagen de uno mismo y de imagen de "la vida", insisto en esto último, nos deprimimos.

Recuerdo en ese sentido lo que me decía Guillermo Borja refiriéndose a quien escribe: "Una depresión no es una cuna, Oso[11]. A mí me parece una frase muy sabia, como que uno se deprime para vol-

10. Dethlefsen, T. - Dahlke, R.: *La enfermedad como camino. Una interpretación distinta de la medicina*. Plaza y Janés. Barcelona. 1990. p.216-218
11. Que así me llamaba algunas veces Don Guillermo...¡ay!

verse bebé y no tomar responsabilidad por. En lugar de re-posicionarnos de nuevo frente a la vida y frente a nosotros mismos, en lugar de crecer, volvemos al viejo truco infantil del Amigo Imaginario, en este caso mundo imaginario a quien tratamos como nuestro mejor amigo, con diferencia. Al respecto, en algún sitio he leído lo que decía un famoso rockero: "Mi mejor amigo es el señor Bacardí" (se refiere a la marca de ron). Re-construimos otro útero en el que estar con Eso (exclusivamente, only for my eyes...) por más goce sufriente que genere la cosa. Concedemos en un sopor intencionado que a veces esconde una impotencia no asumible como tal, por ejemplo.

Aunque también he visto algunas depresiones como un modo de regresión, que -bien acompañadas- han resultado después en mayor salud, en una persona más completa. Como si fuera una necesidad de volver, ahora, como adult@, a aquello que faltó completar en la infancia. Por ejemplo una mujer que, deprimiéndose, hace ahora sufrir a sus padres todo lo que no lo hizo de pequeña, cuando jugó a ser "la niña buena que no da problemas".

Y también nos deprimimos para no tomar contacto con la enfermedad, con el deterioro, con la muerte; para no contarnos que la vida también es enfermedad, que la vida también es hastío, que la vida también es muerte, que la vida también es decrepitud, esfuerzo continuado que no siempre fructifica... como hemos querido. Y que la etiqueta de "eso es malo" quizás se la hayamos puesto nosotros, con nuestra digamos pequeña mente. Pero que quizás para una Gran Mente, para una Mente Infinitamente Inconmensurable, quizás podría no ser tanto así. Quizás... y por ahí continúo.

Mística yDepresión

Otra visión que quiero traer aquí es la que plantea, entre otros, Javier Álvarez en un precioso libro ("Mística y Depresión"), donde muestra por ejemplo cómo San Juan de la Cruz, Santa Teresa de Jesús y otros místicos relevantes, cuando hablan del proceso místico en realidad están hablando de una depresión endógena; es decir, que los místicos se deprimen. Aunque esto habría que matizarlo bastante, como tan insistentemente me insiste en sus comentarios al borrador del texto mi querido Juanjo Albert.

¿Qué los místicos se deprimen... o que están deprimidos? Seguramente estén y sepan, y ahí es donde estaría el elogio; lo más elogiable de la depresión será pues saber atravesarla. Que lo elogiable de la depresión es, en primer lugar, pasarla, vamos. Porque si uno no la pasa no es elogiable. De Perogrullo, pero clarísimo.

Y elaborarla, claro, procesarla, masticarla, de-construirla para reconstruirnos y reconstruir la vida y la Vida con ella, exprimirla como una fruta para extraerle el jugo del o de los mensajes que la vida nos está dando a través de eso que ocurre. E incluir algo de ello en el vivir que continúe. Voilà.

Podríamos decir que hay dos niveles de pasarla. Uno es "atravesarla simplemente"; otro, "simplemente, atravesarla".

"Atravesarla simplemente" querría decir aquí aprender a vivir la depresión con el menor bombo o susto posible; con el menor aparato mental y el mayor corporal-conativo posible. Con el aparato emocional bien engrasado, con el coche a punto, acabadito de sacar de la revisión del taller. Las pérdidas de aceite, el mal carburaje... son malos aliados en las épocas depresivas (sino lo son siempre, desde luego)

Simplemente pasarla, por el contrario evocaría... eso: simplemente, pasarla. Sobrevivir. Que no es poco. Aunque no siempre es suficiente.

Porque muchas depresiones son recurrentes, son algo que puede volver una y otra vez. Hay fases depresivas; está asociada, y es la otra cara de la manía, y ahí nos encontramos con el trastorno bipolar, con la neurosis o psicosis maníaco depresiva. ("Buenos días, tristeza...", mi querida "amiga")

En la medida en que "eso" va volviendo, nos vamos encontrando frente a la pregunta que no resolvimos. Dice Javier Álvarez, y estoy de acuerdo con él, que esa es la diferencia entre el místico y el depresivo; y es que, el místico es capaz de "encontrar", acepta el dolor y es capaz de encontrar un sentido mientras que el depresivo no.

> *"El místico y el depresivo se parecen en que uno y otro atraviesan dolorosas fases depresivas a lo largo de su recorrido vital,* ***pero nada más****. Los místicos son invariablemente personas de vida fuertemente vocacionada, personas de un sólido "yo ideal", muy motivados para caminar incesantemente en pos de algo. Acaso algo tenga que ver en ello la inflexibilidad propia de la personalidad obsesiva, que es el segundo rasgo que se atribuye a los místicos"*[12]

---

12. Álvarez, J.: *Mística y depresión: San Juan de la Cruz*. Trotta. Madrid.1997.

Así que no solamente hay depresión endógena, sino también neurosis obsesiva. ¡ Ah...! Y eso es lo que le da al místico, o a la persona que busca Eso, la fuerza necesaria para atravesar el asunto, y sobre todo para aceptar el dolor (con el narcisismo controladito, o no, y entonces nos enchufaremos por ejemplo a una fase maníaca o a una adicción o psicopatada de cualquier tipo) En todo caso esto es algo que el depresivo enfermo no haría, lo que haría es quererse quitar el dolor porque no le encuentra ningún sentido.

> ***"Todo ocurre pues como si el místico, el poeta y el filósofo y también todos los depresivos endógenos y maníacos depresivos en general, estuviesen dotados de una facultad nueva que les permite trasladarse a un mundo que se encuentra fuera del alcance de una mente normal*** *(...) La persona débil, el enfermo cada vez que es llevado allí ha reaccionado siempre de la misma manera: incapaz de soportar lo que ve, cierra los ojos, corre aterrado y pide ayuda. La persona genial, en cambio, tras superar el pánico inicial, poco a poco aprende a permanecer allí quieta contemplando y aguantando la tremenda envestida de aquella extraña y cegadora luz.* ***A base de ir una y otra vez a ese mundo termina por aprender a manejarse con él y cada cual termina por encontrar allí, por lo demás, como no podía ser menos, aquello que él cultivaba. Conocimiento el filósofo, poesía el artista, amor el místico"***[13]

Así pues, para resumir, creo que lo elogiable de la depresión transitable y entendible es la posibilidad de vivir la vida de una forma más responsable. Poderse desenganchar de la identidad sin la cual uno no puede vivir, uno cree que no puede vivir. Teniendo en cuenta, por otra parte, que la rotura del ego, la rotura del carácter, necesariamente lleva a una depresión, porque es una manera de soltar algo que en realidad a uno lo mantiene esclavizado, pero le mantiene: "O soy así, o no soy".

Decía un paciente en consulta, con una fuerte depresión: "Gracias a la depresión estoy aquí". Otra manera de mirarlo... ¿no? Que si uno no se deprime no se da la posibilidad de, yo creo que la palabra más clara sería la posibilidad de libertad, entendida en el sentido de poder vivir la propia vida más desenganchad@ de ataduras ocultas con el

13. Álvarez,J.: Ibid, p 293. #.

pasado, no descifradas y actuando como síntoma. Haber pagado la muerte que suponía, siempre en términos relativos (aunque a veces, lamentablemente, no...) dejar de ser Eso que el Otro quiso que Fuéramos. Entonces, deprimirse es una manera de pagar esa deuda, porque cuando nos deprimimos nos enfrentamos a ese vacío que hemos venido negando, poniéndonos el disfraz que nos servía para funcionar, y nos enfrentamos a la fractura (en realidad a la transformación, Dionisos dixit[14]) de ese afecto tan fundamental para vivir.

Todo esto me parece matizable en cuanto a grados: a partir de un cierto nivel de gravedad depresiva, quizás pensar la depresión así es un poco "Walt Disney", con mis disculpas por la irreverencia de la metáfora hacia tan genial creador. Una depresión muy severa, en la que hay mucho medicamento, con todos los efectos secundarios y el deterioro que eso puede llegar a suponer; que además está tratada sólo medicamentosamente, sólo para controlar los síntomas; pero donde no hay una elaboración de qué le deprime a un@, de a qué estoy diciendo adiós, de qué está pasando dentro de mí, de qué pautas tragadas o antiguas estoy teniendo que dejar, etcétera. O por la gravedad, y por lo tanto por las consecuencias físicas o por la mala elaboración, o por las dos cosas, eso no es elogiable, claro está.

Sin embargo, la segunda cosa que sí me parece elogiable de la depresión -con todos esos matices- es el **conocimiento del vacío** que aporta o puede llegar a aportar. Y que la depresión enseña a quien se deja aprender. La depresión nos mete en algo que claramente va más allá de las propias fuerzas. Es como que perdemos, perdemos la batalla, se nos va de las manos la vida... tal como la habíamos imaginado o deseado. No tenemos más remedio que aceptar que no podemos, pero de una manera muy dramática, en el doble sentido de la palabra dramático, acción y tragedia.

Esa evidencia de no poder me parece un antídoto muy bueno contra la omnipotencia y por lo tanto contra el narcisismo subyacente en ella. Como que pudiéramos quedarnos más con la cosa de que hay una manera de vivir que es "sin poder". Poder no-poder. Aquello que dice Lluís Llach, el cantautor catalán, de que: "... en el dejarse vencer comienza la playa enamorada, que no sabe de la larga espera y abre los brazos por si la ola quisiera quedarse esta vez..."[15]. Volveremos a leer esta cita... y el tipo de actitud ante la vida que retrata.

---

14. Vease el capítulo 10, *"Lo dionisiaco en psicoterapia"*.
15. Llach,LL.: "Un núvol blanc", en Maremar. Picap. Barcelona. 1992

En el sentido que lo dicen los místicos, es como un aprender a vivir sin vivir en sí; aprender una manera de vivir en la que un@ ya no se cree el cuento de "yo hago lo que quiero"[16]. No al menos en el sentido en que lo percibíamos antes, aunque de un modo nuevo o diferente que implica un compromiso con la propia vida también diferente[17]. Como si contactáramos con una parte muy negra, cuyo atravesamiento puede llegar a suponer un pedirle menos a la vida, en el sentido oral de la palabra.

Quizás entonces lo elogiable del tránsito por ese lugar tan desesperante, por esa noche oscura, por esa pérdida de la identidad, por ese sentirse como en un mar embravecido en el que sólo y nada menos tenemos que aguantarnos encima de la barca, es que podemos dejar de estar empeñados en que podemos conducir la barca. "Empeñados" como lo estamos cuando dejamos algo importante o valioso en una "casa de empeño". Pero también "em-peñado" cuando nos damos con la peña en las narices porque no sabemos ver otra cosa u otra parte de la montaña.

Hay una posibilidad entonces de soltar el narcisismo. De soltar el timón y entregarse al Mar, a la Mar, a Ella... a esa madre de hijos "ligeros de equipaje" de Machado, a ese "lugar donde van a dar los ríos" de Jorge Manrique... a la muerte del ego.

Si nos constituimos a partir de la mirada que nos da sentido, quizá deprimirse fuera la llave para salir de ahí. Casi un paso necesario en algún nivel... Yo creo que sin depresión, en algún grado, no hay posibilidad para la mayoría de las personas de transformarse, porque seguimos aferrados al personaje que hemos creado, el carácter. La única manera de soltar el personaje es morirse, claro, enfermar o deprimirse, hablando a lo bruto.

Siempre que haya un proceso de elaborar, desde luego. O sea: ¿qué mensaje le estoy dando yo a ese ser que está dentro de mí, que no es la Mamá, que no son Ellos? Y ese es el problema; porque si fuera la mamá, con cortar el vínculo, con irse de casa, con no sé qué... Pero claro, el problema es la mamá que hay "ahí" dentro. **Cómo es la alternativa frente a ese ser sin cuya mirada no puedo existir, pero con cuya mirada me muero. Me muero , me deprimo, porque no soy yo. Esa paradoja.**

---

16. Véase el capítulo "Acerca del Hlqauldlg"
17. "Voulouir sa vie", dice Gonzague Masquelier, más o menos "querer la propia vida", aunque la expresión francesa tiene otra fuerza.

Depresión y Creación

También la depresión es una fase o parte o aspecto del proceso creativo. Seguramente sin depresión no existiría la creación, entendida como la alquimia que hace nacer algo nuevo, algo que no estaba antes tal como está ahora.

> *"En occidente, Henri Michaux es sin duda quien mejor supo explorar -y pensar y reflexionar sobre- los laberintos mentales de las fantasías y el ensueño, no sólo en los estados llamados normales de las personas, sino también en los estados alucinatorios provocados ya sea por los desordenes mentales naturales, ya sea por los producidos por distintos tipos de droga. La fuerza que parece haber siempre sostenido a Henri Michaux en esas arriesgadas y graves incursiones allende la barrera de la <normalidad> es la misma que acostumbra a asistir al científico que se adentra en la investigación de lo desconocido:* ***la incontenible curiosidad y el dominio de sí mismo con el fin de no sucumbir, de no perder pie, y poder así, desde el fondo del abismo, seguir siendo observador de la propia experiencia****. Claro que semejante* ***empresa no se consigue sin la convicción casi mística de encontrar más allá el conocimiento de algo diferente, de algo que trasciende****. Estamos lejos, pues, con Michaux de los estados de pasiva contemplación o de paulatino e irreversible proceso de sumisión y esclavitud a los que, en la mayoría de los casos, encaminan las drogas..."*[18]

Diferentes artistas y creadores han hablado de la necesidad de la fase del blanco o de la fase del negro, o de soltar la obra, y la depresión producida. El acto creativo y el arte es una inversión de eros en algo, un investir la obra de deseo, porque si no, no hay obra... y ahí pasa algo. Ya lo decía Platón[19]:

"No es la técnica sino propiamente su entusiasmo y el dios que los posee lo que forma el mérito de los buenos poemas épicos... (...) En tanto que el hombre no tiene este don del entusiasmo, es incapaz de hacer una obra poética, como es incapaz de predecir el porvenir"

---

18. Combalía, V.: "*Biografía de Henri Michaux*". Extracto del texto del prospecto informativo y del catálogo de la exposición "*Henri Michaux. Dibujos mescalínicos*". Tecla Sala. Hospitalet 22 de Abril – 28 de Junio de 1998. Ajuntament de l´Hospitalet de Llobregat.(Barcelona)
19. Matila, C.G.: *El número de oro*. Poseidón. Barcelona.3ª edición.1992.p.174

Pero la obra se va convirtiendo en algo que va adquiriendo vida propia, como el bebé respecto a la madre. Y llega un momento en que hay que soltar. Hay que soltar la propia idea inicial para establecer un dialogo con el proceso de creación y con el creando o la creanda, que va diciendo lo suyo más allá de nosotros mismos, y ahí aparecen fases de vacío, de nada. De caos y de negro. De error... aparente. De desesperarse y deprimirse.

Y todo Arte Final, por otra parte, todo acabar la obra supone una separación, y por lo tanto un duelo y un dolor, que evocan tristeza, melancolía y, a veces, depresión.

Tomemos de nuevo a Barceló como ejemplo: "Desde hace algunos días me abruman estos escritos, como si mis cuadros no bastaran. Incluso mi ínfimo y pobre francés ya no es excusa. Sin embargo no puedo parar. Histéricamente, como algunas drogas histéricas. Y generalmente acaba mal con esos productos. ¿ Adónde me llevan todas estas palabras?. Quizás a la negra desesperación de mis cuadros, desde hace algún tiempo... (...) Sólo me faltaba añadir estos delirios cojos... No me doy pena, ¿intento acaso enternecer a alguien? Espero que no, si no me lo cargo todo y desaparezco"[20]

O, más cercanamente, a Ramón Ballester, que lleva más de veinte años estudiando el proceso de creación como proceso:

> *"Hay un momento que podríamos llamar* ***momento frustre****. Que estás delante de la tela, la tela está en blanco, tienes todos los colores, todos los temas, todo baila en tu cabeza y hay como un muro. No hay manera. Es como un* ***momento tapón*** *donde no hay más. En ese momento hay como una especie de cortocircuito. Cortocircuito que puede ser rabioso. Desesperado, impotente. Puede tener diferentes características. Y entonces si nuestro artista o nuestro Guerrero o nuestro escalador, se queda ahí y sigue, y sigue... Hay como en los cuentos cuando Alicia entra en el espejo o cuando el héroe encuentra ese ladrillo de la chimenea que hace ¿boom? y entonces pasa a otro lugar. Se entra en un* ***estado oscuro, extraño, desconocido, raro****. Que ya no es un* ***estado de tontería****, como puede ser el* ***estado del principio****, que es como una especie de* ***estado maníaco****, sino como un* ***estado de suspensión*** *donde uno navega. Uno no sabe, uno navega"*[21]

20. Barceló, M. "*Carnets*" en Miquel Barceló, op cit, p.233.
21. Ballester,R.: *"La actitud dionisíaca en el proceso creativo"* Inédito. Zôa. Barcelona. Octubre 2000

Otras consideraciones

En otro ámbito, según la Real Academia de la Lengua Española[22], "deprimir" es "disminuir el volumen de un cuerpo por medio de la presión", y viene opuesto a "opresión". Es decir, que podríamos decir que depresión es lo contrario a opresión. Me parece que esto tiene un sentido también psicoterapéutico. Es como si deprimirse fuera como lo del globo de: "... sssshhhh...", como soltar aire y hacerse pequeño, pero también disminuir la presión. ¿Qué presión? ¿Ese "ser" en la mirada del otro y morirse en la mirada del otro, a la vez? ¿Morir, y poder nacer - o no...- a la propia identidad "verdadera", en el sentido de una identidad un poco más propia?

> *"El término (depresión), sin embargo, es importado por el campo "psi". Es utilizado en la geografía y fundamentalmente en la economía. La analogía con este último campo es notable para la concepción de la depresión en la psiquiatría actual. Según la Enciclopedia Británica "depresión económica" es: "Una radical caída en la actividad económica que se caracteriza por una fuerte contracción en la producción, un aumento del desempleo y reducción de los índices de dinero en circulación. Constituye, de hecho, una* ***manifestación exacerbada en la fase recesiva del ciclo*** *económico, en el cual se suceden periodos de auge y recesión"*[23]

Hay, abundando, enfermedades que nos postran en cama, es decir, nos tumban, nos hospitalizan, nos ponen en contacto con toda una parte de un@ mism@ y de la vida que seguramente habíamos negado[24]. Y en el que es clara esta experiencia de no poder llevar el volante del coche, o no en todo, o no en cada momento.

Otro asunto, claro, es con quién se deprime un@. Quiero decir, cuando nos deprimimos ¿con quién lo hacemos? Este quién aquí quiere tener dos sentidos. Por una parte porque si nos deprimimos solos nos morimos, nos podemos llegar a suicidar, o incrementamos gravemente el riesgo de ello. Esa es otra gran paradoja: cuando nos

---

22. R.A.E.: *Obra citada* p.683
23. Herreros, G.: *Obra citada* p.2
24. Quiero decir a este respecto que hasta hoy (cruzo los dedos y doy gracias por ello) he tenido la fortuna de no tener experiencia personal sobre este asunto. Así que hablo de boquilla, de la experiencia de otros con quien he estado o a los que he escuchado o asistido de diferentes maneras.

deprimimos tendemos a cortar el contacto, con los amigos, con la familia, con los de afuera; y al mismo tiempo es esa rotura de contacto lo que nos va a aumentar la depresión. Nuevo pez que se muerde la cola. Nuevo nudo gordiano. Nuevo enredo.

Al decir con quién sc deprime un@ me refiero, también y en segundo lugar, a con qué terapeuta o psicoterapeuta nos deprimimos, con quien decidimos deprimirnos. Con qué compañía elegimos derrumbarnos para que podamos transitar experiencialmente el proceso, El proceso de incorporar por ejemplo aquello de: "yo también soy cruel, sádico, estúpido, patán, bueno, brillante, enfermo, limitado, impotente, bicho, genial, digno..." Depende de las partes que uno expía, porque deprimirse de alguna manera también me parece, como vengo insistiendo, recuperar partes en las que pusimos la etiqueta de "esto no soy yo". Entonces de la calidad de ese proceso depende de que la cosa sea más o menos elogiable, desde luego.

La mayoría, si no todos los procesos psicoterapéuticos introspectivos, en realidad suponen como decía antes un deprimirse. La idea es quitar la presión con la que vivimos, disminuir el volumen artificialmente hinchado, algo así. Y sobre todo soltar la propia, insisto, auto-imagen, que se convierte en una especie de corsé.

Y el asunto de la tristeza, claro. Fundamental. Creo que sentir la tristeza y poderle dar nombre a la tristeza humedece y puede llegar a evitar la depresión; la depresión entendida como tristeza indiferenciada y absoluta con respecto a todo, inhibición, auto-reproche y desvalorización. Depresión que en realidad esconde la tristeza de perder el tesorito, la imagen que uno se había montado del chiringuito y de la vida... y que ya estaba... y que resulta que no, que no es así. Y eso es triste. Entonces, si uno aprende a vivir triste no se deprime, está triste, que es otra cosa. Hasta que podemos (o no...) llegar a sentir la suficiente tristeza como para poder volver a sentir la alegría como verdadera o auténtica, o simplemente gozable.

Quizás cuando suele haber más tristeza es cuando hay dolor psíquico negado. El miedo a la tristeza es otro rostro de la depresión. La tristeza evita el dolor de la impotencia y de la "castración". Es decir que la tristeza evita el dolor de sentir que nos contamos una película que es mentira, al menos en parte o en algo muy sustancial. La tristeza sería como un rebajar los sentidos, como un ponerse mustio, insensibilizarse. Reducimos la intensidad de estimulación para que duela menos; nos ponemos tristes para que no duela.

Deflectamos. ¿Para que no duela qué? Pues que un@ no es complet@. Que la vida no es conseguir algo, tal como habíamos creído, sea lo que sea ese algo, material o inmaterial, complejo o simple. Que no existe el estado de completud, que siempre falta algo, a mí y a todo el mundo. **Que no hay Uno que No... tiene Falta**. Ahí hay un profundo dolor porque la mayoría nos habíamos contado, en un momento u otro, de uno u otro modo, que no era así. Nos habíamos contado, en alguna parte de nosotros mismos que oscuramente permanece siempre activa, que había Uno que No (estaba castrado) Nos habíamos auto-estimulado para vivir con la posibilidad de Todo. Y, bueno, no era del todo mentira... Claro que existe el Estado de Todo, o que podría existir retroprogresivamente un contínuum gradual de Estado de Todo, parafraseando a Panniker. Existen multitud de experiencias al respecto. Pero no es una persona. "¡Ah...!": Algunos le llaman Dios ¡Ah...! Pero ese Dios del cual todos poseemos un germen, por pequeño que sea.

La depresión también es pues una manera de no sentir un cierto tipo de tristeza. Así que un@ se queda atontad@ y no vive viviente, se pone tristeza en todo -como quien se pusiera sal tanto en la paella como en el café, por ejemplo- para no focalizar la tristeza de qué, de cuál pérdida a mí me pone triste, de cuál desengaño a mí me pone triste, de cuáles asuntos a mi me ponen triste. De qué dolor estoy intentado tapar o no sentir de esa manera.

La incorporación de la tristeza a la vida, para acabar, podríamos entenderlo como una posible enunciación de lo que podría ser quizás **la gran aportación cultural de la depresión**. Parecería que, socialmente, estuviera prohibido estar triste. Vivimos en un entorno muy estimulante, muy maníaco. La chispa de la vida, recordemos... Cuando en realidad hay una parte de la tristeza que nos completa, porque hay muchas cosas tristes en la vida, tantas noticias y tantas otras cosas y aspectos de la vida. Y tanta miseria, hambre de la mala y abuso. Y frente a eso necesitamos saber estar tristes, por ejemplo y entre otras cosas, para no convertir el impulso en otro asunto necesariamente

Parece como si fuéramos fóbicos a la tristeza. La tristeza como tal, cuando conseguimos estar tristes, calienta o humidifica la depresión, la ablanda; le echa las gotas a la tierra desértica y, a veces, surge algún tipo de vida psíquica que puede llegar a convertirse en vida real. En una plantita existencial.

Aunque a su vez y por otra parte hay una tristeza crónica, patológica, excesiva, que en realidad es una manera de no sentir el agujero, o de constituir en objeto lo que es un montaje, pero aporta goce ("Ay, mi dramática (pero intensa...) ¡y terrrriiiiible vida!) Por ejemplo.

Que hubo un momento en que nos creímos completos y nos creímos que el asunto era decidir qué quiero (ser o tener) en la vida. Y entonces conseguirlo, o no, y ya está. Y más parece que no fuese así la cosa...

> *"Pero tal como venía siendo habitual desde hacía tiempo, muy a menudo Beethoven se encerraba en sí mismo y pasaba algunos días completamente deprimido. Sin embargo, y a pesar de que continuaba enfermando con una regularidad preocupante, Gneixendorf le proporcionó la tranquilidad necesaria para retomar la composición de un quinto cuarteto que había abandonado en julio, pocos días antes del intento de suicidio de Karl (su sobrino) (...) < Lo que estoy componiendo ahora no se parece a nada de lo anterior. En algunos aspectos es mi mejor obra>, declaro Beethoven, espoleado por aquel nuevo reto. El compositor llamó al último movimiento del cuarteto `Un final difícil´, un título que aún sin proponérselo acabaría resultando premonitorio, pues por entonces no podía saber que ésta sería la última pieza que finalizaría antes de morir"*[25]

25. Martín, R.: *El cabello de Beethoven*. Taurus. Barcelona. 2000. p.233-234

III. El Buscador

8. El Buscador

"No vayas nunca más allá
de donde llegan las yemas de los dedos de tus manos
y de tus pies."

Enrique Martí Lloret

Enrique Martí Lloret fue mi primer maestro... sin yo saberlo todavía, sin saber que era eso de un maestro, de un Maestro. Supongo que muchos lectores tendrán la experiencia de ese profesor del colegio en la pubertad o en la adolescencia que te pega fuerte en el sentido psíquico o existencial de la palabra. Pienso en el "Homenatge a Teresa" de Ovidi Montllor, o en la canción "El Maestro" de Patxi Andión. Está última siempre fue la melodía que escuché para recordarle, desde entonces.

"Con el alma en una nube
y el cuerpo como un lamento
viene el poeta del pueblo
viene el maestro"

Para mi, conocer y tratar al Profesor Martí fue una verdadera revolución interior. Yo cursaba bachiller superior en los escolapios de Valencia. En los de Micer Mascó, los ricos. Venía de los escolapios de la Malvarrosa, los pobres. Aquel colegio de la primaria donde me codeaba con gitanos y con gente de mi clase y status, bajo, y con algún que otro ente despistado. Aquel colegio de inmensos patios y campos donde jugábamos a subirnos a las palmeras y a descubrir las cañas para hacer cerbatanas. Sobre todo al mediodía, los que nos quedábamos a media pensión, los que no íbamos a casa a comer... a los que se nos abría un espacio libre en dónde, además de palmeras y cañas, había las faldas cortas de las profesoras que tomaban el sol relajadamente y nos enseñaban unas cosas que las mujeres llevaban debajo de las faldas, "parece ser", y que empezaríamos a saber que se llamaban bragas.

Todo eso se terminó al cambiar de colegio para el quinto curso del bachiller de entonces, que ya no se podía hacer en la Malvarrosa. Había que ir al otro cole y allí era otra cosa. En el centro de la ciudad. No más campos, ni palmeras, ni bragas de señoritas... Gente más rica, mayor disciplina... y Enrique Martí.

"El Cabolo", como le llamábamos, fue una isla de sentido en aquel mar nuevo y extraño. Tenía una gran cabeza... y no solo craneal, que también, de ahí el mote. También tenía el primer gran corazón que yo recuerdo y que me he ido encontrando, gracias a Dios, en otras personas a lo largo de mi vida. Fue oficialmente profesor de literatura de quinto. Pero fue mucho más. Nos enseñaba a pensar, o eso intentaba. Conceptualmente hablando lo ponía todo patas arriba. Nos invitaba a interrogarnos continuamente sobre lo que dábamos por supuesto... en la ciencia, en la cultura, en el arte, en lo cotidiano, en la política... cuando todavía vivía Franco y el país era una dictadura. Cuando hablar de política era muy arriesgado. Lo expulsaron del colegio a los dos años, claro. Por "pervertir a la juventud". En aquella época -me pregunto cuándo no, por cierto...- era subversivo enseñar a pensar. Como a su admirado Sócrates, a quien yo descubría de su mano y de su boca. "Noscete ipsum". "Amicus Plato, sed magis amica veritas". Son frases -y algo más...- que todavía recuerdo de memoria cognitiva y de corazón tembloroso... casi treinta años después.

El Cabolo fue mi primer Maestro. Me inyectó el gusanillo del buscar y del querer saber. Con él aprendí que había otros mundos, conceptuales de momento, paralelos o más allá del mundo que aparece ante nuestra vista.

Unos años después, como decía en el prefacio, descubriré a Gurdieff, al Cuarto Camino y a Silo. "La mirada interna" se llamaba el libro de éste último. Yo tenía 17-18 años. Con David y Norma aprendía "cosas raras". Siempre recordaré, por ejemplo, el "¡estupendo!" de Norma. Si algo iba bien... ¡estupendo! Si algo iba mal... ¡estupendo! Si algo iba... ¡estupendo! Si algo no iba...¡ estupendo! Más allá de lo anecdótico o caracterial que pudiera haber en el asunto, a mi me llegaba lo que ya empezaba a percibir como una **actitud**, famosa palabra que retomaría muchos años después, una vez más, de la mano de Memo y de Claudio Naranjo. Es decir, que el sistema acción-reacción podía ponerse en cuestión. Que no siempre dependíamos de lo que pasase afuera en el mundo. Que había, por lo tanto, un mundo interno, una posibilidad de mirada interna que establecía entonces una instancia diferente de la psiquis que empezaba a estudiar en las facultades de Psicología y de Pedagogía, bajo la simplista ecuación "psiqué = conducta = lo científico = sólo eso lo científico". Por otra parte aprendía que además de conducta había otra cosa, menos definida científicamente, es decir menos cientifista, pero había otra cosa. "Otra Cosa".

Bien, algo de esa otra cosa he querido trasmitir en esta tercera parte del libro.

Como verá el lector está escrito de una manera un tanto diferente a las partes anteriores. Con menos rigor lógico y académico, si es que las partes anteriores de algún modo lo tuvieron, con un estilo más hemisferio derecho, más saltón, más impresionista. Prestando todavía más atención no sólo al contenido del discurso, al qué, sino también al cómo y al cuándo, en el sentido de enfocar paralelamente el ritmo del texto, los tempos discontinuos con sus paradas y sus aceleres, sus requiebros y torcimientos. Con desviaciones y arabescos laterales que pretenden interrumpir la lectura razonable -la del hemisferio izquierdo- y crear enigmas, roturas, vacíos e incógnitas. En lo posible. Con un lenguaje me parece que un poco más musical. Esto va a ser más intenso sobre todo en el capítulo 10 (Acerca del Hlqauldlg) y en el que sigue inmediatamente (La Manzana Mordida) De ese modo al menos me lo han dicho quiénes han hecho lecturas previas de los textos.

Así pues, el capítulo que sigue, "La Manzana Mordida" toma la clásica forma epistolar para querer ser sobre todo tres cosas: un homenaje a Michel Katzeff -el gran (re) introductor de la gestalt en Europa, junto con Hilarion Petholz y los Ginger; una elaboración de la experiencia de lo que fue el Taller de Gestalt de Barcelona, y una reflexión somera y personal sobre el amor. Sobre algunos apuntes, siempre provisionales ante tamaño asunto, de lo que yo pienso que pueda ser quizás el amor. Sobre aquello que podría y me gustaría decir de ello, en todo caso, a día de hoy! Aunque es uno tan joven para eso¡ En fin...

"Lo dionisiaco..." retoma el paso siguiente en la búsqueda y elaboración de parámetros para el buscador y en mi carrera profesional, o sea que enfoca el fundamento conceptual de la creación de Zôa como mi actual entorno laboral. Tras quince años de compartir casa y despacho con Cristina Nadal, esposa y socia, llegamos ambos a una situación insostenible. Decidimos separar consultas. Así que les propuse a José Luis Pérez y a Ramón Ballester, dos de mis más apreciados discípulos desde hacía tiempo y hoy en día dos de mis mejores amigos, geniales profesionales, constituir un centro. Nos preguntamos qué tendríamos en común los tres que nos pudiera sustentar juntos y apareció lo dionisiaco como eje vertebrador. Así que en el otoño de 2000 nos pusimos a definir cada uno por nuestra cuenta qué era para cada cual de nosotros eso de lo dionisiaco. Estas son mis reflexiones.

El "Hlqauldlg" es seguramente el capítulo más raro de este libro. El lector, una vez más, como siempre, dirá. Está escrito partiendo de una venganza, o de un intento de venganza, venganza como respuesta a un dolor inmenso, a lo que yo sentí como una doble y oscura traición. Es la vez que más claro he tenido aquello de que el arte cura, si es que por arte entendemos el crear con conciencia. Más sencillito, que la creación cura por la catarsis o limpieza que supone y porque la obra enseña sobre el yo, sobre lo que a uno le está ocurriendo a partir de lo que ve producido (lienzo, barro, partitura o texto como en este caso) La obra "de-vuelve" si uno sabe mirarla y escuchar. Y lo hace de un modo muy particular, diferente de otros medios de auto-conocimiento como la meditación, la psicoterapia o las experiencias con enteógenos, por ejemplo. Para esta personita fue muy ilustrador el proceso de escritura, así como ir asistiendo al desarrollo de cómo ese dolor de partida se iba convirtiendo en algo diferente. Cómo la sublimación a través de la formulación de algo iba convirtiendo la venganza en producción de obra... y transformando la venganza. Fundamental, desde luego.

El "Hacer nada", por último, es el más reciente de todos los escritos. Quiere ser un complemento al capítulo anterior, aunque no solamente. Si uno es barroco, el otro pretende ser clásico, sobrio... relativamente, hasta donde puede renunciar un complicado arabesquista como quien escribe. Muy en coherencia con el título y con la síntesis que supone. Me parece un buen reflejo de mi camino, entendido éste como el testimonio compartido de la huella de lugares visitados.

Y, finalmente, al releer en el índice el conjunto de los cuatro títulos de los capítulos de está última parte del libro... bueno, me parecen cuatro metáforas, un tanto rarillas pero propias, de algunas estaciones visitadas en ese proceso de *Buscar*.

9.La Manzana Mordida

A Michel Katzeff,
que en paz descanse y en la nube flote.

Miró a mi corazón y dijo:
"Aquí, aquí hay sitio bastante"
Y apaciguó el amor sus estorninos
sobre mis tristes olivares
Ensanchó salas, avenidas,
la herida seca de los cauces.
Desconocido quedó todo
por los pasillos familiares
Qué cánticos de luz, qué aromas claros
Qué danza próxima y distante
Cómo saltaba y florecía
por las enredaderas de la sangre
Florecía, saltaba, florecía de nuevo,
su sabor teñía el aire
Alteradas las ramas prometieron
redondear en frutos el instante
Qué luna allí no hubiese concurrido
Qué ruiseñor callara allí delante
Ojos palparon, bocas acechaban
Las roncas manos jadeantes
alzaron triunfos de jazmín
sobre los hombros del más frágil
El tallo se olvidó lo que sabía
porque aprendió la flor lo que no sabe
Oh inesperado, oh anhelado
Cuando es vivir más importante
la lengua quiere gritar ¡vivo!
Todo es fecundo y adorable
Mudos los labios del que sepa
Muda su voz, que solo canten
los que en las manos tienen rosas
y siembran rosas y las pacen
De qué vale la rosa imaginada
cuando hablan rosas a millares

Yo miro manos, miro pechos,
miro relámpagos, paisajes,
nardos donde la aurora se posaba
Miré un jardín interminable
creció la miel que no razona
en la aridez de mis canchales
Abrió ventanas matutinas
a relucientes pleamares
Ya no, ya no, ya no encontramos
para seguir causa bastante
Lo que ha de morir muera
Lo que ha de pasar sin llevarnos pase
Lo que va hacia la noche que se oculte
Que no despierten al cadáver
Vaya la rosa con su olor a cuestas
el recuerdo conmigo
y yo con nadie
Repetiré, repetiré
la dicha que canté sonriendo
eterna, antes:
Miente la sed de quien se queda,
la verdad es de aquel que parte
Miró a mi corazón, ¡miraba!:
"Aquí, aquí hay sitio bastante"
Y de un hachazo derrocó
al olivo más alto de la tarde[1]

Era seguramente el verano de 1987. O quizás el del 86 o el del 88. No lo recuerdo con exactitud. Un junio no demasiado caluroso en algún lugar de Bélgica. Yo estaba impartiendo un curso intensivo de cinco días para los alumnos de Multiversité, en una especie de castillo cerca de Bruselas adaptado para la realización de actividades grupales. Un verano continental, fresquito y agradable, sobre todo para alguien del sur como quien escribe.

Multiversité, fundada y dirigida por Michel Katzeff, fue una de las primeras escuelas que impartió formación gestáltica en Europa, a mediados de los años setenta, dirigida por el prestigioso equipo del Instituto de Gestalt de Cleveland (USA), de cuyo staff era miembro Michel.

Juntos solíamos dar largos paseos hasta el pueblecito cercano, aprovechando las pausas del curso o mientras los alumnos trabaja-

1. Gala, A.: *"Miró a mi corazón". En Poemas de Amor.* Editorial Planeta.1999.

ban sobre las propuestas que les íbamos haciendo. La verdad es que aquellas caminatas eran una gozada. Charlábamos sobre la vida y sobre la muerte, sobre Dios, sobre los símbolos, sobre las correspondencias numéricas y cabalísticas, sobre las nubes... Bromeábamos, nos contábamos la vida y los proyectos que uno y otro teníamos para el futuro. Él hacía sus glosolalias, sus juegos fonéticos tan cargados de sentido. Yo me sorprendía continuamente de cómo demonios se lo montaría para caminar siempre... con el centro de gravedad corporal ¡tan bajo! Nunca llegué a aprenderlo por mucho que me esforcé.

Recuerdo todavía con emoción, un buen puñado de años después de aquello, cuando le contaba el proyecto que teníamos con Cristina de fundar un centro de psicoterapia, formación y supervisión que se llamaría **Taller de Gestalt de Barcelona**. Con ese nombre queríamos retomar por un lado la tradición artesana medieval, menestralista, en la manera de hacer y de enseñar el oficio (de terapeuta en este caso): el artesano que enseña su oficio al aprendiz en el taller, no en serie, particularizando la enseñanza y primando la relación singular con cada persona. Hacerlo de un modo pequeño, poco a poco, enfatizando la cualidad sobre la cantidad, a la manera femenina gracias fundamentalmente a la inspiración y a la insistencia de Cristina. Yo soy bastante más bruto para según qué. También queríamos significar con el nombre -aunque eso sólo fue siendo más claro con el discurrir de los años- el modo de hacer de las antiguas escuelas, de las Escuelas de Trabajo Interior y de otras escuelas de oficios. Y, por último, ese término de "taller" correspondía a la traducción castellana del workshop inglés o del atèlier francés, vocablos que tan singularmente habían caracterizado la experiencial manera gestáltica de hacer las cosas, sobre todo desde Esalen.

Un aprender montado en la experiencia y en el ejercer atento; tentado -tentado como en el toreo, citando al Bicho Interno en la plaza...- pero no tenso, intentando estar templando y templado, sin temor del temor, sin "miedo del miedo", o con conciencia del propio miedo como verdugo interior. Un lugar para el crear haciendo, en el sentido que a la palabra "taller" se le da en el mundo del arte. Con la diferencia de que en este último campo suele ser un lugar individual en la mayoría de los casos, lo que se llama "el refugio del artista", l´atelier.

Nosotros queríamos que fuera asimismo (en la línea, con matices, del tan popular en Catalunya "que casa meva es casa vostra si es que hi han cases d´algú" del Sisa galáctico[2]) un lugar colectivo y también de creación-a-dos, de pas a deux, como en el ballet.

Un taller. En catalán "taller" es, entre otras cosas, el cortador o tallador de carne[3], el carnicero, vaya... Mucho de eso tuvo la experiencia de esos doce años (1988 - 2000) Una época intensa y exagerada en muchos aspectos, en donde muchas personas vinieron a hacerse una digamos "psico-succión" de partes de sí mismas que les sobraban, tenían mal colocadas, les pesaban en exceso. O, simplemente, eran personas que querían intentar vivir de otra manera.

Hagamos un salto en paralelo. En un presunto e intencionado paralelo. J. Berger describe así el taller de Miquel Barceló, de ese Barceló tan admirado que va apareciendo una y otra vez a lo largo del texto:

> *"Un papel arrugado, tirado en el suelo del taller entre telas sin tensar, pisoteadas, cubos de pigmento -algunos mezclados con arcilla- alguna que otra cacerola, trozos de carboncillo, trapos, dibujos descartados, dos tazas vacías. En la bola de papel arrugado hay escritas dos palabras: CARA y LUGAR(...) Sin embargo, lo único que importa al final del día es lo que yace pintado sobre el suelo o apoyado contra las paredes, esperando ser visto al día siguiente.* ***Lo que importa es lo que la luz cambiante no puede revelar del todo, aquello de lo que estamos más cerca cuando creemos haberlo perdido****. Cara. Busque lo que busque el pintor, está buscando su cara. Toda la búsqueda, y el perder y el volver a encontrar, van de eso, ¿no? Y ¿qué quiere decir" su cara"? Está buscando que le devuelvan su mirada y está buscando su expresión -una pequeña señal de su vida interior. (...) Lugar, lugar en el sentido de lieu, luogo, ort, mestopolojenie. La última palabra también significa "situación", y vale la pena recordarlo.* ***Un lugar es más que un área. Un lugar rodea algo. Un lugar es la extensión de una presencia o la consecuencia de una acción. Un lugar es lo contrario de un espacio vacío. Un lugar es donde ha sucedido o está sucediendo un evento.****"*[4]

---

2. Sisa, J.: " *Cualsevol nit pot surtir el sol*". PICAP. Barcelona. 1987.
3. Pompeu Fabra: *Diccionari General de la Llengua Catalana*. Edhasa. Barcelona. 32 edició. 1994. p.1604
4. Berger, J.: "*Conversación de taller*". En Miquel Barceló 1987- 1997. Macba. Barcelona. 1998. p.173-174. #.

Un evento. Volvamos a nuestra historia belga del inicio del capítulo. “Ah, sí... -decía Michel- Es como el herrero con su martillo[5], haciendo; y el aprendiz, a su lado, viendo y ayudando...” Estábamos en ese momento detenidos por un tiempo interminable e inaudito en medio de la calle, en este caso de la calle de un clásico pueblecito rural de los Paises Bajos, tan tranquilos ellos, mientras Katzeff “le grand”, gesticulaba y gritaba entusiasmado como sólo él -un hijo de padres sordomudos que aprendió primero los gestos que las palabras- podía hacer. Mientras tanto los transeúntes de camino a sus menesteres nos miraban con los ojos como platos, murmurando por lo bajini algún exabrupto, ajenos ellos, claro está, a lo que entre nosotros ocurría y se cocía.

También le contaba el anagrama en el que pensábamos para el Taller: una manzana mordida por uno de los lados, el izquierdo, a diferencia de la famosa manzana de Apple. Cristina andaba dibujando en su interior dos caras, una que mira a otra la cual mira a su vez un cielo lleno de puntitos, a la par que jugábamos con la perspectiva figura -fondo tan identificatoria de lo gestáltico.

Lo del “lado izquierdo” (de la manzana) no recuerdo cuánto de casual tuvo -si es que existen las casualidades...- pero desde luego, tuvo una repercusión muy causal en la obra (en la Obra, precisamente...) Ya que fue por el lado izquierdo, con mano izquierda como fuimos funcionando fundamentalmente.

Es decir, en lo personal -Cristina dirá la suya... o no- yo tuve conciencia en algunos momentos de estar realizando un Trabajo, una Obra, en el sentido de un producto de conciencia, de un lugar y un espacio de Trabajo Interior, además de un centro de psicoterapia y de formación de terapeutas “normal y corriente” manejado de un modo normal y corriente... más o menos Y, además, una Obra del Lado Izquierdo, del siniestro más que del diestro, en varios sentidos de ambas palabras.

Del siniestro, en primer lugar, en el sentido de suponer una bajada a los siniestros infiernos con la gente, en la exploración de - como en otros centros de psicoterapia, desde luego - los aspectos más lúgubres, sufrientes, cutres, feos, más negros de las gentes que allí acudieron... y los propios, hasta cierto punto. Lo de toparse con los propios y sobre todo, ciertamente, **el aprender a trabajar con**

5. Al recordar esto siempre pienso en *La Fragua de Vulcano*, “no sé” (¡) por que será...

eso para con él otro no es tan frecuente en los centros y consultas de psicoterapia, sin embargo. Esa es una singularidad, sobre todo en el cómo, que nos devolvieron propios y extraños. El hecho de ser los directores un matrimonio enfatizó muy claramente lo transferencial... y lo no transferencial. No menos que cuánto de nuestro desamor y de nuestro amor invadió, apostamos y nos jugamos en esa partida "La Nadal" y "El Rams".

También el sitio físico -un primer piso real de una calle estrecha en el casco antiguo de Barcelona, con poca luz natural- evocaba lo oscuro. Mucha gente lo llamó cueva -y algunos de ella gozaron y sufrieron- como muchos otros la sintieron y unos cuantos se atrevieron a llamarlo cutre, feo, sucio o pobre o lo contrario de lujoso. Así era desde luego.

No-diestro o siniestro en el sentido también de que "¡Éramos tan jóvenes!" (Cristina y yo, claro) Y por lo tanto tan poco diestros... En ambos fue nuestra obra de la treintena, la iniciamos alrededor de los treinta años y la finalizamos poco después de cumplir cuarenta, aunque ambos éramos en 1988 terapeutas con un puñado de años de experiencia. Chicos precoces, por decirlo de una manera fresca y liviana. Y eso se notó en la inexperiencia que teníamos en muchas cosas de la vida y, en contraposición, en lo arriesgados que fuimos en muchas otras. Y desde luego en cuánta de nuestra propia carne nos "cortó" el taller.

Pero Lado Izquierdo o siniestro también en el sentido gnóstico del término. El gnosticismo se considera clásica u oficialmente como una especie de herejía en la historia del cristianismo. Pero no tan oficialmente se refiere a una especie de tradición universal o primordial, de ahí que se nombre con la inicial mayúscula y se hable de ella en singular (la Tradición), que existiría en la historia de la humanidad, y que en occidente viene significada por una especie de cadena de transmisión que habría desde Pitágoras, pasando por Platón, los cabalistas y masones medievales, ciertos renacentistas como Lucca Paccioli y Leonardo... hasta llegar según algunos al propio Einstein, y desde luego a ciertas tradiciones chamánicas que han pervivido hasta nuestros días. **Esencialmente el gnosticismo me parece una preferencia por lo a-convencional y por los senderos laterales y a contracorriente, más que por la ruta principal en el camino, en el Camino, en el Camino entendido como proceso de auto-conocimiento**:

"Aunque la alegoría gnóstica sea con frecuencia de este tipo convencional, en sus casos más significativos revela una naturaleza muy diferente. En lugar de adoptar el sistema de valores del mito tradicional, la alegoría comprueba el <conocimiento> más profundo ***invirtiendo los papeles del bien y del mal, de lo sublime y lo bajo, de lo bendito y lo maldito****, que se encuentra en el original. No intenta demostrar un acuerdo sino sorprender por medio de una* ***subversión flagrante de los elementos de la tradición más firmemente establecidos y, con preferencia, más reverenciados****. El tono rebelde de este tipo de alegoría no debe escapar a nuestra atención, siendo una de las expresiones del carácter revolucionario que el gnosticismo representa en la cultura clásica tardía. (...)* ***Este optar por el <otro lado>, por lo que tradicionalmente se considera infame****, constituye un método herético, algo mucho más serio que un mero y sentimental tomar partido por el más débil, no digamos de* ***una simple indulgencia de libertad especulativa****"*[6]

La manzana cósmica ... !"mordida"! ... ¡Oh, Dios Mío! C´est magnifique. Es estupendo" recuerdo que aullabas, querido amigo, querido maestro, mientras me abrazabas estruendosamente y me dabas palmadotas en la espalda. Bueno, era obvio que ambos compartíamos el carácter entusiasta, apasionado y soñador. La gula eneagramática, vamos, que por ahí probablemente cojeáramos ambos. Y también era obvio que nos queríamos, claro.

Morder la manzana, así pues. Y de maestro a maestro, que por ahí seguí mi camino, de manzana mordida a aquello de que "la <mejor> forma de vencer la tentación es caer en ella". Había oído la expresión anteriormente, pero nunca cobró sentido real en mi caso hasta que no se la escuché a Claudio Naranjo. Y ése fue un gran insight en su día, una de esas veces que te parece "entender" lo que debe ser ese insigth del que hablan los libros... En aquellos tiempos grandielocuentes y pomposos nos contábamos, querido Michel ¿te acuerdas? aquello de que ambos preferíamos la vía dionisíaca a la apolínea, la vía tántrica a la vía ascética, la vía del atravesar a la vía del contener. Nos contábamos... Hoy ambos sabemos - sobre todo tú que ya lo debes saber Todo ahí en el cielo, mi querido malandrín - que se trata más de perder que de ganar, ¿no? Que la cosa es más de soltar que de retener. Más, vaya, de caer que de esquivar, ¿no te parece?

6. Jonas, H.: *Obra citada* p. 124 y 128

Sea ese no-esquivar o caer-mirando respecto de lo apolíneo o de lo dionisiaco. Sea ese caer, bien en lo ascético o bien en lo tántrico; en todo caso cayendo atravesando y conteniendo, respirando, expresando y aprendiendo... "Respirando" se refiere, claro, a poner atención en la respiración, porque respirar, es obvio, respiramos siempre que estamos vivos. Pero la cosa cambia cuando ponemos atención en ello "de una cierta manera".

Que sin esa caída -sin esos momentos de parada y de caos; de vacío y de horror vacui; de noche oscura, de agujero, de sentirse perdido, de vuelta o pliegue sobre uno mismo...- es muy difícil ese clic que le puede llegar a dar otro sentido a la vida.

Ese clic, e insertemos aquí una nueva asociación lateral, un nuevo arabesco, por ejemplo, del que habla Kerényi cuando dice del laberinto:

> *"(...) Tanto la espiral como el meandro deben imaginarse como caminos que, sin querer, se recorren de ida y vuelta. Por eso ha de descartarse en este caso la idea actual de que uno puede extraviarse en el laberinto. Es un camino desconcertante y difícil de seguir sin la ayuda de un hilo.* ***No obstante, las vueltas y giros conducen con toda seguridad al punto de partida; eso sí, cuando uno no acaba engullido por el centro"***[7] ***(...) La línea del meandro y de la espiral remiten a un laberinto abierto que, cuando el giro se producía en el centro, era un paso hacia la luz.*** *El palacio de Cnosos poseía en la planta baja un corredor adornado con un fresco entre cuyos restos Sir Arthur Evans encontró -y mandó reconstruir- la figura de un meandro múltiple que no sólo iba en una dirección*[8] *(...)* ***Quien sigue con los ojos la dirección marcada por los intervalos en el fresco y no se desvía del camino por los huecos abiertos, abarca cada vez más meandros en su progresión*** *(...) Se creó así una representación clásica de esa ronda que en su origen conducía por medio de círculos concéntricos y giros sorprendentes hasta el* ***giro decisivo en el centro, donde al final había que dar una vuelta sobre el propio eje para proseguir el movimiento circular...*** *"*[9]

---

7. Kerényi, K.: *Dionisos. Raíz de la vida indestructible*. Herder. Barcelona. 1998. Pág. 75.
8. Es decir, multi- verso, con multiversidad... que contrasta con uni-verso y universidad.
9. Kerényi, K.: *Obra citada* Pág. 77. #.

Vuelta sobre el propio eje". Como los derviches giróvagos fundados y "amaestrados" por Rûmí. Amaestrados, como tú decías, en el sentido de que "maestro" (terapéutico-pedagógico espiritual, y también en el sentido de Camino recorrido) es el que se amaestra, el que se ha amaestrado a sí mismo hasta un cierto punto, y el que sabe amaestrar a otros amaestrando. Es decir, aceptando el lugar de maestro y las consecuencias que eso tiene (por ejemplo en cuanto al curro que significa, la dedicación, la responsabilidad, la aceptación del daño recibido sin respuesta en ese nivel, de disponibilidad, de capacidad de amar la Búsqueda, etc...) Sin negar con todo ello lo que de narcisista, de pedorreo y de acting de poder puede llegar a tener el asunto de maestro, me parece, como imán de atracción y magnificación de la propia pasión.

Vuelta(s) sobre el propio eje. Como en la sama:

> *"Cuando, en la danza de los mawlawís, los derviches, al son del* ney, *la flauta de caña, se lanzan dando vueltas, lo que quieren simbolizar es la ronda vertiginosa de los planetas, al igual que todo cuando se mueve en la naturaleza.(...) Rûmí decía: (...) ¡Oh día, nace! los átomos danzan,/ las almas, prendidas del éxtasis, danzan,/ al oído, te diré adónde lleva la danza./ Todos los átomos, en el aire y en el desierto,/ sábelo bien, son como insensatos./ Cada átomo, feliz o miserable,/ está prendado de ese Sol del que nada puede decirse"*[10]

También otros han formulado y en este caso concreto famoseado, en otro tono y con otra melodía, ese clic. ¿Recuerdas "El Clic" de Manara? ¡Cuántos buenos y húmedos recuerdos...! ¡Ay, la juventud...! Oigamos al propio Manara:

> *"La perversidad abre la puerta a la imaginación, a la explosión de los fantasmas. El éxito de El Clic 1 se explica, ciertamente, por el abanico de perversidades propuestas. La obscenidad da carácter y fuerza al erotismo.* ***La obscenidad, ese primer plano que exagera voluntariamente la imagen****, debe ser apreciada desde un punto de vista positivo, incluso cuando no responde a los cánones estéticos.* ***Su labor es llevar las situaciones hasta los últimos límites****"*[11]

10. De Vitray. *Obra citada* p.53-54. # (con permiso...)
11. Manara, M.: *El Clic* 2. Norma Editorial. Barcelona. 1992. Solapa de contraportada.

Y a Monegal:

"Esta atención al sexo permite vincular el discurso (...) a la asociación entre teología y pornografía que nos proponen, por ejemplo, Georges Bataille, Pierre Klossowsky o la religiosidad tántrica. (...) ***A semejanza del discurso místico, da lugar a una lucha por decir lo indecible*** *(...) El lenguaje de los cuerpos, y el de las imágenes de los cuerpos que es el de la pornografía, aparece como un recurso más para escribir sin palabras, para decirse callando"*[12]

Un clic que supone así cambiar la disposición del campo, "exagerar voluntariamente la imagen", ser porno-gráfico, ob-sceno. O sea, llevar algo, insólitamente, de modo brusco, rápido, fulgurante, desde el fondo al primer plano, o viceversa. Todo cambia. Se transforma la perspectiva y la percepción de la cosa... y de la vida. Dar "carácter y fuerza al erotismo", al propio erotismo como motor de la vida... "eso". Libido ad libitum; billirubina en activo; on que no off; motor vital volando libre con menos culpa del placer, por una vez, por-fin. Y mejor dirigido, claro, no nos engañemos.

Sutil y extraña caída, pues, que supone una cesión, pero no una concesión. Una cesión de presunto poder o potencia o control. Poder vivir y elaborar la experiencia de "dejarse llevar" por la vida. Permitir que el cuerpo asista con la suficiente lentitud y blandura, sin tener que hacer nada en particular, pero sin dejar de poner la atención ahí -y en eso no conceder, this is the question- las veces que sea necesario, a la **Experiencia de No Poder**: de no poder hacer que aquello cambie, de no poder controlar completamente o como hasta entonces el transcurso de un acontecimiento; de no poder dejar de pensar, sentir o hacer algo. O al contrario. De no poder conseguir que a un@ le "quieran más" o "ser otro, u otra; o más, o menos (que)"...

Entonces, poder no-poder. Experiencia de no poder que, como toda experiencia, podríamos decir que se compone de conducta y atención; es decir de acción (que incluye la no-acción) y presencia. Y el tomar nota o hacerse cargo de eso en la vida. Por lo tanto evoca un proceso de digestión.

Así pues, en otro lenguaje, podríamos entender ese proceso de "caída" algo así como una no-concesión en el sentido de no con-

12. Monegal A.: *"Lo sagrado del libro, o Evrugo encuadernado"*, en Zush. La campanada. MNARS. Madrid. 2000. Paginas 279-280. #.

cederse a uno mismo la autoindulgencia automática, egoica, que uno-frente-al-espejo sabe que es trampa, se note o no desde afuera. Un sucumbir a la derrota (del ego conocido) mientras el testigo permanece activo como la luz de emergencia en un apagón, asistiendo y, en lo posible, registrando (aprendiendo de) el proceso.

Caída que evoca que el asunto principal en el Camino, en el camino de andar conociéndose uno mismo... y a Dios - en la gnosis, en el "Conocimiento", el saber/ sabor- quizá no sea tanto la subida -"apenas un suspiro, un instante..." volviendo a Naranjo- como la bajada, a veces toda una eternidad. Conocimiento del vacío como cierta suerte de espacio, como tiempo y como actitud. Apertura a lo silencioso, experiencia de la quietud, atención al proceso de rotura, de resquebrajamiento, de resiliencia, de crisis... y de "nada". Mu, esa expresión que en el Zen se utiliza para nombrar, entre otras cosas, la experiencia de no palabras, más el matiz interjectivo del "¡cállate!". Es decir, "no te enrolles" o "no me ralles" (...ego)

Caer ahí y dejarse vencer que es donde, como evocábamos en un capítulo anterior y canta el trovador "quizás empiece la playa enamorada, que no sabe de la larga espera y abre los brazos, no fuera que la ola quisiese quedarse esa vez..."[13]¡Qué manera tan dulce de decirlo...!

Dice un conocido texto gnóstico: "Así, para recobrar lo que es suyo, la Vida, encarnada en uno de sus miembros no caídos, decide una vez más descender al calabozo del mundo, <vestirse con la aflicción de los mundos>, y asumir la suerte del exilio, lejos del reino de la luz.(...) Su entrada esta vez es de naturaleza muy distinta: enviado por la gran *Vida* e investido por su autoridad, el **Hombre Extraño** no <cae> sino que <se dirige> hacia el mundo(...) <Tras haber penetrado en los espacios vacíos del terror, se colocó a Sí mismo a la cabeza de los que se hallaban desgarrados por el Olvido>"[14]

Dejarse aniquilar por el "desgarrro del Olvido", que es puente a veces para poder dejarse aniquilar por el arrebato del amor, por la faná como dicen los sufíes. En concreto por el arrebato y el arrobamiento de ese tipo de amor que quema, "mata" y -¡encima!, claro- engorda... Otro gran trovador, esta vez asturiano, Víctor Manuel San José, lo ha descrito maravillosamente en esa hermosa

---

13. Llach, Ll. : *"Un núvol blanc"* (Una nube blanca) En Maremar. Picap.1985.
14. Hans, J: *Obra citada* pgs. 110-111. La última cita entrecomillada es de *El Evangelio de la Verdad*, 20:3-38, en Malinine, M.- Puech, H.-Ch.- Quispel,G. (ed. y trad.), Evangelium Veritatis, Zurich, 1956

canción que se llama "Faltando un pedazo". Lo de engorda quiere evocar aquí la aceptación de lo disfórico como parte esencial de la vida, a la misma altura, ni mayor ni menor, que lo eufórico.

Ir pasando entonces de crudo a cocido, permaneciendo enardecido y presente, ebrio de pasión y sobrio de apasionamiento. Difícil y antigua paradoja ésta. La embriaguez sobria, la sobria ebrietas de Filón de Alejandría, "por ejemplo". Esa cosa tan difícil de combinar: estar desapasionadamente apasionado, sobriamente embriagado, sostenidamente disuelto o blando, dirigidamente hacia ningún lugar, templado hacia fuera e hirviendo por dentro... a la vez.

> "*Quien así posee conocimiento... [es como] una persona que, habiéndose embriagado, se torna sobria, y, habiéndose recobrado a sí misma, reafirma* ***lo que esencialmente le es propio***." [15]

Pero ese asunto es muy duro, tan grave que puede llegar a ser pomposo y en ese sentido falsón. Suele necesitar compañía. Así que hay que entretenerse. Entretenerse entreteniéndose. Entreteniéndose. Entre-teniéndose, sosteniéndose entre, un@ mism@ y la llama u olla hirviendo, en ese país, en ese paisaje que se configura entre ambos lugares y espacios, en cada aquí y ahora, en cada instante.

Entreteniéndose entonces en dejar quemar internamente la llama, y aprendiendo a gozar de y a sostenerse en eso (en "eso"), en el puro estar ahí, en lugar de transformarlo siempre en otra cosa (pensamiento, sentimiento o acción), a los que castigamos así tratándolos respectivamente de rollo, de número o de actividad, como insistía Michel.

> "*Aslama quiere decir someterse, no en un sentido de servidumbre sino de adoración, de aceptación profunda(...) Los sufíes dicen, repitiendo por lo demás exactamente la enseñanza coránica, que este entregarse a Dios, que implica la palabra <Islam>, designa también la paz. Es una actitud espiritual que es como el cubo de la rueda;* ***todas las tradiciones se quedan en la circunferencia mientras se confinan en una visión particular. Pero si se sigue uno de los radios de la rueda hasta el final, se llega al centro***" [16]

---

15. Malinine, *Obra citada* 22:13-20 (citado en Jonas, H.: Obra citada)
16. De Vitray- Meyerovitch: *Obra citada* p.37.

"Uno de los radios... hasta el final". Morder la manzana hasta el carozo, hasta el corazón, "fins al cor de la poma" como se dice en catalán.

Pero cualquiera, sin embargo, **cualquier** radio-hasta-el-final conduce al centro de la rueda. "Quien persiste en su ignorancia se torna sabio" decía Blake[17]. O sea: que "más de lo mismo", sostenido y atendido con el corazón, el cuerpo y la mente abiertos, a veces... puede llegar a arañar una rendija en la eternidad, por su virtuosismo, por su belleza o por su bondad. O por Gracia recibida.

Que la pasión con Pasión se cura. Pero la pasión, el pathos, es también la patología, aquello de lo que uno padece. Es inevitable hasta cierto punto. Así que ir depurando la propia patología mientras uno va produciendo sentimientos, pensamientos, acciones, o sea mientras va viviendo en lo personal y trabajando en lo profesional, quizás sea un buen camino para vivir la vida. Algunos lo depuran tanto que convierten su estar en obra de arte, en un arte del estar. Y algunos todavía en un arte de ser. Nada menos. Nada más.

Es el pathos, pues, **lo que le da vida a la obra**, sea esta factual o actitudinal. Es el gusanillo (o, a veces, el gusanazo) de la angustia, de la inquietud, del malestar, del sufrimiento, de la búsqueda... lo que nos suele hacer levantar el culo del sillón, el cuerpo serrano del sofá o de la cama; y nos empuja a.

Con pasión de com-pasión, cum padere, pasión ennoblecida de compasión, por ir aprendiendo a sintonizar con el dolor del otro a través del recuerdo del sufrimiento del propio dolor, de lo que a uno le ha jodido la propia cosa, la propia enfermedad y la propia parte sufriente en y de la vida. Como si el dolor fuera también una frecuencia o tuviera su frecuencia, como la alegría, la tristeza o la rabia. Y que si nos ponemos como terapeutas en ese dial -cuando "queremos, sabemos y podemos" como enfatizaba cuidadosamente una querida ex-alumna, Marina Grabuleda- el discurso del paciente adquiere una potencia y una riqueza de mensajes sorprendente. Bueno, en todo caso digamos que a mi me sigue sorprendiendo después de muchos años de oficio.

Tan sorprendente, desde luego, como el registro de sintonización con dial de la alegría. Sobre todo cuando ésta es de vuelta, de vuelta de lo infernal, de lo oscuro, de la crisis existencial o personal. Aunque el reírse de uno mismo tiene un punto sanador en casi todos los casos y momentos. De vuelta, en todo caso, habiendo transitado lo defensi-

17. Gracias Pep por descubrírmela.

vo y falso de la alegría (de la alegría neurótica) Alegría, contentura, satisfacción, respiración... Ommmm. Mu. Ahhhhhhhhhhh... "Stop".

Ir entrenándose en dejar bailar el alma resonando con el padecimiento del prójimo, del próximo, del hermano; no menos que aprendiendo a ser ligero como la pluma, limpiando una y otra vez la excesiva gravedad que solemos poner casi todos cuando nos aferramos en exceso al masoquismo de la hipersolemnidad: cuando nos aferramos al sentir, pensar o hacer no-importa-qué con un plús de algo que ensucia nuestras producciones. Que las hace equivaler, de un modo más o menos visible, a "soy maravillos@... ", o a su versión cutre ("soy maravillosamente un desastre, una desastrosa maravilla, o un desastre horriblemente maravilloso, o...") Escisión torpe y dramática entre el Yo y El Mundo o La Vida. Narcisismo, que no amor pues, cuando le ponemos demasiado bombo al asunto, vaya.

"A mi Padre contemplé y conocí,/ y le dirigí tres ruegos./ Le pedí la mansedumbre que no se rebela./ Le pedí un corazón fuerte/ para soportar lo grande y lo pequeño./ Le pedí suaves senderos/ para ascender y contemplar el lugar de la luz."[18]

Porque quizás sea de eso, del amor, de "contemplar (alguna vez) el lugar de la luz", de lo que se trate en última instancia, ¿no? Y el amor "dicen" que no tiene bombo, y que quizás sea precisamente **eso que no tiene bombo**.

> *"(...)Y es que el amor/como todo lo que es bello, no tiene explicación/es refugio y morada de algún soñador,/ que jugando a poeta, quiso ser cantor./...y es que al final/tendrás en tu inventario lo que llegues a amar,/después no tendrás tiempo de volver a empezar/ahora es el momento, inténtalo encontrar./ ¿Qué es el amor?/Una ventana abierta a la ilusión/Es mirar hacia el cielo con el corazón,/Sin miedo a la caída"*[19]

Sin miedo a la caída... Pues de ese amor que tanto me diste, Michel. Y por lo que me quisiste y en tu honor, vaya pues este brindis para ti en forma de cóctel de palabras que pretenden ser un capítulo, como un homenaje a tu memoria y a tu obra, al tiempo que una reflexión sobre la caída y la cesión, sobre el morder y la

18. Ginza. Der Schatz oder das Grosse Buch der Mandäer, trad. De M.Lidzbarski. Gotinga. 1925.
19. Montón, J.L. – Martín, M.: "Inténtalo encontrar (Bulería)", en Mayte Martín. Querencia. Virgin Records/ Drac Records/ Sony/ ATV Music Publishing. Barcelona. 2000. #.

manzana. Como a ambos nos gustaba... Y un recuerdo emocionado y sin duda excesivamente apasionado de lo que fue aquella experiencia del Taller de Gestalt de Barcelona.

Del morder, sigamos si te parece, dice Perls, ¿recuerdas?, ya en la década de los cuarenta, que es al acto por el cual nos significamos como individuos. Si no descomponemos lo que recibimos del entorno, si no lo de-construimos para reconstruirlo como nuestro o como también nuestro, vamos por la vida tragándonos marrones, viviendo habitados por partes de otros que percibimos, claro, como fantasmas, inmanejables pertinaz o eficazmente en la vida cotidiana. Cómo no...

> *"Los pezones de la madre se convierten en "algo" que morder. (...) Morder el pezón puede resultar doloroso para la madre. (...) Los golpes repetidos condicionarán al niño a una inhibición del morder. El morder se identifica con hacer daño y recibir daño (...) Cuanto más se inhibe la actividad de morder, menos desarrollará el niño la capacidad para manejar un objeto en caso de que y cuando la situación lo exija. (...) Cuanto más se inhibe y proyecta la capacidad para herir, más desarrollará el niño el miedo a ser herido; y este miedo de represalias, a su vez, producirá una renuencia mayor a infligir dolor. En todos estos casos se puede encontrar un empleo insuficiente de los dientes anteriores, junto con una incapacidad general para hacer presa en la vida, para clavar los dientes en una tarea."*[20]

Así que clavar **los dientes en la tarea de la manzana**. De la manzana dice nuestro querido Chevalier (gracias por descubrírmelo, ¡qué gustazo fue en su día!):

"Se trata pues, en todas las circunstancias, de un medio de conocimiento, pero que es fruto tan pronto del árbol de la vida como el del árbol de la ciencia del bien y del mal; conocimiento unitivo que confiere la inmortalidad, o conocimiento distintivo que provoca la caída (...) La prohibición pronunciada por Yahvéh (...) da a conocer al hombre esas dos direcciones y a escoger entre la vida de los deseos terrenos y el de la espiritualidad. **La manzana sería el símbolo de semejante conocimiento y de la aparición de la necesidad de escoger**"[21]

---

20. Perls, F.S.: *Yo, hambre y agresión*. Fondo de Cultura Económica. México. 1975. Págs.141-142. #.
21. Chevalier, J.- Gheerbrant, A.: *Obra citada* p.688. #.

Decirte pues, querido Michel, que me parece haber escogido, en algún aspecto o tono de la palabra escoger al menos. Escogido en el sentido, por ejemplo, que evoca aquel viejo dicho español: "Que entre el clavel y la rosa su majestad escoja (o sea que su majestad es coja)". Entre el clavel y la rosa. Sigamos un poco más con Chevalier:

Rosa: "(...) Es la flor simbólica empleada en Occidente. Corresponde en conjunto a lo que es el loto en Asia, estando una y otra muy próximas al simbolismo de la rueda. El aspecto más general de este simbolismo floral es el de la manifestación, salida de las aguas primordiales, por encima de las cuales se eleva y se abre (...) La rosa se ha convertido en un símbolo del amor y más aún del don del amor, del amor puro (...) Blanca o roja, la rosa es una de las flores preferidas por los alquimistas cuyos tratados se intitulan a menudo rosales de los filósofos. **La rosa blanca como el lis está ligada a la piedra al blanco, al fin de la pequeña obra**, mientras que la rosa roja se asocia a la piedra al rojo, fin de la gran obra. La mayor parte de estas rosas tienen siete pétalos, cada uno de los cuales evoca un metal o una operación de la obra. **Una rosa azul sería el símbolo de lo imposible**"[22]

Rosa... y clavel. A veces fueron claveles y tuvieron en su pequeña medida y significancia todo el poderío de la Carmen de Merimée y de Bizet, y toda su tragedia y su oscuridad ambigua. Y su desgaste. Y su dolor. Mucho de su exceso pasión y algo, alguna vez, de su duende. Claveles en el agujero de los fusiles como en la revolución portuguesa, erotizando, en el Taller, pasiones destructoras y, a veces, dándoles un giro, una vuelta flamenca sobre sí mismas, como una peonza, hacia mayor luz o mayor paz, a veces... Como decía Kerenyi del clic del centro del laberinto. Otras no, cuando no supe hacerlo bien. Cuando me equivoqué. Cuando erramos. Cuando no pudo ser. Cuando fue de otra manera. Un recuerdo y una disculpa sincera a todos los heridos por mi desmesura o por mi inconsciencia. Por mi suciedad.

Y a veces son rosas que voy aprendiendo a regalar con más elegancia y menos apegos encubiertos, también literalmente. En una de las últimas veces, en un grupo de formación un tanto particular, alguien dijo: "¿Tanto y tanto llegué a hablar? ¿Dónde estuve mientras hablaba y hablaba? ¿Con quién me comprometí? ¿De qué me responsabilicé? ¿También ahora voy a seguir hablando

22. Chevalier, J. – Gheerbrant, A.: *Op.cit.* p. 891-893.

y hablando? Envoltorios de palabras para mi amor y mi vergüenza, para mi miedo y mi necesidad ¡A volar! Aunque las gallinas... !También a volar! Pero esa es otra historia, la de las gallinas que se pusieron un día a volar (...) (y cuenta la historia): -Señor están todas volando. - ¡Mierda, Búster!, no me joda con el rollo de las gallinas, le dije que las controlase. Tenemos cosas mucho más serias que tratar, el equilibrio mundial no puede entorpecerse por unas cuantas gallinas revoltosas. - ...Lo sé señor, intentamos controlarlas, pero ha sido imposible, de repente se han puesto todas a volar a la vez. - ¿Les ha escuchado decir algo? -No señor, iban en silencio... -Bueno, pero ¿sabemos al menos hacia donde van? -No... aunque por la dirección parece que se dirigen hacia el País de las Caricias"[23]

Pero lo mejor del asunto, me parece a mí, es que también hubo la otra parte. También aquí se coló el "clavel", como no. Otro alguien, en ese mismo contexto, escribió y contrapunteó, afortunadamente: "Siento decepción, también. Esperaba más aventura, pero también me he aburrido. Notaba este espacio muy hinchado, demasiado tu espacio, Albert, muy hinchado. El día de la rosa, mal, por tu protagonismo. Me pongo a ver y no es eso para mí. No la guardé, ya que podía hacer con ella lo que quisiera"[24]

Haber escogido entonces, estar escogiendo, y por lo tanto renunciando y potencialmente erroneando. También en el sentido de declarar "que su majestad es coja", "que el rey está desnudo" como en el cuento oriental, como acabamos de escuchar... Que el terapeuta está desnudo, loco, desaparecido, "hinchado", paranoico, pedorro, sádico, mentiroso, autista... o tonto o gilipollas o agurusado. Agurusado, es aquí creyéndose gurú en el mal sentido de la palabra, el que evoca engaño, abuso, manipulación, mentira, montaje. Y esa siempre viene resultando una parte particularmente difícil del escoger, claro. Y de aprender. Es difícil bajarse del burro; antes hay que haberse dado cuenta de ello (complicado sin bajar del burro...) y dejarse doler del propio desamor, de la propia torpeza y de la propia estupidez. Y obrar en consecuencia. Re-parar, en lo posible. Parar en seco, a veces. Sosteniendo la angustia y el vértigo del precipicio. El propio dolor del daño ajeno. Y el daño ajeno, claro.

---

23. Sixfor (seudónimo) en *Grupo de Mayores*. La obra. Edición privada. Barcelona. 2001. p.6.
24. Espejo (seudónimo) en *Grupo de Mayores*. La obra. Obra citada p.7.

También es difícil declarar la propia posición individual divergente o disidente en el entorno de un colectivo... amorosamente. Procurando no herirse ni herir, "sobre todo" (!) porque luego eso da mucho trabajo. Mucho. Sin tener que romper todo el vínculo con el nosotros, o con el otro, aunque a veces hay que romper o transformar una parte para ajustarlo a lo actual y real del vinculo ahora y aquí. Y eso siempre es difícil... y sanador. ¡En fin, qué te voy a contar a ti... !

La manzana es también, finalmente y retomando a Chevalier de nuevo, un símbolo universal del amor. De ese amor tan difícil de acertar adecuadamente, como difícil de ensartar era la manzana en la cabeza de su hijo, a la que Guillermo Tell intentaba acertar con su ballesta. ¡Cuánto riesgo...! Así pues, quizás podamos entender la tarea, **la Gran Tarea, como un camino hacia el conocimiento unitivo a través del amorosear la vida cotidiana**, las relaciones con las personas, los seres vivos y las cosas. Un a-pre-hender el aprender; un ir haciendo músculo en el ponerse blando, cálido y aproclive[25] -en el ponerse "amoroso", digamos- en el no importa qué.

Decirte, pues, para terminar, que me parece asimismo, con la compañía y el saber hacer principal de Cristina y también con la de "Otros Cuantos", **haber clavado los dientes en la tarea de la manzana**, y seguir en ello, de otra manera, e intentando continuar aprendiendo de ello, espero que por mucho tiempo. Deseando que el viaje sea largo como el Viaje a Itaca, como el Viaje de Vuelta a Casa. Como un volver a los orígenes, al principio.

> *"Si vas a emprender el viaje hacia Itaca, / pide que tu camino sea largo, / rico en experiencias, en conocimiento / A Lestrigones y a Cíclopes, / o al airado Poseidón nunca temas, / **no hallarás tales seres en tu ruta / si alto es tu pensamiento y limpia / la emoción de tu espíritu y tu cuerpo**. / A Lestrigones y a Cíclopes, / ni al fiero Poseidón hallarás nunca, / **si no los llevas dentro de tu alma, / Si no es tu alma quien ante ti los pone** / Pide que tu camino sea largo. / Que numerosas sean las mañanas de verano / en que con placer, felizmente / arribes a bahías nunca vistas; (...)"*[26]

25. Según Ramon Vilà, algo así como " no dirigido, no activo hacia ningún lugar, aspecto o cosa concreta "
26. Kavafis, K.: "Itaca" (1911) (fragmento inicial) en *Poesías completas*.

Me siento satisfecho y muy agradecido, con alguna que otra espina en forma de ¡ay!, con alguna que otra punzada en forma de dolor por el error o la torpeza, de los frutos que han ido apareciendo en estos años de ese árbol, de ese "manzano", en forma de personas y profesionales que están dando sus propios frutos. Y eso es bueno y hermoso. Los frutos están resultando abundantes y prolijos. Y lo bueno y hermoso suele ser bueno y hermoso. Y el dolor duele, como el amor y el desamor. Duele, querido Michel. Duele. Ya sabes...

Que "fe en Dios y el culo suelto" como seguramente te gritará un viejo amigo -"Memo", Guillermo Borja, supongo que ya os deben de haber presentado ahí arriba en el cielo- desde esa nube en la que con toda probabilidad os encontrareis de tanto en vez[27] para, digo yo, regalarnos unas cuantas carcajadas, indudablemente beneplacitadas "por supuesto" por un Altísimo blancamente socarrón, por lo mucho que nos pre-ocupamos los de abajo por nuestras nimiedades y pequeñeces, tan grandes para nosotros.

Que El/ Ella nos bendiga a todos.

Y, aunque ya sé que me dirás, porque siempre fuiste sabio, aquello de "No te enamoraste de mi / sino de ti / cuando estás conmigo"[28], de todas formas, déjame decirte y acabar, compartiendo guiño, con un: **Gracias, Michel. Gracias por todo, y gracias por lo que me quisiste, a mí**.

27. Expresión mexicana equivalente a "de vez en cuando".
28. L. y M.- Ricardo Arjona: "No te enamoraste de mi", en Caribe Mix.2002.

10. Lo dionisiaco en psicoterapia: un experiencialismo ambi-verso.

"...(...) Una máscara surge de las profundidades del mar, un rostro desconocido aparece en medio del espacio marino que es como un más allá. Pero no es un rostro de espanto como el ídolo troyano de Dionisos que vuelve loco al que lo descubre. ***Es una forma que propone un enigma, una efigie a descifrar, una potencia desconocida a identificar.*** *Hay en ella algo de divino, pero un divino distinto en los dioses helénicos.* ***Distinto****, en tanto hay sobre este rostro algo extraño y algo extranjero, según el doble sentido de xénos.*[1] *(...)* ***Hay en el delirio, en la manía dionisíaca, una parte de impureza, directamente imputable al hecho de estar fuera de sí, separado de los otros y de sí mismo*** *(...) Es, pues, la dimensión purificadora de Dionisos lo que se acusa en los advenimientos violentos de Baccheios o de Bacheus.* ***Cuanto más se desencadena la locura, mayor es el lugar para la catarsis.*** *(...) Rea pone fin a la locura de su nieto:* ***lo "purifica", lo libra de la manía. Y Dionisos, vuelto amo de su razón, aprende sus propias ceremonias****, sus télétai. Recibe de manos de Rea su vestidura, stolè... (...) lo cual lo califica, ritualmente parece, para ser introducido en su propio ceremonial...*[2]*...(...) (Dionisos) Se venga de la manía sufrida al producir para los humanos las ceremonias báquicas (baccheiai)...(...)... a los cuales aporta juntamente* ***"iniciación" y "recreación"*** *(télétè y paidia)... (...) Es el Dionisos katharsios, el dios que libera, Lisios...(...)... A la cabeza se muestra Bacante, dios del delirio, mientras que atrás aparece como potencia purificadora, como Lisios, dios de la liberación...(...)* ***Doble poder de Dionisos en una puerta analítica de la manía, que puede ser incluso purificación en la locura porque es en primer término conocimiento de la impureza****, en la violencia de un delirio que pide de vuelta ser purificada. Todo conforme al recorrido seguido por Dionisos, entre las dos potencias, Hera y Rea... (...) Dos máscaras de Dionisos, una, apodada Bacheus y tallada en madera de vid, la otra, llamada el Suave, el Apaciguador, el Meilichios, y modelada en el tronco de una higuera"*[3]

1. Detienne, M.: *Dioniso a cielo abierto*. Gedisa. Barcelona. 1986. p. 28.
2. Detienne, M: *Obra citada* P.48-50.
3. Detienne,M.: *Obra citada* P. 53-56.

Quiere ser este subtítulo de "experiencialismo ambiverso" una paráfrasis de lo que Claudio Naranjo ha llamado, ha bien-llamado me parece, "experiencialismo ateórico". Ambiverso pues como una matización de lo ateórico que toma este mismo concepto como trampolín para querer señalar que lo que personalmente me parece más esencial de lo dionisíaco es ese "siempre dos o más (aspectos, versiones, opciones, formas... de una cosa, o fenómeno) "Nunca uno", si lo decimos a modo de lema y por lo tanto de un modo probablemente demasiado simplista. Nunca Uno en la vida... puesto que sólo Dios es Uno.

Aunque, todo sea dicho, a estas alturas del partido ya sabemos que muchas presuntas ideas no son más que tautologías, como veíamos en el capítulo sobre la depresión, o proyecciones, tal como decía el formador al hablar del Programa Alfa en el capítulo 3. Así que si me aplico el cuento es bastante "lógico" que a un bipolar como yo le parezca tan sospechosamente esencial la ambiversidad, y que un rebeldón como quien escribe "necesite" matizar al maestro. En fin...

Dicho esto, sigamos... Pero vayamos por pasos. Dejémonos re-visualizar la imagen antecedente que encabezaba el capítulo en forma de cita... y, con la benevolencia del lector, permítaseme recordar en este punto aquello del prefacio. Aquello de visualizar con la razón, pero también con los ojos cerrados, con el corazón... con la respiración que hace melodía del cuerpo y sustenta la vida, Ella.

Continuemos, después de esta vuelta atrás y re-visita, por una presentación somera pero completa del mito[4]. Lo de completa porque creo que sólo podríamos eventualmente acceder a ir más allá de entender el dionisismo como evasión enfermiza, contemplando la totalidad o globalidad de la leyenda. Lo de somera como una manera impresionista de iniciar el cuadro: punteando pequeños detalles de color, telegráficos, para marcar puntos en la imagen y definirla en un proceso, formatearla de un modo procesual a lo largo del texto. Como la sinécdoque en la retórica literaria, que, de algún modo, trata la parte como todo o viceversa. Holográficamente. Como si fuéramos añadiéndole a la imagen unidades de luz, lux o leds, poco a poco... y así dándole poco a poco mayor definición. Como una foto polaroid que lentamente va definiéndose al revelarse ante nuestros ojos.

4. Versión personal de www.multimania.com/pharmakon/dyonisos/page1.html

Así pues: Dionisos es hijo de Zeus y Sémele (una mortal) ...ésta, provocada por Hera (la "esposa" de Zeus, clínicamente muy interesante esta provocación de la esposa...) quiere ver a su amante celestial "en todo su esplendor" y le pide que se muestre bajo su forma divina. Entonces Zeus se muestra como relámpago, y del fuego del relámpago Sémele se quema (¡claro!)

También Dionisos, que está en el vientre de su madre, se hubiera quemado si no es porque Sémele pone entremedio una **hiedra** que le protege y lo salva. Zeus lo rescata y lo pone en su muslo, de tal manera que la gestación se produce en el muslo de Zeus. Es confiado a Athamas y a Ino, pero Hera encuentra su rastro y vuelve locos a sus padres adoptivos. Tiene que huir a países lejanos y Zeus lo metamorfosea en **macho cabrío** (¿para protegerlo...?) Por otra parte las ninfas toman a su cargo su educación. En la edad adulta Hera lo vuelve a perseguir y lo **enloquece**. Vagabundea por el mundo entero. Atraviesa Egipto, Siria, Frigia..., clásicos lugares de Conocimiento, donde la diosa Cibeles lo **inicia** en sus misterios.

Allá por donde pasa introduce el culto de la viña y la fabricación del vino. Penetra en Tracia, en el dominio del rey Licurgo. Es, después, liberado de su locura. Esta liberación es muy importante. Se produce cuando va a buscar a Gea o Rea, su abuela, madre de Zeus (y por lo tanto anterior en el tiempo, es decir más principal que el propio Zeus), **"Ella"**, el Eterno Femenino, digamos. Y es a través **del proceso de depuración de sus propias impurezas como se cura de su propia locura**.

El rey Licurgo se opone a la introducción del culto del dios, suelta a las Bacantes y obliga a Dionisos a huir.

Poco tiempo después Dionisos libera a las Bacantes y le "devuelve", por decirlo de algún modo, la locura a Licurgo. Éste es otro de los asuntos destacables: quien se opone a Dionisos, a la fuerza de la vida multicolor, **quien lo quiere encerrar, se vuelve loco**.

A fin de aplacar la cólera de los dioses, los habitantes hacen marchar a su rey. Después de haber establecido su culto en todos los países del Mediterráneo, Dionisos va a la India en un carro de panteras en compañía de una escolta de Silenos, de Bacantes y de Sátiros, dice la leyenda. Después de una estancia misteriosa, va a Boecia donde intenta introducir su culto en Tebas. Pero Penteo, rey de la ciudad, quiere oponerse. Y se vuelve loco(!)

Dionisos se dirige a Naxos utilizando un navío. Durante el viaje la tripulación quiere secuestrar al dios para venderlo como esclavo.

Dionisos muestra su potencia inmovilizando el barco, **mostrándose fiero** y haciendo dar a todos los tripulantes gritos estridentes. La tripulación se lanza a la mar, y tanto piloto como tripulación se transforman en delfines (es decir que les perdona la vida, no los mata, no ejerce la venganza). Dionisos **va a buscar a su madre al infierno y parte con ella a buscar su lugar** en el Olimpo.

Resumidamente, este es el **mito**. Veamos a continuación algo sobre el símbolo de Dionisos y recurramos para ello a algunos extractos de Chevalier, de nuevo:

> *"Dionisos, Baco. 1. Divinidad cuya significación se simplifica abusivamente al ver en ella el símbolo del entusiasmo y de los deseos amorosos. La enorme complejidad del personaje de Dionisos, el* ***niño divino****, o el* ***dios dos veces nacido****, se traduce en la multiplicidad de nombres que le dieron, de los cuales los primeros, como el Delirante, el Ruidoso, el Trémulo se vinculan en efecto <a los ruidosos clamores del orgiasmos> (...) La Tierra madre, fecundada por el relámpago del dios del cielo, da nacimiento a un joven dios,* ***cuya esencia se confunde con la vida surgida de las entrañas del suelo...*** *(...) Numerosísimos motivos dionisíacos representan la alianza de la pareja divina: la escena simboliza a menudo* ***la unión del dios y del iniciado en sus misterios****. (...)* ***<Señor del árbol>*** *(Plutarco), es el que* ***<difunde júbilo en profusión>*** *(Hesíodo) (...) Podría decirse, si se consideran las formas sociales e incluso las formas de su culto, que es el dios de* ***la emancipación****, de la supresión de las prohibiciones y de los tabúes, el dios de los desfogues y de la exuberancia. <Lo propio de la purificación dionisíaca, dice P. Boyancé, es* ***llevar a su límite aquello de lo que hay que liberar al alma****> (...) Por haber retirado de los infiernos a su madre Sémele, fulminada por Zeus, y haberla introducido en la estancia de los Inmortales, Dionisos era también considerado como un* ***<liberador de los infiernos>****, dios ctónico, iniciador y* ***conductor de las almas****. (...) En el sentido más profundamente religioso, el culto dionisiaco, a despecho de sus perversiones e* ***incluso a través de ellas, testimonia el violento esfuerzo de la humanidad para romper la barrera que la separa de lo divino y para liberar su alma de los límites terrenos. Los desbordamientos sensuales y la liberación de lo irracional no son más que muy torpes búsquedas de algo sobrehumano****. Por paradójico que*

esto parezca, Dionisos, si se considera el conjunto de su mito, ***simboliza el esfuerzo de espiritualización de la criatura viviente a partir de la planta hasta el éxtasis****: Dios del árbol, del cabrón, del fervor y de la unión mística.* ***Sintetiza en el contenido de su mito toda la historia de una evolución****(...) Antes de él, según se ha dicho, había dos mundos: el divino y el humano, dos razas, la de los dioses y la de los hombres.* ***Dionisos tiende a introducir a los hombres en el mundo de los dioses y a transformarlos en una raza divina. El hombre aceptaba alienarse en la esperanza de ser transfigurado (...) Simbolizaría entonces las fuerzas de disolución de la personalidad: la regresión hacia las formas caóticas y primordiales de la vida****, que provocan las orgías;* ***una sumersión de la conciencia en el magma de lo inconsciente. (...) Se percibe la ambivalencia del símbolo: la liberación dionisíaca puede ser espiritualizante o materializante, factor evolutivo o involutivo de la personalidad***"[5]

Entonces, ¿qué de todo eso sería aplicable a la psicoterapia? ¿Cómo podría ser lo dionisiaco en la clínica psicoterapéutica? ¿Qué enfoque se derivaría de una actitud o posición dionisíaca frente la vida y frente al oficio de terapeuta? ¿Podríamos hablar de una psicoterapia dionisíaca? Y en caso afirmativo ¿cómo sería ésta¿ ¿Qué rasgos diferenciales tendría?

Me propongo pues en este capítulo reflexionar al respecto y ensayar un esbozo de un enfoque tal.

Kerenyi cita un concepto profundo y central para entender lo dionisiaco como algo más que ebriedad, juerga, cachondeo y cosas por el estilo: Zôa.

"Zoé <suena> en griego de manera diferente a bios. (...) La palabra zoé adoptó este <tono> en un periodo temprano de la historia de la lengua griega: en ella <suena> ***la vida de todos los seres vivos****. Éstos se llaman en griego zôon,* ***en plural zôa. El significado*** *de zoé* ***es la vida sin más caracterización****. Cuando, en cambio, se pronuncia la palabra bios, <suena> otra cosa. Los contornos y rasgos concretos de una vida concreta se vuelven, por así decirlo, visibles: los perfiles que distinguen una existencia de la otra. Lo que <suena> es la vida con su caracterización"*[6]

5. Chevalier,: *Obra citada* p. 420-421-422
6. Kerenyi,: *Obra citada* p.24

Si Zôa es la vida de todos los seres, la mía es una más de las vidas. Esa posición implica en general, fundamentalmente y en primer lugar, una relativización del propio drama, una confrontación del propio narcisismo, un poner en cuestión una perspectiva nuclear y por lo tanto fundamental. Es decir, que si la vida es la vida de todos los seres, la mía no tiene porque ser la más importante; en todo caso no es la única (algo obvio, pero no tanto desde la perspectiva neurótica, que actúa en cierto sentido como si no hubiera más vida que la propia) "No es a mí sólo a quien me pasan los dramas, los problemas y los conflictos". **Así pues una primera aplicación de un enfoque dionisiaco así entendido es poder sentir que uno es un ser vivo más, que hay muchos otros seres vivos y que el drama personal es personal, pero no único**. De aquí hacia la compasión -en el particular y específico sentido budista de la palabra por ejemplo- hay un camino conocido y trillado por muchos andadores, por muchos buscadores.

Eso es algo esencialmente curativo porque nos permite no sólo sentirnos acompañados, sino poder ver todo el bombo, todo el realce, que le estamos poniendo a la propia historia y a la propia película. Asunto éste desde luego, el de quitarle bombo a las cosas, que resulta principal en la psicoterapia, no sólo gestáltica. En el capítulo anterior lo proponía como un asunto esencial del amor, o del aprendizaje de lo amoroso al menos.

También el término zoa es utilizado por W.Blake, el gran poeta:

> *"El término <Zoa> puede ser derivado del texto griego del Apocalipsis (IV-6), donde hallamos el original del <beast> de la Versión Autorizada inglesa de 1611. La imagen tiene, además, un precedente en la visión de Ezequiel de las <criaturas vivas> (Ezequiel I-5.6): <Y en medio de ella, la figura de cuatro animales.* ***Y éste era su parecer; había en ellos semejanza de hombre; y cada uno tenía cuatro rostros y cuatro alas****>. (...) Tienen una analogía con los cuatro <elementos ocultos> de Paracelso (...) En los Libros Proféticos, Blake usó la forma plural de <Zoa> para indicar la imagen de cada uno de los cuatro aspectos originarios de la Existencia Eterna del Hombre"*[7]

7. Serra, C.: *Obra citada* p.81-82

Esos cuatro aspectos, zoa, beast o animales se han asociado clásicamente con los cuatro Elementos: Tierra, Agua, Fuego, Aire; que a su vez se han relacionado con los cuatro aspectos constitutivos de lo humano: sensación, emoción, pensamiento e intuición en la terminología jungiana. Lo dejaremos aquí por el momento.

El Delirio

Dionisos cae en delirio, es decir que tiene una experiencia personal de delirio y va a crear las ceremonias dionisíacas para vengarse, para en su locura vengarse de los humanos, pero también para traspasar su saber de esa manera. **Es, pues, la experiencia del propio delirio depurado, transformado, lo que le hace a uno ser capaz de trabajar con el delirio del otro**. Recordemos a Dionisos en el mito: todo lo que va a vivir nace de una tragedia personal. Es hijo de una mortal y de un dios, pierde a la madre, y la "mala" de Hera (celosa) lo va persiguiendo porque Sémele se había enrollado con su marido. Es víctima de un odio, y es la depuración de ese odio (versión delirio) lo que lo hace moverse y ser ese buscador que va a ir a Egipto, a la India...

Es precisamente este asunto el que me parece fundamental. Quiero decir, ver **lo dionisiaco no sólo como un elogio de la embriaguez, no como un elogio del (sólo) éxtasis, sino también del "ínstasis"**, digámoslo así de momento. No sólo de la salida sino también de la entrada, no sólo de la explosión sino también de la implosión. En definitiva como una profunda fe y confianza en los procesos vitales que se mueven, que cambian de forma y de aspecto y que renacen, o no. Quizás algo que sí renace y algo que no, o algunos sí y algunos no. O todos, o ninguno... Pero, "que me quiten lo bailao". Pero que es el proceso de vivir de esa manera lo que importa y va dando sentido a la vida. Sentido, en la significación que a este término le da la psicoterapia existencial y en concreto Víctor Frankl.

Así que Dionisos es uno que busca, y busca aquí y busca allá. Es precisamente esa metáfora del buscador otro de los elementos que podemos tomar para aplicarlo a la psicoterapia. Ese asunto de que quien no rinde culto a Dionisos cae en delirio. Dicho en otros términos, que **uno de los mayores problemas de la locura, si no "el problema", es su prisión**. Entonces, algo que la psicoterapia podría aprender e incorporar de un modo más obvio de lo dionisiaco sería darle un lugar más digno a la locura, darle expresión, darle cauce, darle marco, darle palabra, darle emoción... Darle lo que corresponda en cada caso, pero que se resume en la frase "Hazle un altar a Dios y otro al Diablo". Si el diablo tiene altar, ocupa su lugar. Si no tiene altar, se cabrea y va a buscar el altar de Dios... y ya la hemos liao.

Así que otro aspecto deducible de la historia de Dionisos y aplicable como digo a la psicoterapia en mi opinión y según mi experiencia sería que **si aprisionas la locura... te vuelves loco**. Si tapas el dolor, generas una psicosis o una neurosis. La neurosis y la psicosis entendidas como todo lo que hacemos para no conectar con la parte más angustiosa, oscura, desconocida... de nosotros mismos. Con la sombra como decía Jung.

Una psicoterapia dionisíaca, por decirlo así, sería una que le dijera "hola, buenos días..." a la locura (a ese aspecto loco que todos tenemos) Con cuidado y con respecto, pero "buenos días". También lo dionisiaco evoca el poder soltarse en una fuerza mayor que uno no domina, que uno no controla, pero que nos toca estar con nosotros mismos mientras estamos ahí, mientras nos estamos soltando, mientras nos están soltando.

Es pues un tipo de éxtasis en el que a cada cual le toca sostenerse a sí mismo. No es un éxtasis del tipo "responsabilízate tú de mí, que yo me voy a colgar, a poner loco", sino que es una especie de éxtasis intencionado, o una especie de expansión sostenida en uno mismo, siempre que en el proceso de expansión contemplemos a la vez la contracción.

También ahí hay algo fundamental, y es que la posición neurótica en psicoterapia es algo así como "yo soy más listo que la vida" o "si yo controlo no pasará nada, pero si me suelto... habrá una catástrofe, perderé". La posición dionisíaca sería por el contrario algo así como: "La vida es más lista, más antigua, más ancha, más sabia... que yo. Así que lo que me toca a mí es ocupar un lugar en el cortejo de las Bacantes, como los sátiros. Un lugar, mi lugar (¡ese viaje¡), pero no más ni menos que uno entre otros, uno inter pares": "No es que yo me hubiera equivocado cuando preví o no preví esto, o que iría por aquí y no por allá la cosa, es que no se trataba de que yo supiera, es que no se trataba de que yo controlara. Se trataba de que fuera capaz de adaptarme a una vida que siempre se mueve, que siempre cambia, que nunca se está quieta, que no puedo atrapar. Pero que lo que sí puedo es sentir, participar en ella, participar en la Obra"

Entonces una actitud dionisíaca ahí aplicada es una en la que aprendemos a fluir con la vida, pero sustentada en una idea de que, como digo, "la vida es más lista que yo, afortunadamente..." Muy importante aquí, desde luego, ese adverbio de afortunación, por el color que le pone a la escena: el que implica gozo en ello y el que implica dejarse recibir la Fortuna de No Saber.

El vino, la hiedra y la miel

El vino se asocia normalmente con Dionisos, que es conocido como el dios del vino, el introductor de la vid y del vino; y también el vino entendido como el producto-productor de la embriaguez, de nuevo la ambiversidad. Sin embargo hay también asociaciones de Dionisos con la hiedra y con la miel que dan otros contextos y una profundidad al mito, que si uno se queda solamente con el asunto del vino creo no puede ver tan claramente.

Veamos. La hiedra evoca el mundo de lo vegetal, es algo que también está en la base de la esencia dionisiaca... ¡vamos! que es lo que lo salva en el mito de morir bajo el relámpago de Zeus al nacer. Es pues aquello con que su madre lo protege. La hiedra como lo que siempre se está moviendo, y muere, y renace, y cambia... y la quieres apretar por aquí y sale por allá. Y la podas y parece que la has controlado... pero vuelve, y vuelve, y vuelve...

> *"(La hiedra) (...) verde en toda estación, simboliza la permanencia de la fuerza vegetativa y la persistencia del deseo. (...) representaba el ciclo indefinido de la muerte y los renacimientos, el mito del perpetuo retorno"*[8]

La miel es un símbolo más complejo, a la que Chevalier le dedica nada menos que siete apartados diferentes, por contraste con la hiedra que acabamos de citar, a la que sólo le dedica uno. Resumiendo los titulares, quedaría algo así como:

8. Chevalier,: *Obra citada* p. 564

"La miel es el símbolo de la dulzura y se opone a la amargura de la hiel. Asociada a la leche, designa la tierra feliz y fecunda, la tierra prometida (...) El mismo simbolismo se utiliza en los textos búdicos: <Mi doctrina es como comer miel, el comienzo es dulce, el medio es dulce y el final es dulce>. En las tradiciones órficas la miel simboliza la sabiduría (...) El sabor dulce, propio de la miel, corresponde, en la simbólica china, al elemento Tierra, al centro (...) En los Vedas es celebrado como principio fecundador, fuente de vida y de inmortalidad, como la leche y el soma, y también es comparado al esperma del Océano, la Gran Leche omnívora (...) En las tradiciones celtas es la base de la hidromiel, bebida de inmortalidad (...) la miel vendría a designar la beatitud suprema del espíritu en estado de nirvana (...) En el pensamiento analítico moderno, tomada como resultado de un proceso de elaboración, es el símbolo del Yo superior, del Sí (Mismo), en tanto que la última consecuencia del Trabajo Interior sobre uno mismo..."[9]

Así pues, digamos que la fórmula magistral del ungüento dionisiaco podría ser: "Dionisos = vino + hiedra + miel". Complejo brebaje... Los enólogos y enósofos me parece que entenderán bien a qué me refiero.

En todo caso y más allá nos encontraríamos en cualquier caso frente al asunto del vino con su doble cara de veneno y de remedio. Como la serpiente. Es remedio porque aporta a los hombres un estado de éxtasis, de ex-stasis, de (poder) estar fuera de sí. Y es veneno porque uno se engancha y porque sólo con esa visión nos perdemos la mitad de la vida. Si sólo tenemos esa visión ebria, nos perdemos la visión sobria. Lo que me interesa destacar ahora y de nuevo es ese doble aspecto de la misma cosa (esa ambiversidad, retomando el subtítulo de este capítulo): es a la vez veneno y remedio.

Es lo mismo, entonces y por cierto, que pasa con el carácter, con la propia psicopatología, con el tipo de personalidad, con el vicio que uno ha elegido para andar por la vida, con el club de deformadores de la percepción al que nos hemos suscrito de pequeñitos sin saberlo. Con aquello que me mata porque me quita la libertad, porque me convierte en una máquina; porque es mi carácter, mi máscara, el automatismo que yo he creado para construir una personalidad cuando estaba siendo niño. Mi identidad en La Matriz, en Matrix...

---

9. Chevalier,: *Obra citada* p.634

Dice Rûmí:

"¿Quién hace estos cambios?/ Disparo una flecha a la derecha/ Cae a la izquierda./ Cabalgo tras un venado y me encuentro/ perseguido por un cerdo./ Conspiro para conseguir lo que quiero/ y termino en la cárcel./ Cavo fosas para atrapar a otros/ y me caigo en ellas./ Debo sospechar/ de lo que quiero"[10]

¿Quién hace esos cambios? Pues un Quién que era adecuado en aquella época o momento, cuando era pequeñito, pero que finalmente se convierte en una prisión, y me obliga a tener que ser de una manera concreta. Por ejemplo, supongamos, ser duro o ser blando, pero sólo blando o sólo duro, no ambas cosas juntas o alternativas, con sus diferentes grados intermedios.

O sólo guapo, o sólo feo; y no feo en esto... guapo en aquello. Si no doy lugar a la fealdad que a todos nos acompaña en algún momento o aspecto de nuestro complejo ser, la guapura se convierte en caricatura, en maniquí, en de plástico, en vanidad, en mentira. En algo fofo.

El carácter, entonces, es veneno porque me destruye como persona, como ser individuo, porque me obliga a gastar una enorme cantidad de energía para que eso siga siendo así, y porque me crea muchos problemas... si pretendo vivir la vida de un modo internamente más libre, claro.

Pero es remedio porque sólo "de vuelta a casa", sólo después de haber soltado eso para recuperarlo, uno en realidad es quien es. Por ejemplo, no hay mejor controlador aéreo que un obsesivo, digamos; difícilmente un@ puede ser actor en un personaje expansivo si no es un poco, al menos, histérico o histriónico. Pero la histeria es una falsedad. Entonces el proceso será soltar, ver, distanciarse, sentirse ser fuera de... Pero también "volver a casa", volver a ese lugar con la experiencia del Viaje que a un@ le otorga un lugar personal y único en la vida. Me estoy refiriendo ahora a esa fase del Hacer Nada o Fase III en el trabajo con el carácter de la que hablaremos en el último capítulo.

10. Sin referencia. Traducción del inglés de Ruth Terrones y Ali Bahman.

La muerte y lo cíclico

Dionisos es, por otra parte, alguien que se mueve constantemente, va para aquí, va para allá, entra en tal reino... está y desaparece. En Delfos, según algunas versiones, se va a alternar con Apolo en un ciclo perpetuo de idas y venidas. Ese aspecto viene a evocar, en mi opinión, el profundo respeto de lo dionisiaco por los ciclos naturales; por eso de que **todo cambia en apariencia, pero a la vez todo guarda una unidad...** con una visión un paso atrás. Ese movimiento de poder soltar y poder tomar, de ver lo que es diferente en sus formas pero guarda una unidad esencial.

Quien diría, por ejemplo, en invierno, en pleno mes de diciembre o enero, que hay una planta, que hay una semilla, allá donde solo se ve tierra. Uno diría "no hay vida", pero también podríamos decir "hay otra vida, no-visible-ahora, que será visible en primavera, seguramente. O no".

Otro aspecto importante de lo dionisiaco es entonces esa **muerte en vida**. A Dionisos se le llama también el Ditirambo, que significa el que ha pasado dos veces por la Puerta. Esa misma metáfora o manera de hablar la podemos tomar también en psicoterapia. Podemos entender que la psicoterapia, o algunas psicoterapias, son una manera de "morirse", de permitir que muera una parte de uno mismo, para que otra(s) pueda(n) tomar más vida, más presencia en la vida cotidiana, interna y externamente.

Hay también y todavía un aspecto de Dionisos ligado con los misterios órficos. Los Titanes lo despedazan, viene Zeus con el famoso rayo, se carga a los Titanes y es de ahí de dónde van a nacer los hombres. Novelado, ese aspecto psicológico de los titanes tiene una poderosa fuerza icónica: esa vida humana que nace de la fuerza brutal o asesina, pero también ese despedazamiento que recuerda el mito egipcio de Osiris, el que al morir en vida va a ser el rey o patrón o santo de los muertos... pero también de los que mueren en vida. Estamos hablando, claro, de la muerte del ego, de lo que hasta entonces cada cual hemos conocido como "yo". De la reestructuración, en cualquier caso, de dónde se ubica un@ cuando dice "yo". Eso es algo que, en una psicoterapia no breve o no sintomática, no enfocada a (sólo) resolver, en una psicoterapia más de proceso de auto-conocimiento... pues sería, creo, una de las metáforas principales.

En otras palabras. Que suele ocurrir que lo que un@ quería decir cuando decía "yo" al iniciar la psicoterapia, no es lo que un@ dice cuando dice "yo" al finalizar ese proceso. Eso es algo observable en la mayoría de los casos. En un proceso psicoterapéutico -gestáltico, desde luego, pero también de otro modo freudiano, lacaniano, jungiano, kleiniano, bioenergético, rogeriano, humanista...- hay una pérdida, y mucha parte de la psicoterapia tiene que ver con soltar, con soltar, con soltar... lastre.

Hay un ejemplo que me parece útil para expresar esa idea, que es la polaridad introyecciones-proyecciones. Volvamos de nuevo a ese asunto ya visto en capítulos anteriores con un poco más de perspectiva esta vez. Las primeras son los asuntos y posiciones que nos hemos tragado como identidad, pero que pueden no ser nuestros. Proyección es lo que ponemos afuera de nosotros y no sabemos ver dentro. Entonces, el trabajo con lo proyectivo en psicoterapia tiene que ver con ir aproximándose -y viendo qué piedras nos hemos / nos han puesto en el camino - a "eso (que) también soy yo": a "ese asesino también soy yo", "ese moro también soy yo","ese blanquito también soy yo", "esa mujer / hombre también soy yo", "ese tan pequeño también soy yo", "ese paralítico también soy yo", "ese tan enorme también soy yo", "ese asqueroso también soy yo"...

Así que es un ir recuperando pedazos, pero también un sacarse de encima voces que resuenan dentro que, o bien no son propias, o bien se quedaron antiguas pero siguen ahí jodiendo la marrana, molestando, perturbando, confundiendo. Y ese es el trabajo con lo introyectivo.

Lo divino y ella

Otro matiz de lo dionisiaco lo relaciona con el tantrismo indú o con el shivaísmo. Siempre me ha impresionado desde que se lo leí, no recuerdo dónde, lo que decía Alan Watts "Dios es negra, y además de ser la luz más luminosa de todas las luces, es la oscuridad más oscura de todas las oscuridades"

Dionisos representa muy bien ese viaje, ese Rescate Infernal de la película del mismo título, ese rescatar del infierno a "la madre" (!). Esa capacidad de ir al infierno "como Pedro por su casa". Dice el mito que a buscar a Sémele, su madre. Pero eso de ir al infierno a buscar a la madre ¿no es una manera de entender el trabajo personal con lo genético o kármico para ir depurándolo y encontrar el lugar particular en la vida? ¿No era eso lo que Jung llamaba proceso de individuación?

También resuena este aspecto en algo que le he oído comentar a alguien muy viajado en asuntos espirituales, que comentaba lo que le había oído a su vez decir a un prestigioso maestro oriental de meditación: "Haz todo como si fuera sagrado, porque no lo es". Esa actitud de sacralizar las pequeñas cosas encuadrada en una posición del tipo: "Si Dios es todo, todo es Dios". Sacralidad pues de lo cotidiano, de lo nimio, de lo más banal; tan sagrado lo de arriba como lo de abajo -recordemos la Tabla Esmeralda del Hermes Trimegisto alquímico- lo bello como lo feo, lo limpio como lo sucio. "Entrégate al dolor como te entregas al placer"[11]

Una última cosa. A diferencia de otros dioses griegos, Dionisos es alguien que se presenta de una manera muy variada. Al principio del mito es un señor barbudo con una copa en la mano. Después de su viaje a la India es un efebo afeminado. En el Baco romano va a ser un gordo gordísimo, y en la versión más esotérica de los orfistas es un niño.

De ahí, sobretodo, quisiera destacar que es ésta una actitud particular que implica una posición no-patriarcal respecto a la mujer, respecto a esa mujer entendida como la Diosa, respecto a la mujer y respecto (respeto) a lo femenino que todos llevamos dentro. A mí me ha gustado mucho la imagen de masculinidad que se desprende de esa visión. Hay ahí una idea de poder ser hombre siendo todos esos aspectos y poder ser como Dionisos con respecto a la Diosa. Por ejemplo el que es hijo y esposo al mismo tiempo. ¡Tiembla Edipo... ! Me parece que eso representa hacia la mujer, no el tipo de hombre y de relación hombre-mujer de la civilización judeo-cristiana, sino un sentimiento, una intuición, de que es en ella, en Ella, en lo Ella, donde se esconde **el misterio de la cosa**. Mis amigos los trovadores provenzales del siglo XII sabían bastante de eso... Lo que escribió y dijo Jung al respecto me parece decisivo en la historia de la psicoterapia.

---

11. Naranjo, C.: *"Reglas y juegos de la terapia Gestalt"* en Fagan, J – Sheperd, X.: Teoría y técnica de la terapia gestalt. Amorrortu.B.Aires. 1976.

La alegría y el humor

"La risa es la obra social más barata y efectiva del mundo". R. Pettinato[12]

En realidad, podríamos decir que una buena psicoterapia, más allá de las escuelas, es una en la que el paciente o cliente despierta al sentido del humor.

El sentido del humor, muy relacionado con lo que se llama el sexto sentido, me parece, evoca desde luego la capacidad de reírse de uno mismo, de la vida; la capacidad de reírse...

La risa, o la sonrisa, es algo de lo más humano de lo humano. Algo a lo que sólo los primates superiores se acercan, aunque no de la misma manera. Así pues, la alegría y el humor como "cura", como curación. **Si el amor enajena, embriaga, arrebata... y cura; el humor distancia, suaviza, atempera... y cura**. Implementa el aprendizaje y el cultivo de una doble actitud apasionada/ desapasionada, ebrio de pasión/ sobrio de apasionamiento, visión encantada/ no encantada... que invita al testigo a ocupar un lugar interno. Y por lo tanto a poder no estar completamente enganchado, como un chicle, a eso que está pasando (me).

Pero el humor puede ser defensivo, claro. El cinismo es agresión disimulada. La ironía evita la verdadera confrontación, la claridad y el encuentro con lo doloroso... Pero la Ironía era también el primer paso de la mayéutica socrática. Así que... Ambas cosas, ambos aspectos. Lo ambi-verso. De nuevo. Toda receta es una etiqueta, y las etiquetas ("estate-quieta(s)") catalogan productos, no procesos; cosas, no personas. Digo...

"El escultor Damon (de los artesanos/el mejor del Peloponeso) en pariano/mármol modela el cortejo/de Dionisos, dios de gloria/soberana, de poderoso andar./A su derecha, la Licencia. Y a su lado/la Embriaguez vertiendo vino a los Sátiros/de una gran jarra con enlazadas enredaderas./ Cerca de ellos la lánguida dulzura del Vino,/con ojos semicerrados, trae el sueño./Y más abajo están los comediantes/ Melodía y Armonía, y la Fiesta que/nunca deja apagarse la lámpara/de la abundancia; y devotísimo, el Misterio / (...)"[13]

12. *El Periódico de Catalunya*. Domingo, 11 de febrero de 2001. p.8
13. Kavafis, K.: *"El cortejo de Dionisos"* (ant.1911), en *Poesías completas*. Hiperión. Madrid.1976. p. 33.

11. Acerca del Hlqauldlg,

o cómo no vivir "haciendo lo que a uno le da la gana" ...en el mal sentido de la expresión.

"Sólo le pido a Dios
que el dolor no me sea indiferente
que la reseca muerte no me encuentre
vacío y solo sin haber
hecho lo suficiente"

León Gieco

Empecemos. "*Hacer - lo - que - a - uno - le - da - la - gana*". Bueno... Digamos de momento que es una frase, un conjunto de palabras más o menos organizadas, que todos hemos oído, o hemos dicho, o nos hemos dicho seguramente muchas veces.

Pero, ¿qué es eso? O "¿qué será, qué será..." -como dice la canción- hacer-lo-que-a-uno-le-da-la-gana...? (Para abreviar, aclaremos al fin el enigma fonético, escrito sólo con iniciales: H.l.q.a.u.l.d.l.g., "Hlqauldlg" a partir de ahora en todo el capítulo para abreviar).

I. "uno/ Uno"

Hagamos una primera variación. Pongamos, simplemente, una inicial mayúscula (U) en una de las palabras de esa frase. En una de las palabras. En una. En la palabra uno. Es decir, en "uno".

Retomemos. "Hacer lo que a uno le da la gana...", versus "Hacer lo que a Uno le da la gana..." (O el Hlqauldlg versus el HlqaUldlg)

O sea que en la segunda versión, ésta última con la inicial mayúscula (U) en medio de la palabra, podríamos entenderlo como equivalente a un entregarse a Dios. Entregarse al Uno, a Quien es Uno. Vivir según las ganas de Dios, nada menos. De la semántica a la mística. Ambas, gestas de lo indecible. Como el arte y ciertas clínicas psicoterapéuticas.

Formulemos la hipótesis: **Creo que si uno entiende, siente y hace lo que a uno y lo que a Uno le da la gana, a la vez... pues ha encontrado la piedra filosofal, ¿no? Si alguien entiende, "ve", "oye", "huele", "toca", "sabe"... la síntesis entre la identidad individual (uno) y la identidad colectiva, fusional, total (Uno)... pues se ilumina, creo yo.**

Dice Claudio Naranjo:

> *"Pero va un poco más allá de Perls y de todos los psicólogos Friedlander al decir que esa voluntad es divina. Que si logramos trascender el mundo podemos contactar* ***con una voluntad en lo más íntimo de nosotros que es más bien una voluntad del cosmos****"*[1]

Y dice Rûmí:

> *"Ahí afuera, más allá de ideas de bien o mal, hay un lugar/ Nos vemos ahí. / Cuando el alma yace sobre la hierba / El mundo está demasiado lleno para hablar de él / Las ideas, el lenguaje, incluso la frase [cada uno] / No tienen sentido."*[2]

Difícil. Pero (quizás) posible. Algunos lo vivieron, parece ser. Entonces... ¿Cómo? Aventuro hipótesis:

Muchos años de trabajo personal. Muchas y vividas pérdidas. Cierta predisposición. Trabajo, trabajo, mucho trabajo, paciencia, trabajo... y Trabajo. Trabajo con la inicial mayúscula, también, en el sentido de trabajo interior, de autoconciencia en la vida cotidiana, la que le da al término la escuela del Cuarto Camino o algunas escuelas sufíes y místicas en un sentido más general, tal como ya he evocado en algún momento del libro.

También hace falta suerte. Pertinencia en la elección de contactos. Varios (al menos) infiernos no renunciados. Fortuna...

...Que Ella (alguna vez) te diga algo. "Morir". Re-nacer unas cuantas buenas veces. Poder verle el truco a lo noble de lo sublime, no menos que a la rutina de lo extraordinario. Que nadie vuela vamos, ¡peeerooo...!

Querer. Aprender a amar. Haberse querido morir (de verdad...) al menos una vez en la vida. En ambos sentidos de la expresión

---

1. Naranjo, C.: *"Noticias de un genio olvidado"* en BPIT, Nº 2, Primavera 1995, p.13.#.
2. Sin referencia. Traducción del inglés de R. Terrones y de Ali Bahman.

"morir de verdad". En el que evoca el no juego, la seriedad en haberlo sentido. Pero el que evoca al mismo tiempo el deseo de morir por falta de verdad en la vida, morir frente a la in-autenticidad sentida. Haberse querido morir de verdad, enfermo de (falta de) verdad entonces... y no haberse muerto en realidad, claro. Ese intríngulis ditirámbico.

Y haberse arriesgado a perder, y a perderse, cómo no. **Haber periclitado[3] y declinado Maestro[4].** Haber periclitado y declinado a/con alguien a quien se le ha atribuido una completud total, una perfección quasiabsoluta, un Otro en el sentido que dice Lacan y otro en el sentido que Lacan no decía... o no sabía, o no sabía decir, o no quiso decir. Un terapeuta, un maestro, un jefe, un profesor, a veces un cónyuge o un amigo... Declinado, como en latín o en alemán, en el sentido de haber explorado una buena parte de los tiempos o aspectos del tempo de la relación vincular con un Maestro. Nominativo, genitivo, dativo, acusativo, vocativo y ablativo... (lo que nombra, lo que genera, lo que vincula, lo que "acusa", lo que "da", lo que grita... ¡Ahhh!) Euforia, enamoramiento, subirle al pedestal, bajarlo... Haberlo deseado, odiado, querido finalmente, apreciado profundamente... La distancia, el rebote, la fusión, otra cosa, la crítica asesina, la no-asesina; lo sin palabras; la espiritualidad a través suyo, la directa sin él/ ella, la directa con él/ ella; los tránsitos intermedios y lo cotidiano de todo ello... ¡Uff!

Me parece que la experiencia interna que aporta ese proceso, el Viaje que billetea, es una excelente manera de suscitar y de poner conciencia en el estado amoroso. Y me parece, como seguramente ya habrá deducido el lector, que el aprendizaje de este estado amoroso es desde luego el asunto central en al Viaje, en el Camino. Si no en la vida... Seguramente junto con lo que podríamos llamar el Conocimiento, es decir el auto-conocimiento, si nos atenemos a uno de esos grandes puntos de encuentro entre la tradición oriental y occidental: sabiduría y compasión en el budismo, piedad y letras en el lema de los escolapios cristianos por ejemplo. Siempre que el auto-conocimiento no lo entendamos como un concepto egótico que excluya el conocimiento del Mundo y de la Relación con él.

Estado éste en cualquier caso *-falling in love* dicen los ingleses, cayendo en amor literalmente, volvamos de nuevo ahí, a ese

---

3. "Periclitar: (del ita. Periclitari). intr. Peligrar, estar en peligro; decaer, declinar.". Diccionario de la Real Academina. Obra citada p.1576.
4. ¿Maestro = Ideal del Yo + Yo Ideal... proyectado?

asunto de la Caída - que como mínimo implica un re-visitar la propia historia y los principales vínculos parentales, familiares y estructurales "una segunda vez"; y una zona menos conocida normalmente para la mayoría de las personas, fundamentada en el sostenimiento y en el aprendizaje del "cocerse", en términos de Rûmí, de un cocerse arrobadamente si le añadimos el matiz de una Teresa de Ávila o de un San Juan de la Cruz, del pasar de crudo a cocido. **Del sostenimiento regular, entonces, de la experiencia tantas veces dura y siempre íntima de un Algo Más que Yo.**

Y fracasar, desde luego. Equi-vocarse, o sea derramar-se de un modo equitativo, sin selección egóica. Equivocarse: "Lo que se puede entender de diversas maneras, que envuelve dos o más sentidos distintos"[5]. Poder llegar a ser equi-voco, "toda figura que puede representar **a la vez** dos o más objetos distintos"[6]. De nuevo lo ambiverso. "Romperse", permitir el resquebrajamiento, el giro que la vida, a través del fracaso o de la crisis, nos pone delante. En las narices. El hecho de honrar el fracaso como uno honra el éxito, permite a veces un giro insospechado. A veces un giro en el centro, una vuelta sobre sí mismo, tal como nos decía Kerenyi en el capítulo anterior al evocar el sentido del centro del laberinto. Un clic...

Aficionarse así pues a expresar el fracaso como parte de la obra, de la Obra, con el mismo rigor y con el mismo honor que los triunfos o que los éxitos. A la misma altura, con la misma dignidad, otorgándole un marco y un ceremonial de tanta altura. Des-apego. Convicción. Entrega. Y dolor y duelo...

Fracasar... Soltar pretensiones, vivir en los escollos. Sonreír, orgasmar, llorar, gritar, "gritar como en El grito de Munch", callar, balbucear, chistar en sonido o en chiste... Rescatar la parte o aspecto de fracaso convenientemente presente en todo triunfo, o en su aroma. Y saber y poder decir de verdad: "gracias". Gracias por cada uno de los momentos, sin excluir ninguno. Sin excluir ninguno. (Ni los feos, vamos)

¡Y vivir! Dejarse ya de puñetas y vivir, ¡joder!... Que son tres días (no cuatro, porque a veces uno no llega donde quería) Joder. Sí, joder... que también es follar. Pero, clarobscuro, ¿con quién...?, ¿para quién...?, ¿por quién...? ¿a quién...?

Definitivamente: Con Ella. A Ella. Para Ella. Por Ella. Bueno, pero eso ya es ciencia-ficción... o casi-poesía. Y deberíamos continuar...

---

5. Serrano, M.: *Obra citada* Tomo V. p.1066-1067.
6. Serrano, M: *Obra citada* Tomo V. P.1067.#

II. "Gana"

Vayamos con una segunda variación de la frase, como en la música. Salvando las distancias y obviando las respectivas y obvias magnitudes como Rachmaninoff con Paganini, como Bach en las Goldberg o, eternamente, en el Arte de la Fuga.

La gana (hlqauldl <gana>) "Gana", es decir,"deseo, propensión natural, inclinación natural hacia una cosa..."[7] Pero también " apetito. Hambre..."[8]

El **hambre** será para Fritz Perls, un eje nucleador de toda su teoría del psiquismo, que opondrá -y así referenciará con, claro- la libido freudiana.

El **deseo** será para Lacan un concepto no menos vertebrador de su pensamiento.

> "... (...) *Parte del trabajo analítico consiste en tratar de extraer el deseo del sujeto de sus incesantes demandas.* ***El neurótico privilegia la demanda, oculta su deseo detrás de la presencia imponente de la demanda... (...) La demanda es siempre demanda de un objeto; en cambio, el deseo tiene como objeto nada, en el sentido de que "el objeto es la falta".*** *Ciertas estructuras clínicas muestran con claridad esta diferencia. La anoréxica, por ejemplo, al negarse a comer da cabida a un deseo que está más allá de la demanda. Frente a la demanda de la madre de que coma, la hija ofrece una negativa simbólica, manteniendo su deseo centrado en comer "nada". Se introduce así una falta en la relación con la madre, que marca claramente la tensión entre la demanda y el deseo...*"[9]

Del hambre dirá Perls en su primer libro[10], que es el verdadero motor del impulso, de la fuerza vital, de la vida. Nos movemos por un desequilibrio homeostático, en el que donde había algo, calma, se produce un déficit, un agujero (¿ por qué no una falta?)... y sentimos hambre ¿La freudiana "experiencia de satisfacción"? ¿Seguro que es exactamente la misma cosa...?

7. Casares, J.: Diccionario Ideológico de la Lengua Española. Editorial Gustavo Gili. Barcelona.1959. 2ª edición. p. 412.
8. Casares, J.: Obra citada, p.412.
9. Leader,D. y Groves, J. : Lacan para principiantes. Era Naciente. Buenos Aires. 1996. p.83.
10. Perls, F.: 1943 Obra citada

> "... He asentado que la agresión es ante todo una función del instinto de hambre... (...) Cuando la tensión de hambre se hace alta, el organismo ordena las fuerzas a su disposición. Se experimenta el aspecto emocional de este estado primero como irritabilidad no diferenciada, después como ira y finalmente como rabia. La rabia no es idéntica a la agresión, pero encuentra su desahogo en la agresión, en la inervación del sistema motor como el medio para conquistar el objeto necesitado... (...) No hay justificación alguna para llamar sólo al instinto sexual un instinto de objeto. **La agresión está al menos tan ligada al objeto como el sexo, y puede, del mismo modo que el amor (en el narcisismo o en la masturbación) tener al "Ser" como objeto**. Ambos pueden llegar a ser "retroflexionados"[11]

Gana. Deseo. Agresión. Sexo. Objeto. Ser. O, como dice Marie Petit:

> "...que el instinto de supervivencia (el hambre) es anterior en la constitución de la personalidad al de la reproducción (el sexo), y que nuestras actitudes frente al alimento son un precedente al cual nos referimos bastante antes que al desarrollo de las motivaciones sexuales..."[12]

Recordemos de nuevo al respecto lo de Lacan y la anoréxica como ejemplo paradigmático. Nuestras actitudes frente al alimento (vital) como un referente fundamental.

El hambre, pues, la gana, la sufrimos, la vivimos y algunos la gozan. La gana exige, requiere, cita, encadena, neurotiza; subleva, retuerce, acaricia; psicotiza, enferma, mata... y, a veces, "da". Da ganas de vivir, puede llegar a dar libertad interna y, de tanto en vez, da "gracia".

La gana da gracia pues, creo, probablemente en las preciosas ocasiones en que se juntan el uno y el Uno, en un aquí y ahora, en un presente: **El hacer (que quiere incluir aquí pensar y sentir) lo que a uno le da la gana y lo que a Uno le da la gana, a la vez, sin reventar**. En ambos sentidos simultáneamente, a favor de todos, en contra de nadie. Sinérgicamente.

---

11. Perls, F.: 1943. Obra citada p.152-153
12. Petit, M.: La Gestalt, une thérapie de l´ici et maintenant. Editions Retz. Paris. 1980

Quizás esto no sea posible sin, entre otras cosas, una actitud de servicio bien fundamentada, de buenos cimientos y formas libres a ser posible. Suele ocurrir que si las formas no son libres, con ciertos matices, los cimientos acaban resquebrajándose, atrapan a la esencia y se la comen, la ahogan, la acaban matando. No menos creo que sea posible esa experiencia, unoUno, por otra parte, sin un sólido trabajo psicoterapéutico que haya ido limpiando y limpie de continuo las máscaras, falsonas ellas, de las presuntas actitudes de servicio que no lo son tanto como parecen. ¡Un trabajazo!

Y, sobre todo, una experiencia. Un entender verdaderamente -entendido aquí ese verdaderamente como integralmente: con el cuerpo, el corazón, la cabeza y el alma a la vez- que una posibilidad para que eso ocurra es entregar, dar en propia vez (y aban**donarse** a y en ello), lo que uno recibe de Ella (de La Gana en este caso) y de su hermana La Fortuna.

En otras palabras, **que si uno cuando hace lo que le da la gana no tiene en cuenta que esa gana que le hace hacer, sentir y pensar es "dada" y se la apropia interesadamente, no hay manera de desenredarse de la maraña fusional-confusional que constituye y sustenta el narcisismo**, y sus parásitos habituales como el egoísmo (en el sentido popular de la palabra), el egocentrismo, el individualismo, la jeta y el abuso; no menos que las insoportables dosis de angustia en las prácticamente imposibles y casi siempre virtuales paradas.

O sea, que uno puede, muy optimistamente, como mucho muchísimo, llegar a ser espejo... pero no su luz. Luna, pero no Sol; "Sol", con muchísimos matices, pero no Dios. "Sol" en el sentido de ir deviniendo un alguien irradiador de energía benéfica para otras personas, para otros semejantes, para otros prójimos (próximos o no)... de un modo esencialmente limpio, sin interés egoico (solamente) aunque con un buen sistema de retorno energético. Pero no Dios, en cualquier caso. Parece mentira que algo tan obvio nos lo hayamos creído tanta gente -todos los narcisistas, entre otros- en algún momento. ¿Por qué será...?

Pero, y continuemos con el asunto central tras el nuevo "arabesco diagonal", **que si cuando uno hace lo que le da la gana, no tiene en cuenta también, al mismo tiempo y en el mismo espacio, que la gana con la que uno hace es la gana de uno** - así pues no la de Dios ni la del vecino - pues probablemente se esté contando el típico peliculón que va a acabar probablemente en creerse un Napoleoncito o un Jesucristito, con perdón por la irreverencia. O incluso en cosas peores, claro. Peores en el sentido de más difícilmente manejables por la tortuosidad del discurso. Mas negras, vamos.

Pues sólo en contacto con la gana de uno podemos tener presentes nuestros límites. Los límites: "eso sí, eso no; ahora sí, ahora no...", "esa parte sí, esa parte no", "me lo pienso, no lo sé, ahora no sé que contestarte a eso..." Los límites, matices y fronteras que definen el trazo peculiar del propio camino. Que van diseñando en realidad la manera propia de recorrer el Camino que tantos otros han recorrido y recorren: el de "Conócete a ti mismo... y conocerás a Dios", por nombrarlo a la manera socrática. Ese reivindicar el espejismo de intentar ser uno mismo, que dice Aute, que completa: "ese viaje hacia la nada que consiste en la certeza de encontrar en tu mirada la belleza"[13]

> *"La belleza del corazón / es la belleza duradera: / sus labios brindan / el agua de vida para beber. / Verdadera es el agua, / quien la vierte, / y quien la bebe. / Los tres se vuelven uno / cuando tu talismán está hecho añicos. / Esa unidad no la puedes conocer / por medio de la razón"*[14]

Abundemos un tanto. Del camino dirá Machado, recordemos, que No. Que no hay (¡que no hay¡) Que "no hay... (camino), que se hace camino al andar" Que No, terciará de nuevo Aute: " Que no, que no... que el pensamiento no puede tomar asiento, que el pensamiento es estar siempre de paso, de paso, de paso..."[15]. Como el No de Naranjo que dirá que "No... hay ninguna instrucción autoritaria que dar ni ideal que seguir". Que "... No hay (ningún) camino (en particular)". Y añadirá: "... Sin embargo, busca el camino, tu propio camino. Todo camino que ha sido tomado prestado o dictado llega al final a un callejón sin salida. Pero tu propio camino no es otra cosa que tu propia presencia en la vida"[16]

Así que, si nos ponemos a afinar, como estamos intentando, digamos que no es tan sencillito eso de hacer lo que a uno le da la gana (hlqau/Uldlg) No es desde luego el hlqauldlg "... y chimpún". No. No es para nada el hlqauldlg "... y que te zurzan". Ni el h... "... y soy maravilloso". No. No es el "hlqauldlg... y ya me moriré un día de estos". No. Ni el "hlqauldlg... y ya me arrepentiré". Tampoco. No.

---

13. Aute, L.E.: "La belleza". En Autorretratos. BMG. Madrid.2003
14. Rûmí: Matnavi. Obra citada VI, 4302-4304
15. Aute, L.E.: "De paso". En Autorretratos. BMG.Madrid.2003
16. Naranjo, C.: *La única búsqueda*. Sirio. Málaga. 1989. Tomado de Gestalt. Boletín de la AETG. Nos. 9 y 1°. AETG. Primavera y verano 89. Contraportada.#

Es más bien el Hlqauldlg "... porque no tengo otro remedio". Es decir porque sí, porque quiero. Siempre que entendamos que aquí el remedio, el "no tenerlo", ¡mentira!, pero bueno... es la cura. Que el cuidado es el remedio. Que la Atención Blanda es la receta. Y que incluyamos en el color con que percibimos el asunto que no tener otro remedio es una suerte, una gracia, una fortuna; una estela en el mar que traza en cada instante el propio e in-trazable camino.

Porque los buscadores sabemos que el gozo de sentir dibujado, en algún momento, el propio camino es indescriptible, indecible. ¡Ahhh! (¿Quizás como el gozo femenino o lo real de Lacan? Me temo que sí y que no ¡Vaya, hombre... ¡)

III. "Lo"

Tercera variación de la frase. Lo (lo-qauUldlg) El pronombre, el pro-nombre, aquello que va por el nombre. Por el Nombre...

> *"En los años 40 y 50 se incorporaron a la antropología novedosos métodos matemáticos: las estructuras algebraicas, las de orden, las topologías. A comienzos y mediados de los 50, a Lacan lo atrajo la faz algebraica. Una ecuación matemática podía asociarse a un grupo de permutaciones... (...) Una situación inicial (como la del matrimonio de los padres) se transformaría, de un modo por entero inconsciente, en determinadas reglas en la propia vida, generando otras situaciones (como la propia vida matrimonial o amorosa) que repetían la primera y la transformaban en importantes aspectos. Las leyes de este proceso podían ser formuladas matemáticamente tal como lo hacía Lévi-Strauss y otros antropólogos. El contacto de Lacan con la antropología estructural llevaría asimismo a una revisión de la teoría psicoanalítica clásica del complejo de Edipo. Varios antropólogos habían observado que en ciertas sociedades no era el padre el objeto de temor, respeto y rivalidad, sino el tío materno. El sociólogo Marcel Mauss había propuesto que la sociedad está constituida y sustentada por un ciclo perpetuo de intercambio de dones, en una misma generación y entre varias generaciones.* ***El factor clave no es tanto lo que se da, sino el hecho mismo de dar, que es simbólico****. (...) Un matrimonio involucra no sólo a los padres y parientes cercanos, sino a toda la*

comunidad. El hombre y la mujer se vuelven parte de una cadena simbólica. Por lo tanto, el padre biológico debe distinguirse de las estructuras simbólicas que organizan la relación entre el hombre y la mujer. La paternidad tiene una faceta simbólica, y a esta instancia de ***la paternidad Lacan la llama el nombre del padre****. No se trata de una persona real sino de una función simbólica..."*[17]

Abramos la caja de resonancias, pandoreemos: "A Lacan lo atrajo la faz algebraica"... ¿De Dios¿ (¿Seguro que no...?) ¿Y no tendrá eso algo que ver con el susodicho "numero cero"? ¿Y no tendrá este número cero un (como mínimo) primo gramatical en el "lo", en el pronombre neutro?

"**Cero**. 1. Signo numérico sin valor por sí mismo, pero que ocupa el valor de los valores ausentes en los números. Simboliza la persona que no tiene valor más que por delegación"[18] Como el pronombre, que ocupa el lugar del nombre ausente y que recibe el valor (de género o de número, por ejemplo) del nombre al que sustituye "por delegación" gramatical y sintáctica.

"(...) En Egipto no hay ningún hieroglifo que le corresponda (al cero) (...) aunque algunos escribas calculadores tuvieran la ocurrencia de emplear un espacio vacío en el lugar donde convenía separar una potencia de diez. La intuición era simbólicamente correcta: ***el cero es el intervalo de la generación, y al igual que el huevo cósmico, simboliza todas las potencialidades. Simboliza también el objeto que, sin valor en sí mismo, sino únicamente por su posición, confiere valor a otros*** *(...) Coincide así con la significación iniciática del Loco del Tarot, única lámina de los arcanos mayores que no lleva número"*[19]

Espacio vacío". "Huevo". "Objeto que". "Sin valor en sí mismo". "Confiere valor a otros... !Rayos! ¡Diantre! Esto suena a algo conocido, ¿no?

---

17. Leader-Groves, *Obra citada* p.71-73.
18. Chevalier,J. – Gheerbrant, A.: *Obra citada* p.276.
19. Chevalier,J. – Gheerbrant, A.: *Obra citada* p.277

Dice Claudio Naranjo "al respecto":

> *"Spencer Brown, el gran matemático inglés, (...) desarrolla* ***un cálculo en que todo se reduce a una única operación básica de la cual se derivan todas las demás. Al correspondiente operador le llamó <el cruce>****, pues indica atravesar la barrera que media entre un valor dado y un valor diferente: un pasar de aquí a allá. Cuando pasamos de aquí a allá ya no estamos aquí, estamos en otra cosa, de modo que la operación establece una diferencia. Reconstruye Spencer Brown toda el álgebra y por extensión el mundo mismo, a partir de este operador básico. Dice al comienzo de su libro: "En el momento en que establecemos una diferencia, se crea un universo". Podemos decir a la inversa: " En el momento en que dejamos de discriminar diferencias, desaparece el universo"*[20]

Reempecemos. HacerLOqueauno/Unoledalagana. LO. ¿Lo? Es decir, ¿qué será eso de lo (queaunoledalagana, hacer)? ¿Que será "lo" en este contexto? Y, en concreto, ¿qué matices musicales podría aportar ese pronombre neutro a la frasecita que estamos intentando de-construir?

Un poco más todavía. Lo-que-es-neutro también podemos llamarlo indiferencia creativa. "Empieza Friedlaender citando a Nietzsche en la página inicial del libro, antes del prefacio propiamente tal. Dice Nietzsche: "Debe haber algo que no es ni sujeto, ni objeto, ni fuerza, ni materia, ni espíritu, ni alma"(...) Pero ¿qué queda cuando desaparece el universo? Podemos llamarlo nada, pero también podemos llamarlo conciencia indiferenciada: una conciencia que no diferencia siquiera sujeto de objeto. Conciencia pura. De eso se ocupa Friedlander, y a esto es lo que apunta con su "indiferencia creativa". (...) Es decir, formula que **la indiferencia creativa es el verdadero centro de la persona, observando que lo más personal y lo más individual es al mismo tiempo como nada**; es decir: no contiene nada en que se pueda formular. Se trata de una visión muy parecida a la que formula el budismo mahayánico al distinguir entre la mente y los fenómenos naturales[21]

---

20. Naranjo, C: *"Noticias..."*, Obra citada p.11.#
21. Naranjo, C.: *"Noticia..."*, Obra citada p.11-12

Así pues, "lo" como el desapego transitador y atravesador de experiencias. Oscuridad que queda después de toda luz. Aquello personal que se define ontogenéticamente antes de la identidad sexual (él, ella), antes de la polarización del campo magnético individual, antes del Edipo. **Lo: aquello que no es yo y que, si me lo creo porque lo he podido experimentar, está "frente a mí y conmigo"... siempre que estoy vivo, al menos.**

También, en el terreno del desarrollo actitudinal, y ahí aplicamos, un tomar cualquier opción en la vida contemplando siempre, con el rabillo del ojo (del tercero, claro...) la opción contraria. Y poder sentirse ser tanto en una como en otra. Y habitar "los centros" de esos movimientos como una opción o estación que no desmerece en nada a "los extremos".

> "S (Ⱥ): significante de lo imposible. (...) No hay palabras para responder a las preguntas centrales del sexo y la existencia. No importa lo que los padres le cuenten al niño acerca de esas cosas: el niño sabe que lo que le dicen es insuficiente. S(Ⱥ) (Sujeto A Barrada o Sujeto A Tachada) designa esta imposibilidad. Pero Lacan no escribió (A), lo cual remitiría a la falta del Otro dentro de la serie de elementos lingüísticos, sino una S junto a una A "tachada" (Ⱥ), que paradójicamente designa que hay un **significante de la propia imposibilidad de significar algo: una señal de una imposibilidad. Esto es decisivo en la clínica**. En el análisis emerge, por ejemplo, en los momentos en que se da la presencia muy real de un problema lógico o paradoja ligados a las posibilidades de significación en sí"[22]

Significante de la propia imposibilidad de significar algo. Nada. Cero. Lo. Lo que a u/ Uno le da la gana hacer.

Entonces, se trataría pues de devenir lo más "amigos vitales" posible del mantram, de la utililidad informática, de la posición permanente de "O no...". O no.

22. Leader, D. – Groves, J.: Obra citada p. 118

IV. "Hacer"

Finalmente, algo sobre la diferencia entre sentir Lqau/Uldlg, pensar-lo y hacer-lo.

A. Pensar (lo que a uno/Uno le da la gana)

Si un@ no puede pensar lo que a uno/Uno le da la gana, pues... vive frito. El virus del Super-Yo ha infectado al organismo. Un@ no se atreve a pensar nada que no sienta interna o externamente autorizado por otra voz: La Voz de su Amo, inconsciente pero también personajes internos, monstruos que uno ha fabricado sin percatarse. La Voz de su Amo, aquella antigua marca de discos de vinilo en la que se veía a un perro (¡a un perro...!) mirando el gramófono porque creía que era la voz de su amo. No como si fuera la voz de su amo (¿de su amo-r?) sino la voz de su amo ella misma.

Vive uno en disquette, creyéndose disco duro. Está uno dormido, no despierto. Aunque no para todo el mundo estar despierto es la misma cosa (¿o sí?)

> *"**Despierto**. Símbolo de un estado iniciático que atraviesa el sujeto. Se sabe que el esquema de todos los rituales iniciáticos comprende una muerte, seguida de un viaje al país de los espíritus y de un renacimiento"*[23]

Pero ¡cuántas personas creerán que están pensando lo que les da la gana, que están despiertas, y qué pocas veces es así! Nos hemos acostumbrado a pensar de un modo que no nos cree conflictos con las partes de nosotros mismos que no habitamos. Puede ser uno un "eterno y díscolo pensador, estar en contra de todo el mundo" (posición ya de por sí sospechosa sola ella, desde luego...) y formular lo que parece un pensamiento propio, revolucionario, "independiente"... y estar más colgado de las propias maniobras orquestales en la oscuridad que el botafumeiro de la catedral de Santiago de Compostela, con mis respetos hacia la gran Santiago y su no menos gran botafumeiro.

"Pensar loqauUldlg" quizás sea pues pensar, por ejemplo, puestos a formular lo informulable, que sólo la verdad es sexy, como rezaba un graffiti de la calle Tallers de Barcelona, junto a las

23. Chevalier. *Obra citada* p. 413.

populares Ramblas... Que el valor de <lo-más-verdadero-a-cada-instante, o-no>, es erótico, pone las pilas, le pone a uno en la vida, tiene trempera. Es guay. Boceta una dirección en el proceso, en el camino. Es bueno.

"Que el pensamiento no puede tomar asiento", como evocábamos antes... pero "deberíamos" añadir ahora sin embargo que "le gusta sentarse a descansar y contemplar la obra de vez en cuando", digámoslo así de momento. Es el domingo de Dios, el sabath judío, el viernes de oración en el islam. **Que la verdad no se queda quieta nunca, pero le gusta repasar los caminos que va trazando**; que es como un viejito un poco maniático que tiene sus costumbres... y se las otorga, "!mira tú!". Se lo ha ganado al pulso de los muchos años. Y puede, por la longitud de su vida, montarse y apoyarse sobre su propia experiencia, que suele ser uno de los mejores lugares donde apoyarse, desde luego.

Que lo que yo pienso es lo que necesito, quiero, sé pensar; pero mi-Amigo-que-siempre-va-conmigo me recuerda que hay otros pensamientos y otras no-menos-personas que yo que también piensan, como yo. Aunque quizás no LO que yo, no Lo que PIENSO yo. Pero, ¿cuánto de mí soy "verdaderamente" yo, ése que se supone que piensa eso... ahora?

B. Sentir

En el proceso de aprender a sentir lo que a uno/Uno de la da la gana nos solemos encontrar frecuentemente poseídos por emociones y sentimientos que suponen mucho de repetición inconsciente de pautas, de trozos de otros puestos dentro de nosotros porque no hemos masticado esa incorporación emocional, cognitiva, postural, conativa, respiratoria, simbólica, espiritual, icónica, fantasmática...

Cuanto mayor es la depuración en la masticación más limpieza suele haber. Ya que, en la medida en que uno va manejando asuntos más propios en la vida, también puede manejar mejor las respuestas reales del y al entorno, y las consecuencias en el contacto. Hay más ajuste creativo, entendido éste como saludable por sinérgico, OK para ambas partes, mutuamente favorecedor.

Así que "sentir loqueau-Uldlg" va a apuntar hacia poder ir depurando y afinando las propias emociones reales, actuales, frente a los acontecimientos reales. Ajustar respuestas pertinentes a los estímulos del entorno que nos van llegando continuamente. Que esa e-moción que aparece, que ese movimiento energético suscitado en nosotros por un estímulo del entorno, pongamos, sea lo más **nuestro** posible por haber ido deshojando la margarita de las identificaciones emocionales (directas o reactivas) con la madre, el padre, los hermanos, la familia, los amigos y colegas, la cultura, la etnia, el país... Presupuestos que damos por supuestos, pero que no consideramos como tales supuestos, he ahí el truco neurótico en la cognición del mundo y de uno@ misma@. Es decir, supuestos escondidos o camuflados en el pensamiento que no consideramos como suposiciones, como ideas no siempre verdaderas, antiguas o caducas, al menos alguna vez. Si no que más bien consideramos como verdades irrefutables. Como los gusanos o virus informáticos que se cuelan en el disco duro y camuflan los archivos de contenidos ajenos en el ordenador haciéndolos pasar por propios... y controlan sin que nos demos cuenta nuestro sistema de comunicación en La Red y con el Mundo.

C. Hacer

En el proceso de aprender a hacer lo que uno/ Uno le da la gana me parece que, esencialmente, se trata de ir **buscando y dejándose encontrar por <"ese" hacer pertinente, sólido y blando que caracterizan la serenidad, la inocencia y la diligencia, funcionando conjuntamente>**. Diligencia, serenidad e inocencia principalmente, me parece, como aspectos centrales más comunes a todas las personas en cuanto a las "virtudes del hacer". Aunque eso va a depender fundamentalmente y de manera más específica del carácter, y en concreto del eneatipo del sujeto, si tomamos el protoanálisis en este caso como punto central de referencia.

Es decir, como dice Claudio Naranjo: " (...) Cómo la <escasez de Ser> es experimentada en cada uno de los <infiernos psicológicos>, cómo el individuo es responsable de su mantenimiento, y cómo la pérdida de Ser la mantiene en todo caso una sed desencaminada de Ser, que busca su objeto no en el ser sino en la apariencia; o con otras palabras, no donde puede ser encontrado sino donde se cree que está en virtud de una sustitución auto-engañosa, esto es, de un espejismo, de una ilusión, una trampa o un rizo anudado. Pues: **la personalidad condicionada conduce a una inter-**

ferencia organísmica; la interferencia organísmica lleva a una disminución de la experiencia de ser, la disminución de la experiencia de ser conduce a ilusiones, a <pasiones>, y a perpetuar la personalidad condicionada; y así sucesivamente"[24]

Podríamos considerar así pues que aprender a incorporar y a utilizar las virtudes de los eneatipos de acción o motores o instintivos (los antídotos específicos de la ira, la lujuria y la indolencia) sea algo que tenga un aspecto beneficioso general para todas las personas en el hacer.

Al igual que lo tenga igualmente incorporar en el sentir las virtudes de los eneatipos emocionales (humildad, veracidad y ecuanimidad); y también incorporar en el pensar las de los cognitivos o mentales (desapego, confianza y sobriedad-templanza) Recordando, eso sí, que la virtud no se entiende sin la pasión, que se queda seca, que no hay blanco posible sin un negro que lo contraste y, contrastándolo, lo defina. Como tan claro es en la imagen del Yin y el Yang. Pero hay la pasión y la Pasión, claro.

> *"La Pasión hace nueva a la vieja medicina*
> *la Pasión corta la rama del cansancio.*
> *La Pasión es el elixir que renueva:*
> *¿Cómo puede haber cansancio*
> *cuando está presente la pasión?*
> *oh, no suspires con pesadez por la fatiga:*
> *¡busca la Pasión, búscala, búscala!"*[25]

Ir Aprendiendo a Ser, en general. Y, en particular, ir aprendiendo a ser, en la medida de las propias capacidades, un bienhechor, un bien-hechor. Un Boni - facio. Un benefactor, uno que hace cosa del bien, pero también uno que hace bien las cosas porque aprende a ponerse todo entero en cada una de las partes, todo entero en cada pensamiento, en cada sentimiento, en cada acto; en cada nimiedad, en cada detalle... sin resultar pesado, coñazo o excesivamente gravoso, untoso, empalagoso o suntuoso... siempre.

---

24. Naranjo, C: *Carácter y neurosis...* p. Xxxvii.
25. Rûmí: *Mathnawi.* Obra citada VI, 4302-4304.

V. Así pues...

"El dibujo es como el impulso de una luz interior... (...)... sólo hay que abandonarse y salen cosas maravillosas. El arte no se hace con cantidad de ideas. **El arte hace lo que le da la gana**"[26]

Sí, claro. Pero... ¿cómo "abandonarse"? Aquí está dicho como si tal cosa, pero me parece que ahí está la clave del asunto. A-bandonarse, dejarse arrastrar completamente, en un momento, por uno de los bandos de la batalla de la realidad, ponerse completamente en un partido en un instante... y soltarlo recuperando algo; y aprender a donarse (darse) en ello; ceder - sin - conceder, caer mirando, uno / Uno...[27]

"(...) ***Existe un arte de la cura y una cura para el arte.*** *A veces el primero es posible, a veces no lo es, o no es querido; a veces la otra es necesaria, se quiere y es necesario que sea posible. En cualquier caso nos atrevemos a decir, que* ***el mejor arte es siempre un síntoma, hacer del síntoma un arte cura****. ¿Y qué es curarse, cuando todos sabemos que hay cosas incurables?* ***Curar es, puede ser, encontrar el estilo que debía encontrarse, convertir en palabras, o en imágenes, o en cosas, aquello que no se podía decir. Decir, incluso, el silencio, mostrar aquello que es invisible. Para hacerlo generalmente se necesita a otro****. Un otro que es, en parte, alguien en particular, pero también un alguien general y anónimo (se suele decir un público) que lo pueda escuchar, que lo pueda ver" "*[28]

Así que "hacer del síntoma un arte cura". Aprender a montar el propio dragón, el propio bicho, la propia patología, la propia enfermedad psíquica... cura. Y hacer algo "bueno" con ello en la vida -más allá de su dimensión, intensidad o alcance- cura hacia adentro y cura hacia afuera. Va dibujando generación tras generación un Mapa de Obras Buenas y Bellas en el Planeta Tierra (de obras de

---

26. Juan Soriano, artista mexicano, en *El País*, sábabo 16 de diciembre de 2000, p.44. #
27. Veáse el capítulo 10, *"La manzana mordida"*.
28. Berenguer, E. y Puntí, F.: Folleto de presentación de *" Arte, locura y cura. Ciclo de debates en torno a las exposiciones Zush Tecura y La Colección Prinzhorn: trazos sobre el bloc mágic"* Macba. Barcelona. Enero-Febrero 2001. #

conciencia, de arte, de cultura... de belleza, por bondad y pertinencia en la intención, al menos) que quizás tengan la fortuna de atraer por un instante la curiosidad (y por lo tanto la mirada) de alguno de los seres del Olimpo, de alguno de los espíritus protectores, de los seres iluminados, de los ángeles... Y entonces es bendecida, algunas veces.

Para concluir, mi hipótesis ha sido pues que podría existir **un arte de hacer lo que a uno de la da gana**; un ars globalmente benéfico y no evitador desde quien lo ejerciera. No suplantador pero sí desarrollado a partir de la patología personal; entendido con matices como los que he intentado apuntar en este texto, entre otros, claro está.

> *"Cita Friedlaender con aprobación a Nietzsche cuando dice: "Más allá de tú deberías está el yo quiero. Y más allá del yo quiero el yo soy". En otros términos,* ***el contacto profundo con la vivencia del ser es la clave a la libertad de la voluntad****, y ésta es la que permite vivir sin un super-ego o tirano interior"*[29]

Aprender una posición sinérgica en el contacto, tanto con los otros, como con uno mismo y con la naturaleza y con el cosmos. Sostener la posición que uno va asumiendo en cada momento, de una manera blanda pero firme; sintiendo, pensando y actuando según esa posición porque es la que tengo entre las manos en este momento. "Porque no tengo otro remedio..." o sea porque es la que decido responsablemente que es la mía, con todas sus consecuencias, ejerciendo mi derecho a elegir mi vida. Porque es la que quiero o puedo asumir, montar, o tomar como propia en este momento. Porque hasta ahí llego. Y aprendiendo a no identificar el "ser en sí", el issness (estado de ser) del que habla Naranjo, con ninguna de ellas.

Recuerdo haberle oído a alguien muy ducho y muy experto en asuntos espirituales y transpersonales, en respuesta a una pregunta sobre el mal de ojo, que "si uno está donde tiene que estar, haciendo lo que tiene que hacer, no le suelen afectar los males de ojo".

Si uno está donde "tiene" que estar, no le afectan los males de ojo. Muy de acuerdo. Entendiendo aquí ese "tiene", tal como yo lo veo, no como obligación confusa dictada por partes introyectadas de uno mismo, y por lo tanto no habitadas, sino vislumbrándolo en el sentido de sostenimiento o posesión, como cuando uno dice "tengo" un libro entre las manos, o como cuando te dicen "sos-tén esa cuerda", es decir aguántala por debajo.

---

29. Naranjo, C.: "*Noticias...*". p.12.

Si uno está haciendo lo que "tiene" que hacer, está poniendo seguramente su granito de arena para que lo colectivo vaya marchando de una manera más pertinente. Y eso suele ser Bueno, "en el mejor sentido de la palabra bueno" como decía Machado. Caminando cada parte con/ por sus propios pies, en/ por sus propias direcciones, pero sabiéndose juntas, partes de un Todo Mayor. ¿Buscando el HlqaU-uldlg?

> *"Soy escultor, moldeo la forma. / A cada momento doy forma a un ídolo. / Pero entonces, frente a ti, las fundo. / Puedo despertar mil formas / y llenarlas de espíritu, / pero cuando miro en tu rostro, / quiero echarlas al fuego"*[30]

30. Rumi: The Divani Shamsi Tabriz, XXXIV. Traducción de Ruth Terrones y Ali Bahman

12. Hacer nada... (en particular)

"El sabio aprende a desaprender,
Volviendo sobre el camino que la masa desaprueba;
Y adhiriéndose a la espontaneidad de los seres,
No hace nada".

LaoTsé[1]

El capítulo que sigue, capítulo final de este libro, quiere ser una suerte de síntesis. Una especie de lugar de llegada -hermano gemelo del lugar de salida, desde luego- a la vez que melodía de recorrido, canción de camino, algo que he venido practicando, viendo de aprender y enseñando tímidamente en los últimos años.

Es el fruto, por un lado, de diversas y anárquicas experiencias desarrolladas sobre todo entre 1992 y 1998 en diferentes ámbitos: sesiones individuales, de pareja y de grupo; talleres, seminarios, algunas conferencias, grupos de formación y otros. Y sobre todo, en cuanto a sistematización se refiere, el resultado de un grupo específico de dos años (1999-2000) al que convinimos en llamar "Grupo de Mayores", una especie de post grado muy sui géneris con terapeutas ya formados y gente muy currada en trabajo personal, un grupo sin programa y sin tarea preconcebida, en donde los participantes tuvieron la confianza y la valentía de embarcarse. Quiero dar las gracias a todos los que participasteis, sufristeis y gozasteis de esa experimentación y de las que la precedieron y acompañaron. Como dice Llach, "Sou vosaltres els que heu fet del silenci (inici de) paraula"

1. En V.V.A.A.: *Matrix. Machine Philosophique*. Ellipses. Paris. 2003. p. 24.

Las líneas que siguen quieren ser, así pues, un intento de elaborar algunos aspectos (de nuevo matizando matices de una frase... ¡qué le vamos a hacer!) de la expresión "hacer nada". Trato de ir más allá del sentido popular o directo de la locución que la haría equivaler en general a "no hacer nada". Sentido con el que no acabo de estar de acuerdo del todo -yo tampoco- como ya anunciaba en un capítulo anterior y se verá a continuación.

En principio, podríamos decir que hacer nada es imposible. Empecemos por ahí. En el sentido literal de la frase uno siempre está haciendo algo, aunque esté inmóvil y aunque esté quieto; aunque no haya una acción, aunque no haya movimiento. Porque aunque estemos inmóviles estamos pensando, estamos sintiendo, estamos en babia, in albis, "en blanco", estamos... Así que de entrada decir que, en el sentido directo de la frase... Le comentaba a mi hijo, con 11 años en aquel momento, el título del texto en el que trabajaba y me decía: "Eso es imposible, papá". Tenía razón, creo.

Bueno. No sé si imposible, pero me parece tremendamente difícil hacer nada también en el sentido no literal de la expresión. Es decir, yendo al final, a la conclusión del asunto antes de intentar abordarlo por diferentes lados, yo creo que **hacer nada sólo lo consiguen los maestros**, los maestros de trabajo interior o los maestros espirituales, o los maestros de cualquier profesión que han amaestrado su oficio de tal manera que consiguen **un hacer que es nada en particular**. Y éste es ciertamente uno de los primeros sentidos que debería ir con el titulo. De ahí la coletilla que sigue a los puntos suspensivos en él. Se debería llamar en realidad hacer nada en particular, en lugar de hacer nada.

Hacer nada, así pues. Una cosa muy extraña, muy poco frecuente, muy difícil de ver o de compartir, una rara avis. Dicho esto, lo que voy a intentar como decía, es entrar al asunto por diferentes aspectos, como si uno fuera metiendo cuñas o falcas en la tierra para aguantarla mientras vamos cavando y accediendo al agujero central donde anda la veta que buscamos... o al propio agujero.

1. Hacer nada vs. No hacer nada

En primer lugar creo, como anunciaba, que hacer nada es diferente de no hacer nada. No hacer nada entraña, por su propia construcción sintáctica negativa ["no..."], una actitud de evitación, de huida, de contención, de represión, de aguantar algo -la acción en este caso- que no está presente en lo que entiendo como hacer nada. Hacer nada en cambio sería lo que alguien puede conseguir -si lo consigue- cuando deja de intentar tanto hacer algo en concreto, como no hacer nada. Al mismo tiempo, simultáneamente, atendiendo a ambas cosas a la vez.

Un ejemplo que me parece ilustrativo tiene que ver con las fases de trabajo con el carácter en el eneagrama según el enfoque de Claudio Naranjo. Una brevísima introducción a ello para quien no conozca el asunto, aunque he venido abordándola con diferentes paráfrasis en capítulos anteriores. Vamos de nuevo a otra de ellas por un instante.

La idea es que hay un carácter, una máscara, una armadura, un personaje interno que se ha ido desarrollando en la niñez, y que se constituye en una especie de tirano interior que nos hace actuar más automáticamente de lo que creemos. En la manera de verlo del eneagrama hay 9 tipos fundamentales. Aunque es algo aplicable a muchas maneras de entender el proceso terapéutico, sino el proceso vital, me parece que las fases que según el trabajo del doctor Naranjo aparecen ahí, ilustran significativamente uno de los aspectos principales de ese hacer nada. Así que a ello me referiré.

Cuando en el proceso de auto-conocimiento nos encontramos con el carácter, es decir, con la personalidad entendida como prisión, con el conjunto de maneras que uno ha decidido (falsamente) "ser" - con la neurosis entendida como un conjunto de pensamientos, emociones, acciones, actitudes y comportamientos que son automáticos y, muy particularmente, que se nos escapan de las manos - hay una primera fase en el trabajo terapéutico, de autoconocimiento o de Trabajo Interno (Fase I) en la que se suele recomendar precisamente no hacer nada (con ello): observar los pensamientos que surgen, las emociones que nos suceden, lo automático de las acciones que aparecen y que hacemos, y simplemente registrarlas. Digo que ahí sería no hacer nada porque la actitud, la propuesta, es no oponerse. No hacer nada... más que registrar.

Pongo un ejemplo. Supongamos que frente a una confrontación, es decir, a un enfrentamiento, a una discusión, alguien se encuentra con que siempre ríe -"ja, ja, ja"- Es algo que siempre ocurre, u ocurre frecuentemente o muy frecuentemente y, muy especialmente, que sucede más allá de mi propio control. Entonces, ahí el trabajo de no hacer nada sería por ejemplo: "Día 19 de febrero, 20.30 horas, me cabreo con fulanita y en lugar de decirle que estoy cabreado, río -ja, ja". Registro sin intervenir. "21 de febrero, 9,15: En el trabajo mi jefe me pega una bronca injustificada y yo, en lugar de decir lo que pienso, digo ja, ja y despisto". Registro sin intervenir. Etcétera.

La actitud es de no hacer nada más que registrar y poner atención en aquello que está ocurriendo y que voy viendo que es repetitivo. Entonces nos solemos encontrar con que hay una serie de pensamientos o iconos fijos, de emociones y sensaciones que se repiten y de acciones o actitudes que suceden una y otra vez. La actitud de no-intervención y el registro minucioso y continuado permiten ir viendo cuáles son en concreto en cada persona y cómo se manifiestan. El shock emocional puede ser profundo y debe ser clínicamente bien acompañado. Si no, es posible encontrarse con consecuencias "desagradables", es decir que nos van a requerir más trabajo como terapeutas o acompañantes, Y existe el riesgo de malgastar el tiro, según mi experiencia, de desaprovechar un poderoso instrumento por un error de timing.

Hay una fase siguiente del trabajo (Fase II) que es lo que se suele llamar la *Guerra Santa*. Concepto confuso en nuestros días, mal y muy interesadamente utilizado. *Guerra Santa* entendida como *Santa Guerra*, como una guerra interior, una guerra contra el propio ego -"Donde dije Diego digo Ego" dice Aute en sus Poemigas[2]- no entonces como una guerra contra el otro, ni contra el mundo, ni por supuesto contra los "infieles que no comparten mi delirio". Ahí la propuesta es enfrentarse a, luchar contra y, digamos, el esquema sería: "cuando me encuentre con fulanita, y ocurra aquello, en lugar de reír voy a dejar de reír". (¡Glups!)

Ahí nos ponemos a hacer algo contrario al propio automatismo, por lo tanto hay una actitud de ir en contra de o de luchar contra eso que pasa dentro de nosotros y que se nos va de las manos. Eso que siempre se repite, "**eso que** -hasta que empecé a

2. www.luiseduardo-aute.com

verlo de otra manera o a sospechar que podría ser de otra manera - **creía que era yo**". Entonces, bueno, si en la primera fase era no hacer nada, ahí es ir contra, es intentar cambiar las actitudes automáticas.

Y hay una tercera fase (Fase III) que, tal como yo lo veo, corresponde a ese primer giro semántico de la expresión hacer nada, en el que la cosa es que ya no importa tanto si me río o me dejo de reír, si me cabreo o no me cabreo. Sino que fruto de todo ese trabajo realizado, primero de observación y después de ponerse frente a, si me río me río de otra manera, porque me río con la conciencia más clara o más intensa o más global, en definitiva más propia, de que me estoy riendo. Y si no me río también está bien porque actúo con la conciencia de que no me estoy riendo. Me percato de ello.

Entonces, digamos que "nada" se referiría aquí mas bien a eso: "Cualquier cosa que haga es oportuna porque detrás hay un camino que me ha permitido ver aquello para lo que estaba programado, la salida de esa desprogramación y entonces puedo ir por aquí, o puedo ir por allá". **Lo importante, además del eventual cambio comportamental, es la calidad de atención, y ahora propiamente de Atención, que ha surgido con todo ese trabajo y que suele ser cualitativamente diferente.**

Así pues ese hacer nada desde este primer prisma se refiere a que ya no importa tanto tantísimo que tome una opción o que tome otra. En la primera fase (I) somos prisioneros de un automatismo, del automatismo del (inevitablemente) hacer, pensar, sentir... de una manera determinada; y en la segunda fase (II) somos prisioneros de la guerra contra el automatismo, del surtout pas, del por nada del mundo hacer, sentir, pensar aquello, dicho hiperbólicamente. Así pues, en ambos casos somos prisioneros. Ambas fases tienen aspectos positivos y negativos, digamos. Entonces podríamos decir que esa tercera etapa de hacer nada se caracteriza porque hay mayor libertad, porque ya no es tan fundamental el tipo de reacción que tengamos. Porque lo que importa, repito, es la conciencia que hemos desarrollado en ese proceso. **Es el multi-repertorio de conductas posibles por verdaderas y por nuevas, y su pertinencia ad hoc, lo que sustenta nuestra mayor libertad interna.**

2. Hacer nada y no-apego.

En ese hacer nada hay también un paralelismo con el joker del póker y con el comodín de la baraja (de la Baraka...) española, en el sentido de que es posible **poder ocupar no importa qué lugar, porque todos los lugares que ocupo son parte de mí**, porque he aprendido a ser cada uno de esos yoes (cartas, aspectos, Arcanos) diferentes. Y, claro, el paralelismo se extiende y encuentra plenamente al Loco del Tarot. El "Arcano sin Número"(!), el Cero. Recordemos aquí el "lo" y lo neutro del capítulo anterior. Pero el Loco es "Le Mat" en el provenzal original, que también es el tonto, el memo[3] (!), el estúpido en el sentido del Nasrudin sufí: el inocente, el in-nocente, el que no tiene daño que hacer, el que no es nocivo, el que está tan vacío y tan limpio que puede ocupar cualquier lugar. Es decir, **el que puede ocupar aquello de la propia identidad que no es un lugar que, en realidad, (también) soy (yo)**

Así que también hacer nada se refiere, me parece, a no apegarse excesivamente a la forma de algo. Ese nada sería lo que tienen en común las diferentes formas, que son diversas, pero que guardarían un punto en común, si uno es capaz de percibirlo desde ciertos estados de conciencia. Es entonces poder "ver" ese punto común, ver esa unicidad en la multiplicidad, lo que creo que permite que cualquiera de las opciones puedan ser más factibles, más adecuadas o eventualmente más pertinentes.

Dice Schopenhauer, el "apasionado y lúcido Shopenhauer", como le llama Borges:

> *"Quien me oiga asegurar que el gato gris que ahora juega en el patio, es aquel mismo que brincaba y que traveseaba hace quinientos años, pensará de mí lo que quiera, pero locura más extraña es imaginar que fundamentalmente es otro (...) Destino y vida inmortal quiere la leonidad que, considerada en el tiempo, es un león inmortal que se mantiene mediante la infinita reposición de los individuos, cuya generación y cuya muerte forman el pulso de esa imperecedera figura. (...) Una infinita duración ha precedido a mi nacimiento, ¿qué fui yo mientras tanto? Metafísicamente podría quizás contestarme: [Yo siempre he sido yo, es decir, cuantos dijeron yo durante ese tiempo, no eran otros que yo]"*[4]

---

3. ¡Ay, Memo, qué fortuna el haberte encontrado en la vida...!
4. Borges, J.L.: *Historia de la eternidad*. Alianza. Bolsillo. 4ª reimpresión. Madrid. 1999. P.21-22

Volvamos al ejemplo. En el caso que he comentado (el de la confrontación), sería reírse a propósito pongamos por caso. Ya no es una risa que me sale y se me lleva, sino que hay una posición de: "Ah, voy a hacer lo que he hecho siempre pero de otra manera"; y el hecho de ponerle intención al asunto ahí... cambia la cosa. O: "voy a enfadarme mucho, o voy enfadarme poco, o voy a pasar del asunto sin enfadarme ni reírme, o voy a darle las gracias (pero de verdad, o de mentira clara...) a la otra persona, o..." Con la atención puesta entonces en que, en realidad, son formas diferentes de algo que tienen en común: el punto en que me puedo sentir yo en cada una de esas maneras. Y ahí la cosa cambia, insisto. Cambia bastante, vamos... Recordemos aquí lo que decía Lacan, retomando algo del primer capítulo, de que el asunto principal o más nuclear de la angustia, elemento constitutivo del mortero de toda patología, no fuera la fantasía de castración sino la de fragmentación. Aprender a ser eso que une los fragmentos es una especie de seguro de fragmentación, o de desangustia en la fragmentación.

Otro ejemplo de este asunto de la forma y del nada, sería el tema de las decisiones. A veces nos encontramos en la vida con un subidón de ansiedad o de pánico porque nos parece que tenemos que decidir algo (mejor dicho, decidir ¡ya!...) Por ejemplo conservar o dejar una relación, tomar este trabajo o tomar el otro, cambiar de casa, quedarse en este país o irse a otro, ir por aquí o ir por allá... Éste me parece que es uno de los casos en los que nos dejamos atrapar -comer- por la forma en que se presenta el asunto. De tal manera que el mapa interno es, sobre todo cuando sube la angustia, que hay una decisión buena y una decisión mala. Porque, entre otras cosas, decidir es una manera "excelente" de quitarse la angustia de encima, y eso es maravilloso. Y, algunas veces, estoy pensando en casos que he tratado en la consulta, que de acertar la decisión depende mucho el resto de mi vida (por ejemplo en el caso en un carácter pasivo-femenino, oral pasivo, o eneatipo 7 según diferentes taxonomías) Incluso en casos exagerados -estoy pensando en otro paciente en concreto- es como que si acierto en la decisión ya no voy a tener nada más que hacer ya... o en la vida, y si fracaso en la decisión todo está perdido. Entonces ahí el hacer nada ¿qué sería?

Bueno, pues sería desvelar el engaño. Poder ver el asunto como que no hay una decisión buena, completamente ok, y una decisión mala, completamente no-ok. En primer lugar porque no suele haber sólo dos opciones visto el problema "primmiradamente"[5], con mirada ajustada, cosa que sí suele ocurrir cuando algo lo subimos a la cabeza y la cabeza (hemisferio izquierdo) lo secciona -para esto está...- y lo divide en: o esto o aquello. Cuando podemos aplicar una atención más integral nos damos la posibilidad de ver que hay diferentes matices entre ambas opciones. Pero sobre todo eso lo podemos ver cuando nos ponemos también en la posición de, por ejemplo: "ambas opciones son ok, ambos caminos son posibles y no es que haya una decisión buena o una decisión mala absolutamente, sino que esta decisión es como estar en una bifurcación de caminos - que ya no es bifurcación porque se ha ampliado el repertorio hacia una multifurcación - y podemos ver que es una cuestión de grados, que ambas opciones o todas las opciones o las varias opciones son ok para mi... si yo me abro y amplío así mi identidad". Algo así como: "En este camino me voy a encontrar con esto a favor y con esto en contra, voy a ganar esto y voy a perder aquello, probablemente me encuentre con tal tipo de cosas y me desencuentre con tal tipo de otras. Y en la otra opción me voy a topar con esto a favor y con esto en contra, va a implicar mayor dosis de esto y menor dosis de lo otro; pero que por lo tanto lo importante no es la decisión que tome sino el que siga en contacto con eso que me voy encontrando, sea lo que sea". Entendiendo que son opciones que me van a llevar a consecuencias y a posibilidades diferentes y diversas.

Entonces la cuestión deja de ser tan obsesivamente ese "hacer aquello, o morir" (exagero, claro) y en ese sentido lo llamo hacer nada, o hacer nada en particular. Puedo ir por aquí o puedo ir por allá, porque de ambas maneras soy yo.

Otro matiz, que quizá ya conocerá el lector, es lo que Perls llamaba "nothigness" o capacidad de ser nada, o cualidad de la nada (vuelvo a una cita tantas veces utilizada) Decía Fritz:

---

5. Es un falso catalanismo que aprovecho para hacer con él un juego de palabras. Significa algo así como mirar fina o escrupulosamente. Aunque en catalán prim es fino, pero también delgado. Así que también podríamos traducirlo como mirar ajustadamente.

"La filosofía de la nada -nothingness- es muy fascinante. En nuestra cultura la nada tiene un significado distinto al que tiene en las religiones del este. Cuando nosotros decimos nada, hay un vacío, algo semejante a la muerte. Cuando una persona del Este dice nada la llaman "ninguna cosa" - no thing ness - no hay cosas ahí, hay únicamente proceso, transcurso. La nada no existe para nosotros en sentido estricto porque la nada está basada en el darse cuenta de la nada, con lo que hay darse cuenta de algo y luego, hay algo ahí. Encontramos que al aceptar y penetrar ese nada, el desierto empieza a florecer, el vacío se hace vivo, se llena. Nada equivale a real, verdadero"[6]

Esa capacidad de ser nada -esa nadiedad, o nadeidad- sería en mi opinión uno de los fundamentos del estado saludable. De eso ya hablé en mi primer libro, al que me he venido refiriendo[7], pero me gustaría redecirlo aquí ya que tiene que ver con el tema que nos ocupa. **Digamos que hace nada quien puede ser nada, y puede ser nada quien se desapega de la forma de ser. Quien aprende a sentirse ser en cualquiera de las formas posibles (de ser); es decir, de ser yo o de ser un@ mism@.**

Resumiendo, el asunto es que -como ya sabrán seguramente la mayoría de los lectores- cuando nos formamos como personas, vamos formando la identidad, además de por factores genéticos, por respuestas al y del ambiente; y según lo premiada o castigada, lo reforzada o inhibida que encontremos tal actitud o tal conducta, vamos decidiendo: "yo voy a ser o yo soy así, y no asá".

Por ejemplo, "yo soy fuerte" o "yo soy ingenua" o "yo soy lista" o "yo soy raro"; y entonces vamos haciendo como un dibujo de nosotros mismos en el que vamos metiendo dentro -como lo que hacemos con los colores cuando pintamos con el ordenador o cuando arrastramos carpetas para constituir una nueva o para cambiarlas de ubicación- vamos incorporando pues todo lo que consideramos la propia identidad, así que dejamos fuera todo lo que decimos: esto no soy yo. Entonces, quien ha decidido por ejemplo

---

6. Perls, F.: *Sueños y existencia*. Cuatro Vientos. Santiago de Chile.1974. P.69
7. Rams, A.: *Clínica... Obra citada* De hecho el asunto es bastante anterior. Con 16 años escribía una obrita de teatro, de esas que se representaban en el colegio, que se titulaba precisamente así: "Nadie".

que es fuerte, cuando se siente débil... o huye de la experiencia que le puede hacer sentirse débil (o deflecta, o proyecta o...), o dice: "esto no soy yo".

Pero claro, si uno puede sentirse fuerte y débil, ingenuo y perverso, raro y normal... según con quién, cuándo, cómo, dónde... deja de estar condicionado a tener que ser de una manera en concreto. Y en la medida en que uno deja de estar condicionado a tener que ser de una manera en concreto, se va acercando a ese ser cualquier cosa; a no tener que ser necesariamente de una manera en particular para sentirse ser, o para sentirse yo o para sentirse bien, entendiendo ese "bien" aquí como una posición de trato igualitario de lo disfórico y de lo eufórico, evidentemente. Nuevamente ese matiz.

Pienso en un ejemplo... Un terapeuta supervisaba conmigo el caso de un chico joven de veinte-y-pocos años que se atormentaba mucho por ser inseguro y miedoso, y decía: "No, es que yo soy seguro, yo no soy miedoso, lo que pasa es que me ataca el miedo". Y claro, ahí estaba la raíz del conflicto, porque si esa persona se pudiera sentir (ser) tanto seguro como inseguro, si se pudiera sentir ser tanto el "me", como el "miedo", como el "ataca" de la última frase ("me/ ataca/ el miedo"), dejaría de luchar tanto, dejaría de gastar toda la energía que gasta para protegerse de sentirse inseguro. Porque podría sentirse ser en todos esos archivos de identidad. Porque estaría comprendiendo que una cosa es la identidad y otra sus registros, sus formas.

Ahí ser nada, es decir, nada en particular, sería que esta persona pudiera sentirse ser tanto de una manera como de otra; de tal manera que se ahorrara toda la energía que gasta para tirar afuera todo lo que viene a la conciencia o a la experiencia que considera como "no es yo". Claro, si se ahorra esa energía en la defensa -digamos- la tiene disponible para vivir. Así que puede uno vivir con más energía en el sentido más carburante del término "energía".

3. El terapeuta que hace nada

Otro aspecto de hacer nada podríamos enunciarlo, aplicado al mundo de los gestaltitas, como que **el terapeuta** gestáltico (o no gestáltico) **que ha amaestrado su oficio, que ha llegado a un cierto nivel de maestría... hace nada, o puede hacerla.**

Así que, por ejemplo, desde ese punto de vista la terapia gestáltica no sería una terapia emocional **solamente**, retomemos algo del primer capítulo, porque puede ser emocional o puede ser corporal, o puede ser cognitiva o puede ser simbólica, relacional o espiritual; y ese nada se refiere a que no importa tanto la técnica que uno utilice sino el cómo la utilizamos y el cómo un@ está presente en o a través de la técnica que utiliza. Y qué resultados obtiene. Y cómo nos sentimos con esos resultados que obtenemos. Así que ese nada puede ser dicho como que muchas acciones son posibles fuera de lo que se entendería clásicamente como técnica gestáltica, siempre que el terapeuta pueda estar presente a sí mismo, presente al otro, presente al contacto y presente al entorno o mundo.

La enunciación de esa posición en mi formulación actual, la que vengo manejando por ahora, sería: **"Ninguna cosa en particular, pero cualquiera y entonces ésa... o no"**. Repito: ninguna cosa en particular porque no es mejor **a priori** un camino que otro. No es siempre mejor el abordaje emocional que el abordaje corporal, ni el abordaje simbólico que el abordaje cognitivo, ni sus viceversas respectivos. Depende de los casos, de los momentos del proceso, de las circunstancias. Que cualquiera de las intervenciones atendidas, puestas con conciencia, pueden entonces ser útiles en principio. Y una vez elegida ésta, entonces, puesto todo ahí... o no.

Bien, me interesa reflejar de esta formulación, sobre todo respecto a esa parte final de "... o no", que ni siquiera en ese caso hay un apego total a la cosa en sí, y eso es otra de las maneras de entender el hacer nada. En realidad es la misma manera que vengo rediciendo de diferentes modos a lo largo del texto. Como lo dice Cristina Nadal: "Dejarse ser en el hacer, sin hacer para ser". O sea, con mis propias palabras, menos sintéticas, "yo estoy haciendo esto que hago -que es una de las formas posibles que yo tendría de expresar lo que hay ahí dentro de mí- pero no es más válida que otra, ni menos, y podría hacerlo de esta manera, o no. En cualquier caso estoy ahí, y no "desconecto" la linterna de la atención global (al otro, a mí, a nosotros, al mundo) Y veo de aprender de la experiencia"

Volviendo a lo de hacer nada, incorporemos ahora un texto que me pasó Ramón Ballester, de autor desconocido y a quien pido disculpas de antemano por mi desconocimiento - está bajado de internet - que me parece precioso, y que habla del concepto oriental del Wu Wei. Dice:

"El concepto oriental del wu wei (no-acción, inacción) que en occidente es tan a menudo mal interpretado, es crucial para aquellos que están en el camino. Acerquémonos a su comprensión usando el lenguaje mejor adaptado a los trabajos espirituales, el sánscrito. En sánscrito tenemos las dos palabras akarma que significa "inacción", y akarma-(x[8]) que significa "no hacer nada". Y dice: "En la inacción no hay esfuerzo, es natural; al contrario, si pretendemos estar sin hacer nada hay esfuerzo. Cuando la gente se sienta a meditar está en muchas ocasiones tratando de no hacer nada y les resulta muy difícil, lo ven como algo inalcanzable y abandonan su practica. Cuando estamos inactivos, por el contrario, no hay esfuerzo ninguno. ***La inactividad viene tras un proceso de relajación y abandono, no tras un proceso en el que intentamos imponernos a nosotros mismos algo como la inmovilidad.*** *La inmovilidad perfecta solo puede coexistir con una perfecta relajación, con un perfecto abandono en el Tao, en la providencia, en el fluir de las corrientes cósmicas. Se llega pues al Wu Wei, a la inacción, a través del camino de la relajación y el abandono de sí mismo, no se llega a través del camino de la ciencia, la moral o la religión o esforzándonos en algo, simplemente relajación y abandono en el Tao. Esto no significa inactividad, si el Tao requiere de nosotros una actividad cualquiera, por supuesto la realizamos;* ***y en la acción respetamos la no-acción****. La flor durante la floración está en Wu Wei, no hace nada, simplemente es una flor y florece. Si la flor tuviera una mente similar a la humana comenzaría a preocuparse y preguntarse: ¿de qué color serán mis nuevas hojas? ¿Podría acelerar mi proceso con un poco de fertilizante? ¿Dónde venden el fertilizante? ¿Cuánto cuesta? ¿Qué dosis debería emplear? ¿Seré mayor que la flor de al lado? Este árbol de ahí no me gusta ¿cómo podría hacerlo*

8. No dispongo en este momento de esa segunda palabra. No aparece transcrita. #

desaparecer? etc, etc... Y empezaría a intentar estirarse para engrandecer sus pétalos y quizá aprendería Tai-chi para favorecer su proceso de crecimiento. El humano crea muchas más entidades mentales que una flor y dirige su actuación de acuerdo con estas entidades mentales, en muchas ocasiones en una dirección diferente a la del fluir del Tao en ese momento. Esto genera Karma. Es el pecado en nuestra religión judeo-cristiana, si uno no actúa de acuerdo con el fluir del Tao está pecando. Si uno trata de permanecer inmóvil durante cuarenta minutos y el Tao le requiere para danzar de alegría, está pecando. Por el contrario, cada vez que actuamos según el fluir del Tao eliminamos Karma, lo borramos".

Resumo, así pues.

Me parece que hacer nada es una forma de hacer en la que no nos depositamos del todo en la acción; que cuando hay acción tenemos presente el contacto con nosotros mismos, con el mundo interno y con el mundo del contacto, y cuando no hay acción tenemos presente que podría haberla. Hacer nada en particular significa entender que no hay una acción necesariamente mejor que otra, y hacer lo particular con conciencia de lo general. "Actúa localmente, piensa globalmente". Significa no depositar el ser en aquello que hago o en el resultado de aquello que hago. Es como: "yo soy de todas formas -en ambos sentidos de la frase [de todas formas][9]- haga esto o haga aquello, haga bien o haga mal. Haga o deje de hacer, de todas maneras sigo siendo. Aunque con consecuencias y aspectos diferentes, claro".

Hacer nada es el lugar de mirar ahí delante, mirar ahí delante al tiempo que no pierdo la panorámica global, la mirada panorámica del Don Juan de Carlos Castaneda, la "mirada de pajarito" de las artes marciales. Es mantener un tipo de contacto que puede sostener varias figuras al mismo tiempo, sobre un fondo siempre en movimiento, en el que no me apego a aquello que está ahí pero al mismo tiempo estoy ahí.

9. Es decir. 1. En cualquier caso, de todos modos; y 2. De todas las formas posibles

4. Hacer nada, así pues.

¿Para qué sirve hacer nada¿ Yo creo, como antes dije, que básicamente lo que da es libertad o mayor libertad interna. En la medida en que puedo llegar - quien llega - a ese punto, me parece que lo más claro es sentirse libre, o más libre. Y desapegado de las formas. Es también que las cosas no son tan diferentes entre sí, no hay cosas tan diferentes si podemos ir más allá de la forma, del aspecto (aparente) de las cosas. Hay algo más común que las une y que en realidad no es tan diferente ir por aquí, ir por allá, hacer esto o hacer aquello, hecho con esa actitud de la que vengo hablando y que los gestaltistas conocemos, desde luego. Sustenta nuestro hacer.

Hacer nada sería lo opuesto a poner intención, siempre que sustituyamos la intención por la presencia. Quitar intención en el sentido de desapegarse de querer conseguir algo concreto, "por encima de todo"; o querer conseguir algo que me beneficie sólo a mí, o que pase esto para que luego pase aquello, exactamente en ese orden y no en otro, "que para eso soy yo tan listo...", por ejemplo.

Pero si lo contrario de intención es pasotismo no se trata de eso tampoco. No se trata de pasar de nada, en el sentido popular de la expresión. Cuando uno hace nada puede estar apasionadamente haciendo nada. Es decir, apasionadamente haciendo cualquier cosa, como terapeuta o como persona, con la que pueda guardar el contacto global, en la que yo pueda estar ahí presente, y dejándome nutrir con el hecho de estar haciendo eso. Punto. Sin más.

Hacer nada es muy difícil, resultará evidente al lector si no lo era ya previamente, a eso me refería al principio del capítulo. Es como una especie de sorpresa que ocurre después de mucho trabajo de hacer y de no hacer. Entonces, a veces, te encuentras con que estás en un hacer nada de ese tipo. O en un no-hacer que está produciendo algo que es "todo", en el sentido de algo inmensamente mayor de lo esperado, como si se hubiera generado una inesperada progresión geométrica de energía de una pequeña semilla, mucho... Como cuando le preguntaban a Jhon Lennon que qué hacía Yoko Ono en la orquesta y aquél decía con sorna que "simplemente, deja pasar el aire" (refiriéndose a que se encargaba de los instrumentos de viento, claro)

Creo que para poder llegar a ese estado ideal, que es un regalo de la vida, una cosa que a uno a veces le puede llegar a suceder y a la que podemos llegar a sucederle -con aptitudes, trabajo, Trabajo y Gracia- es necesaria me parece toda una tarea previa y dedicada de reducción del hacer. Pero cuando reducimos el hacer, algo con lo que nos encontramos normalmente es vacío, angustia y ansiedad, entre otras cosas. Entonces, en la medida en que vamos conviviendo con el vacío, vamos aprendiendo a cohabitar con la angustia, haciéndonos amigos de la ansiedad, ahí puede llegar a producirse un estado en el que necesitamos hacer menos. También frecuentemente nos encontramos ahí con la depresión; en este hacer menos un@ se encuentra fácilmente con el agujero negro, con la Noche Oscura. Entre otras consideraciones y factores, porque deprimimos la excitación necesaria para la vida y almacenamos (innecesariamente), o desviamos deflectivamente, una gran parte de la energía. En la medida en que nos vamos quedando, vamos aprendiendo, mirando, vamos estando ahí... ya no condicionamos el hacer a la cantidad sino a la cualidad del mismo, entendiendo aquí cualidad como esa actitud doble de estar comprometido y desapegado. Pero sin una reducción del hacer como paso previo no creo que eso sea posible. O sólo en muy contados y excepcionales casos quizás.

5. Una consideración final

...Y el corazón, claro... Y el cuerpo, claro. ¡Cómo no! Todo esto no funciona, no tiene ningún sentido "verdadero" si no hay un corazón compasivo, depurado, transformado y generoso que esté ahí calentando, humedeciendo y dándole tono a ese hacer nada. Si decía que sin una cierta reducción previa del hacer me parece difícil llegar a ese hacer nada, sin un corazón con experiencia del dolor y de la alegría, del vacío y del desierto, del éxtasis y del infierno amoroso, de la expansión y de la contracción emocional, de la baja resiliencia o de la rotura simbólica... todavía es más difícil. Vamos, sinceramente me parece imposible en el sentido que he venido dándole a la expresión. O posible pero dañino, que es peor. Dañino porque cuando el corazón se ausenta aparece lo peor de la máquina: el sadismo, el narcisismo ciego, el abuso, la violencia...

Y por la misma razón y para acabar, algo similar ocurre con el cuerpo. Para hacer nada me parece que hace falta un entrenamiento corporal en aspectos como la meditación (la experiencia de conocer sensorialmente el vacío, por ejemplo), el manejo y control de la respiración, haber instalado formas personales de desbloqueo muscular, el aprendizaje de la relajación muscular sobre todo en situaciones de stress para saber ponerse blando; el sostenimiento óseo, articular y muscular de la vibración en experiencias de expansión; el contacto profundo con los ritmos corporales sutiles y con los micro-movimientos espontáneos o parasimpáticos; la experiencia de la explosión catártica y el regreso al estado habitual u ordinario de un modo engrasado. Etcétera. En definitiva, una estructura corporal sostenedora, blanda y afinada que sostenga la enorme transformación de la conciencia que puede llegar a producir el aprendizaje y la experiencia de hacer nada.

> *"El que se vuelve nada, en Él se perderá.*
> *El mosto puro volverá al corazón de la tinaja."*
>
> Nurbakhsh[10]

10. Diego, C. Y Piruz, M.: *"El simbolismo de la copa. Adaptación de la obra del Dr. Nurbakhsh"*. Sin más referencias. Supongo que tomado de Nurbakhsh, Javad: Diwan de poesía. Ed. Trotta. Madrid. 2001.

Postdata

Kulsi yeggan, ala taben ´emmet d waman
*"Todo (lo que existe) duerme, excepto el rencor y el agua"**

*. Proverbio Kabyl, *Encyclopedie Berbére,* IV, A 179, p.559. Citado en Barceló, M – Kirchner, H. – Navarro, C.: *El agua que no duerme. Fundamentos de la arqueología hidráulica andalusí.* Sierra Nevada 95/ El legado andalusí. Maracena (Granada) 1996. p.9.

OTROS LIBROS PUBLICADOS POR "LA LLAVE D.H."

PSICOLÓGICOS

LA LOCURA LO CURA. Manifiesto psicoterapéutico.
Guillermo Borja

Nos hallamos ante un manifiesto psicoterapéutico profundamente humano. El autor se desnuda ante nosotros con valor y honestidad invitándonos a mirar de frente la propia locura y a sostenernos en las tinieblas con la única brújula del coraje de la trasparencia.

CARÁCTER Y NEUROSIS.
Claudio Naranjo

Esta obra nos ofrece una visión integradora y psicoespiritual del ser humano. El Dr. Naranjo, con gran profundidad clínica y perceptiva, refleja su amplia experiencia como investigador de la personalidad y nos presenta el Eneagrama como un gran aporte al estudio de las tipologías.

AUTOCONOCIMIENTO TRANSFORMADOR:
Los Eneatipos en la Vida, la Literatura y la Clínica.
Claudio Naranjo

En este libro se combina el modelo teórico del Eneagrama con la riqueza de la experiencia terapéutica del Dr. Claudio Naranjo, que nos frece casos prácticos extraídos de la literatura, de la vida y de la clínica, además de transcripciones de sesiones ilustrativas de terapia centradas en los diversos caracteres.

CLÍNICA GESTÁLTICA
Albert Rams

El autor nos ofrece sus reflexiones, como fruto de su larga experiencia clínica y terapéutica, de manera personal y comprometida. Un testimonio rico y brillante que, como el mismo subtitula, alude a las "metáforas de viaje" en el proceso de crecimiento y maduración.

GESTALT DE VANGUARDIA
Claudio Naranjo

En esta obra el autor nos presenta, como una contribución viva, parte del trabajo de varios gestaltistas que han llevado su experiencia de la Gestalt a las terapias integrativas, eclécticas u otras corrientes.

En Gestalt de Vanguardia el autor continúa trabajando en el espíritu de "Gestalt sin Fronteras", haciendo incapié en el aspecto integrativo de la Gestalt y sus aplicaciones en la clínica y otros ámbitos sociales.

EL TRABAJO POR OBJETIVOS EN LOS DIAGNOSTICADOS DE PSICOSIS
Berta Stiefel y Javier Diaz

En esta obra se destaca la importancia del *objetivo* en la terapia que transciende las escuelas de psicoterapia.

los autores aportan una guía para la comprensión de nuestra contrareacción emocional en la relación con nuestros clientes que va desde la respuesta más loca (la aglutinada) a la evolucionada (la operacional).

PSICOLOGÍA DEL CAOS
Manuel Almendro

Esta obra es teórica y práctica para ayudar a resolver los condicionamientos y heridas del pasado con el fin de encontrar una vía de sanación y reconciliación con la vida.

"La tesis de fondo que el autor sostiene es que la ciencia debería hacerse cuestión de cuál es el papel del sufrimiento -esto es, del caos- en el orden de la naturaleza y de la vida humana, y que es lo que hay que hacer con él (...)"

Dr. José Luis Pinillos

EL PROCESO TERAPÉUTICO
Karen Horney

Esta colección editada con gran habilidad es un tesoro para aquellos interesados en eldesarrollo de la teoría de Karen Horney. Bernard J. Paris ha hecho una enorme aportación a los eruditos y terapeutas clínicos con sus introducciones escritas a estos fascinantes ensayos sobre el proceso terapeútico.

BUDISMO Y SABIDURÍA ORIENTAL

"LLAMADME POR MIS VERDADEROS NOMBRES"
Thich Nhat Hanh

En esta obra Thich Nhat Hanh nos ofrece su corazón en verso. Sus poemas son a la vez una fuente de belleza y sabiduría, de profundidad y sencillez, de inspiración y paz.

Sogyal Rinpoche, autor de "El libro tibetano de la vida y de la muerte" nos dice: "los poemas de Thich Nhat Hanh conmueven profundamente, son humanos, lúcidos y tienen un poder misterioso para desarmar el engaño, despertar la compasión y transportar la mente a la inmediata presencia de la meditación. Eso ocurre porque cuando escribe, Thich Nhat Hanh lo hace con la voz de Buda"

DZOGCHEN. El Estado de Autoperfección.
Namkhai Norbu

El Dzogchen podría definirse como conocimiento concreto del estado de la existencia, una clave que puede abrir la conciencia.

En su idea central se halla la noción de la verdadera naturaleza de cada ser individual: el estado primordial, libre del Karma y de los condicionamientos del dualismo. La iluminación no es una condición superior que el hombre pueda alcanzar a través de fatigosas meditaciones o actos virtuosos; consiste más bien en la comprensión de la dimensión natural del estado de autoperfección, que se revela gracias al puro reconocimiento del propio estado.

BUDISMO Y DZOGCHEN
La doctrina del Buda y el Vehículo Supremo del Budismo Tibetano.
Elías Capriles

El Dr. Capriles, Catedrático de Estudios Orientales, ha estudiado desde los años setenta con diversos maestros de Dzogchén (Namkhai Norbu Rimpoché, Dilgo Chenze Rimpoché...) y desde 1977 a 1982 pasó la mayor parte de su tiempo de retiro en los Himalayas. Este bagaje garantiza la calidad del libro, que nos presenta los diversos vehículos y escuelas budistas.

PALABRAS DE SABIDURÍA DEL BUDA.
Dhiravamsa

Esta obra incluye:

a) El DHAMMAPADA (versos de sabiduría del Buda, que contiene lo más esencial de su enseñanza).
b) Las leyendas o cuentos que se relacionan con estos versos.
c) Un análisis psicoespiritual realizado por el autor.

INMORTALIDAD Y REENCARNACIÓN
Alexandra David-Neel

La autora, una gran investigadora de las tradiciones espirituales orientales y sobre todo de los misterios del Tibet, nos introduce en esta obra en el conocimiento de las sabidurías milenarias del Taoísmo chino, del Hinduismo y del Budismo Tibetano, incluyendo las enseñanzas del Bardo Todol.

EL BUDISMO DE BUDA
Alexandra David–Neel

Alexandra David–Neel, que consagró su vida al estudio de las tradiciones orientales, nos ofrece en esta obra una exposición clara del itinerario espiritual de Buda y de los grandes principios del Budismo, Las Cuatro Nobles Verdades, El Noble y Óctuplo Sendero, Las leyes del Karma, El Nirvana, Las bases del Budismo Mahâyâna, La Teoría del Ayâla en el Tíbet, El Tantrismo Tibetano.

CALMA Y CLARIDAD
Lama Mipham

Calma y Claridad es una magnífica exposición de algunos de los métodos de meditación propios de la escuela Nyingma del budismo tibetano.

Para llevar a cabo la investigación sobre la verdadera naturaleza de la realidad, "La Rueda de la Meditación Analítica" se sirve del análisis tradicional budista del cuerpo y la mente a fin de superar los prejuicios tácticamente asumidos y los conceptos condicionados que impiden el desarrollo de la sabiduría.

ENSEÑANZAS DEL CORAZÓN
Tarthang Tulku Rimpoché

"Enseñanzas del Corazón" nos muestra treinta y tres ensayos extraídos de artículos, entrevistas y conferencias a lo largo de treinta años de trabajo en Occidente, donde explora vías de conocimiento que ayudan en el proceso de transformación psicoespiritual, superando los límites de nuestros condicionamientos y activando nuestras mejores cualidades y potencialidades.

LA LEYENDA DE LA GRAN STUPA
Padma Sambhava y Yeste Tsogyal

El presente volumen contiene dos textos tradicionales tibetanos. La Leyenda de la Gran Stupa relata el proceso de edificación de la Stupa de Bodanath (Nepal), que tiene su paralelismo interno en la búsqueda de la iluminación. El texto recoge algunas profecías que recabarán la atención del lector.

La historia de la liberación del Guru nacido del loto es una narración de carácter ritual y que contiene los eventos esenciales de la vida de Padma Shambava..

EL CULTIVO DE LA CONCIENCIA EN EL TRABAJO
Tarthang Tulku

Este libro nos muestra la forma real de hacer que nuestro trabajo sea a la vez un camino para la autorealización y la transformación.

"Cultivar la conciencia en el trabajo" nos ayuda a desarrollar nuestras capacidades y nuestra inteligencia.

Es un sistema práctico que incluye más de ochenta ejercicios, muchos de los cuales se pueden practicar en el propio trabajo.

MENTE SOBRE MATERIA
Tarthang Tulku

El autor habla de los asuntos más importantes en la transmisión del Budismo en Occidente, y comenta las diferencias entre la visión occidental del estudio y la práctica del Dharma y analiza cómo estas diferencias se transforman en dificultades a la hora de concretar estas enseñanzas de una forma que adquieran sentido.

ENSEÑANZAS ESENCIALES
Chogyam Trungpa

Este libro es una síntesis de la obra de Chogyam Trungpa y está formado por una compilación seleccionada cuidadosamente por Carolyn Rose Gimian de las obras más destacadas por el autor tales como: *La senda sagrada del guerrero*, *La meta es el camino*, y *Loca sabiduría*

LA GUÍA DEL BARDO: El Ciclo de la Vida y la Muerte
Chokyi Nyima Rinpoche

El Vajrayana -el sistema de enseñanzas más profundo y elevado del budismo- concibe la vida y la muerte como un ciclo continuo de experiencias que, conjuntamente, recibe el nombre de los cuatro bardos. Dichos bardos comprenden el ciclo de la vidapresente,el proceso de la muerte,el estado postmortem y la búsqueda de un nuevo renacimiento.

UNA NUEVA VISIÓN DEL BÜDISMO
Dhiravamsa

Una reflexión sobre las enseñanzas budistas con una visión más adaptada a nuestro tiempo. Esta obra es una síntesis entre la visión de oriente y occidente que trata de promover el desarrollo y evolución del Ser humano en su totalidad.

LA LEYENDA DE SHRÍTON Y MANORAH
Dhiravamsa

Esta leyenda forma parte del exquisito legado artístico de Tailandia y desarrolla una bella historia de amor, que como todos los grandes mitos está repleta de una gran riqueza psicológica y espiritual. El autor comenta y analiza en profundidad las pruebas y dificultades que atraviesan sus personajes para encontrarse en el amor, y muestra el paralelismo con el camino del ser humano en su evolución y desarrollo psico-espiritual, tanto a través del amor humano como a través del contacto y encuentro con sus propios valores espirituales.

LA VIDA SOBREHUMANA DE GESAR. La gran Epopeya del Tíbet.
Alexandra David–Neel y *Lama Yongden / Prólogo de Chögyam Trungpa Rimpoché.*

La Epopeya Tibetana por excelencia que a lo largo de los siglos ha sido transmitida verbalmente de generación en generación. Esta magnífica versión fue recogida de la tradición oral por Alexandra David–Neel, que narra con su habitual elegancia las fantásticas aventuras del gran Rey Guerrero del Tíbet.

"MONO", UN VIAJE HACIA EL OESTE
David Kherdian

En parte una epopeya histórica y en parte una sátira social, esta leyenda china es probablemente una de las obras clásicas más populares de la literatura asiática.

La historia, escrita en el siglo XVI, relata las aventuras de Mono y sus encuentros con los más insólitos personajes, mientras viaja hacia la India en busca de las escrituras sagradas junto al peregrino budista Tripitaka.

Mono es la alegoría profunda que habla de la lucha que antecede a una posible transformación espiritual. Es el viaje del buscador hacia su propio interior en la tradición Zen-Taoísta.

CONCIENCIA Y TRANSFORMACIÓN

LOS EVANGELIOS PARA SANAR
Alejandro Jodorowsky

Jodorowsky nos presenta los Evangelios que ya conocemos, repletos de interpretaciones, comentarios y variaciones, como un grande y bello canto. No escatima en reflexiones profundas, que nos invitan a un despertar de la conciencia desde el mito y desde la ancestral sabiduría olvidada por el hombre de este siglo.

ENTRE MEDITACIÓN Y PSICOTERAPIA
Claudio Naranjo

Es una contribución sustancial para el desarrollo de la conciencia. Una obra integradora donde Oriente y Occidente se dan la mano, donde las técnicas de meditación de las diversas Tradiciones Espirituales se conectan con la psicoterapia como poderosas herramientas para el buscador.

EL LIBRO CONTEMPORÁNEO DE LOS MUERTOS
E.J. Gold

"El Libro de E.J. Gold pretende despertarnos y prepararnos para el mayor de los cambios, para el momento más importante de nuestras vidas. Es un trabajo rompedor, que vale la pena leer".
Dr.Andrew Weil

"Aquí se halla de forma resumida, la esencia de las principales enseñanzas esotéricas humanas presentadas en lenguaje contemporáneo".
Dr. John C. Lilly

LA GRAN AVENTURA
E.J. Gold

Esta obra presenta una serie de Charlas de Gold complementando al Libro Contemporáneo de los muertos.

"Puede que ocurra que, mientras aprendes a manejar la muerte y el renacimiento, en ese proceso podrías aprender a manejar la vida. Estas lecturas para el viajero, son las enseñanzas directas de los guías -tal vez pienses en ellos como maestros, sufíes, arhats, bodhisatvas- y las instrucciones han sido dadas en el lenguaje moderno.

E.J. Gold

CANTOS DEL DESPERTAR
Mito del Héroe en los grandes poemas de Occidente
Claudio Naranjo

El autor analiza en esta obra el mito del héroe a través de cuentos de sabiduría, mitología y literatura occidental, reflejando los profundos significados que transmiten y mostrando el paralelismo entre las etapas en el viaje del héroe y las del "viaje interior" del individuo en el camino de su evolución psicoespiritual.

LA AUDACIA DE VIVIR
Arnaud Desjardins

En la línea de las obras precedentes de Arnaud Desjardins, este libro quiere ser una llamada a una vida plena e intensa, en la medida de las posibilidades de cada uno de nosotros.

Muchas personas solo se comprometen a medias en la aventura de la existencia; avanzan con timidez, a pesar de sentirse frustradas, no sabiendo de donde sacar el simple valor de ser. Esta obra pretende ser una ayuda para encontrar en sí mismos la audacia de vivir.

NARRATIVA

LOS JUDÍOS: Historia de un Pueblo.
Howard Fast

Como si de un maravilloso cuento se tratase, Howard Fast, uno de los autores más leídos en Estados Unidos, narra con su habitual profundidad la historia de los judíos desde sus orígenes hasta nuestros días.

Una cuidada y documentada obra que nos acerca a este desconocido pueblo, a su cultura, su filosofía, su religión, su carácter...

EL ASESINO QUE ENTREGÓ SU ARMA.
Howard Fast

Esta apasionante novela, hace gala de la gran madurez de Howard Fast como escritor comprometido. El contenido político–social de la obra, además de constituir una brillante y atemporal crítica a los poderes establecidos, sirve de marco a una profunda y expresiva descripción psicológica de los protagonistas.

LA HISTORIA DEL CONSTRUCTOR DE PUENTES.
Howard Fast

El protagonista, un joven americano acomodado, viaja de luna de miel a Alemania, donde inesperados acontecimientos, la guerra y la postguerra, cambiarán totalmente su destino. Desde entonces pierde todo sentido y vive atrapado en sus recuerdos. Con la ayuda de un terapeuta tiene que enfrentarse a su vida y a su historia y encajar las piezas del puzzle de sus experiencias, de su familia y de su pasado, intentando encontrar el verdadero sentido de su vida.

SALAMANDRA: Amanecer en el Infierno.
Ka–Tzetnik 135633

Salamandra fue la primera obra de este escritor que nos ofrece su testimonio, el de un hombre que sobrevivió a Auschwich y que, tras esta dramática experiencia, sólo encontró un motivo que diera sentido a lo que le quedaba de vida: dar a conocer al mundo la tragedia de las víctimas.

LA CASA DE LAS MUÑECAS
Ka–Tzetnik 135633

"La Casa de las Muñecas" es el burdel en el que niñas y adolescentes, entre ellas la hermana del autor, satisfacían los deseos de los nazis como requisito imprescindible para salvar sus vidas. El autor narra esta experiencia basándose en el diario de su hermana, sin sensacionalismos ni exageración, incluso en los pasajes que narran el infierno del Campo de Concentración. El autor nos transporta a la atmósfera mental y emocional que se experimentaba en medio de la desolación.

EL PROFETA
Sholem Asch

El Deutero-Isaías o Segundo Isaías, de cuya vida sabemos tan poco, se considera una de las más grandes personalidades de la Biblia. Sus notables cantos poéticos, Salmos y Profecías contienen los más auténticos valores espirituales del Antiguo Testamento y construyen un verdadero eslabón con el Nuevo Testamento.

Isaías llegó a ser uno de los más grandes constructores de los ideales judíos y cristianos en que se basa nuestra civilización. En torno a este hombre fascinante, Sholem Asch ha creado una magnífica novela.y quizá la obra más imaginativa y apasionante del autor.

LAS TINIEBLAS DEL CORAZÓN
Carmen Durán

La Autora, siempre pensó, que la literatura puede expresar con mayor profundidad la realidad interior. Con esta novela trata de acercarnos al proceso vital de la protagonista y a su búsqueda de sentido.

"A partir de una crisis existencial, Beba, acompañada por su psicoterapeuta, hace un largo viaje interior, atravesando fantasías y recuerdos, en búsqueda de su identidad como mujer y encuentra su camino: el camino del amor."

TIEMPOS DE HECHIZOS
Carmen Durán

La leyenda artúrica sirve de soporte a una historia de aventuras y desventuras, de magias y desencantos. Situada en un marco tan lejano, esta narración refleja planteamientos vitales que transcienden los límites del tiempo y tienen resonancia en la actualidad.

CRíTICA SOCIAL

EL ENEAGRAMA DE LA SOCIEDAD
Claudio Naranjo

Tras introducirnos en el Eneagrama, el autor nos presenta a las pasiones, patologías y motivaciones neuróticas como perturbaciones de nuestra capacidad amorosa y de mantener relaciones sanas.

"Los pecados capitales" del individuo (orgullo, ira, envidia, avaricia...) son el origen de los males de la humanidad (autoritarismo, represión, corrupción, violencia...)

EDUCACIÓN

LOS RETOS DE LA EDUCACIÓN EN EL AMANECER DEL NUEVO MILENIO
Nicole Diesbach Rochefort

Esta obra pretende ofrecer al lector una visión de lo que es la educación hoy ¿qué fue? y ¿cómo se vislumbra, mañana?

BIOGRAFÍA

SHIVITTI: Una Visión.
Ka–Tzetnik 135633

Narrado en primera persona, éste es el testimonio real de un hombre que descubrió que sobrevivir al holocausto y hablar en nombre de todas sus víctimas no había sido suficiente para poner fin a su tormento. Durante treinta años tuvo pesadillas nocturnas de aterradora intensidad y, finalmente, a pesar de sus resistencias y de sus miedos, buscó la ayuda del Profesor Bastiaans, psiquiatra holandés que trataba con éxito a los supervivientes de los campos de concentración, incluyendo en su terapia dosis de LSD.

BABA OM: UNA ODISEA MÍSTICA
Tom Heckel

Obra autobiográfica en la que Tom Heckel nos relata su experiencia de búsqueda espiritual en un largo peregrinaje a través de varios países asiáticos, principalmente por la India..

MITOLOGÍA INDÍGENA

Tony Shearer
EL SEÑOR DEL ALBA. QUETZALCOATL Y EL ÁRBOL DE LA VIDA

En su poética obra resalta los valores humanos de los Indígenas americanos, tales como el amor a nuestra Madre Tierra y los seres que la poblamos, el respeto por la naturaleza y por los demás, y el encuentro con la paz y la sabiduría.

MATERIAL AUDIO-VISUAL

- *El ocaso del Patriarcado. Amor, desamor y falso amor.* Claudio Naranjo.
- *Eneagrama (1ª y2ª Parte).*Claudio Naranjo.
- *Educar para Ser. La urgencia y posibilidad de una educación para el desarrollo humano.* Claudio Naranjo.

EDICIONES LA LLAVE - D.H.
Tel/Fax: 945-14 26 77
e-mail: info@edicioneslallave.com
www.edicioneslallave.com
Vitoria-Gasteiz, España